「論語」中日英對照

孔祥林 著

日本小學館授權
鴻儒堂出版社發行

「論語」中日英對照目錄

第1章　通過學習・豐富人生

第2章 探索人生的目標

⑭ 吾十有五而志於學、三十而立、四十而不惑、五十而知天命、六十而耳順、七十而從心所欲、不逾矩。 34

⑮ 朝聞道、夕死可矣。 36

⑯ 博學而篤志、切問而近思、仁在其中矣。 37

⑰ 克己復禮爲仁。一日克己復禮、天下歸仁焉、爲仁由己、而由人乎哉。 38

⑱ 不知命、無以爲君子也。不知禮、無以立也。不知言、無以知人也。 40

第3章 如何鑒定人品

⑲ 巧言令色、鮮矣仁。 44

⑳ 視其所以、觀其所由、察其所安。人焉廋哉。人焉廋哉。 45

㉑ 賢賢易色、事父母、能竭其力、事君能致其身。與朋友交、言而有信。雖曰未學、吾必謂之學矣。 46

㉒ 人之過也、各於其黨。觀過、斯知仁矣。 48

㉓ 我非生而知之者、好古、敏以求之者也。 49

㉔ 質勝文則野。文勝質則史。文質彬彬、然後君子。 50

㉕ 如有周公之才之美、使驕且吝、其餘不足觀

也已。52

㉖ 廐焚。子退朝。曰、傷人乎。不問馬。53

㉗ 唐棣之華、偏其反而。豈不爾思。室是遠而。子曰、未之思也、夫何遠之有。54

㉘ 吾黨之直者異於是。父爲子隱、子爲父隱、直在其中矣。56

㉙ 不如鄉人之善者好之、其不善者惡之。58

㉚ 驥不稱其力、稱其德也。59

㉛ 君子易事而難說也。說之不以道、不說也。及其使人也、器之。60

㉜ 有德者、必有言。有言者、不必有德。仁者必有勇、勇者不必有仁。62

㉝ 君子求諸己、小人求諸人。64

㉞ 衆惡之必察焉。衆好之必察焉。65

㉟ 色厲而內荏、譬諸小人、其猶穿窬之盜也與。66

㊱ 鄉原德之賊也。67

㊲ 惡稱人之惡者。惡居下流而訕上者。惡勇而無禮者。惡果敢而窒者。68

㊳ 惡徼以爲知者。惡不孫以爲勇者。惡訐以爲直者。70

㊴ 年四十而見惡焉、其終也已。71

第4章 邁出實現自我的第一步

㊵ 不患人之不己知。患不知人也。74

㊶ 溫故而知新、可以爲師矣。75

㊷ 學而不思則罔。思而不學則殆。76

43 子以四教。文、行、忠、信。 77

44 仁遠乎哉。我欲仁、斯仁至矣。 78

45 子絕四。毋意、毋必、毋固、毋我。 79

46 先事後得、非崇德與。攻其惡、無攻人之惡、非修慝與。一朝之忿、忘其身、以及其親、非惑與。 80

47 剛毅木訥、近仁。 82

48 工欲善其事、必先利其器。居是邦也、事其大夫之賢者、友其士之仁者。 83

49 君子有九思。視思明、聽思聰、色思溫、貌思恭、言思忠、事思敬、疑思問、忿思難、見得思義。 84

第5章 人際交往的秘訣

50 君子周而不比。小人比而不周。 88

51 君子無所爭。必也射乎。 89

52 見賢思齊焉、見不賢而內自省也。 90

53 匿怨而友其人、左丘明恥之、丘亦恥之。 91

54 中人以上、可以語上也。中人以下、不可以語上也。 92

55 己所不欲、勿施於人。在邦無怨、在家無怨。 93

56 以能問於不能、以多問於寡、有若無、實若虛、犯而不校。 94

57 求也退。故進之。由也兼人。故退之。 96

58 君子成人之美、不成人之惡。小人反是。 98

59 忠告而善道之、不可則止。無自辱焉。 99

60 君子以文會友、以友輔仁。 100

61 君子和而不同、小人同而不和。 101

62 愛之、能勿勞乎。忠焉、能勿誨乎。 102

63 不逆詐、不億不信、抑亦先覺者、是賢乎。 103

64 可與言、而不與之言、失人。不可與言、而與之言、失言。知者不失人、亦不失言。 104

65 道不同、不相爲謀。 106

66 君子尊賢而容衆、嘉善而矜不能。 107

67 益者三友、損者三友。友直、友諒、友多聞、益矣。友便辟、友善柔、友便佞損矣。 108

第6章 不畏逆境・面對人生

68 君子食無求飽、居無求安、敏於事而愼於言、就有道而正焉。可謂好學也已。 112

69 貧與賤、是人之所惡也。不以其道、得之不去也。 113

70 子貢曰、貧而無諂、富而無驕、何如。子曰、可也。未若貧而樂道、富而好禮者也。 114

71 不仁者不可以久處約。不可以長處樂。仁者安仁、知者利仁。 116

72 力不足者、中道而廢。今女畫。 118

73 奢則不孫。儉則固。與其不孫也、寧固。 119

74 知者樂水、仁者樂山。知者動、仁者靜。知者樂、仁者壽。120

75 飯疏食飲水、曲肱而枕之。樂亦在其中矣。不義而富且貴、於我如浮雲。122

76 不憂不懼、斯謂之君子已乎。子曰、內省不疚、夫何憂何懼。124

77 善居室。始有、曰、茍合矣。少有、曰、茍完矣。富有、曰、茍美矣。126

78 貧而無怨難、富而無驕易。128

79 君子謀道不謀食。耕也、餒在其中矣。學也、祿在其中矣。君子憂道不憂貧。129

80 直哉史魚、邦有道如矢、邦無道如矢。君子哉蘧伯玉、邦有道則仕、邦無道則可卷而懷之。130

第7章 心懷大志・勇渡一生

81 君子不重則不威。學則不固。主忠信、無友不如己者。過則勿憚改。134

82 君子喻於義、小人喻於利。135

83 有君子之道四焉。其行己也恭。其事上也敬。其養民也惠。其使民也義。136

84 德之不修、學之不講、聞義不能徙、不善不能改、是吾憂也。138

85 君子坦蕩蕩、小人長戚戚。139

86 士不可以不弘毅。任重而道遠。仁以爲己任。不亦重乎。死而後已、不亦遠乎。140

87 非飲食、而致孝乎鬼神、惡衣服、而致美乎黻冕、卑宮室、而盡力乎溝洫。禹吾無間然矣。142

88 三軍可奪帥也、匹夫不可奪志也。144

89 知者不惑。仁者不憂。勇者不懼。145

90 其言也訒、斯謂之仁已乎。子曰、爲之難。言之得無訒乎。146

91 子貢方人。子曰、賜也賢乎哉。夫我則不暇。147

92 浸潤之譖、膚受之愬、不行焉、可謂明也已矣。浸潤之譖、膚受之愬、不行焉、可謂遠也已矣。148

93 見利思義、見危授命、久要不忘平生之言、亦可以爲成人矣。150

94 志士仁人、無求生以害仁。有殺身以成仁。152

95 君子義以爲質、禮以行之、孫以出之、信以成之。君子哉。153

96 君子不以言舉人。不以人廢言。154

97 當仁、不讓於師。155

98 君子有三戒。少之時、血氣未定、戒之在色。及其壯也、血氣方剛、戒之在鬪。及其老也、血氣既衰、戒之在得。156

99 君子有三畏。畏天命、畏大人、畏聖人之言。158

100 君子有三變。望之儼然。即之也溫。聽其言也厲。159

101 君子不施其親。不使大臣怨乎不以。故舊無大故、則不棄也。無求備於一人。160

102 是以君子惡居下流。天下之惡皆歸焉。162

第8章 工作要點・銘記在心

103 先行其言、而後從之。 164

104 不患無位、患所以立。 165

105 或曰、孰謂鄹人之子知禮乎。入大廟、每事問。子聞之、曰、是禮也。 166

106 不在其位、不謀其政。 168

107 過猶不及。 169

108 居之無倦、行之以忠。 170

109 舉直錯諸枉、能使枉者直。 171

110 焉知賢才而舉之。曰、舉爾所知、爾所不知、人其舍諸。 172

111 無欲速。無見小利。欲速、則不達。見小利、則大事不成。 174

112 其言之不怍、則爲之也難。 175

113 居處恭、執事敬、與人忠。雖之夷狄、不可棄也。 176

114 子路問事君。子曰、勿欺也、而犯之。 178

115 人無遠慮、必有近憂。 179

116 躬自厚、而薄責於人、則遠怨矣。 180

117 君子貞而不諒。 181

118 侍於君子、有三愆。言未及之而言、謂之躁。言及之而不言、謂之隱。未見顏色而言、謂之瞽。 182

119 大德不踰閑、小德出入可也。 183

120 君子信而後勞其民。未信、則以爲厲己也。信而後諫。未信、則以爲謗己也。 184

第9章 改變每日的生活態度

121 父母唯其疾之憂。 188

122 子之燕居、申申如也、夭夭如也。 189

123 肉雖多、不使勝食氣。唯酒無量、不及亂。 190

124 寢不尸。居不容。 192

125 飽食終日、無所用心、難矣哉。不有博弈者乎、爲之猶賢乎已。 193

第10章 德與禮爲政治的真諦

126 道之以政、齊之以刑、民免而無耻。道之以德、齊之以禮、有耻且格。 196

127 恭而無禮則勞。愼而無禮則葸。勇而無禮則亂。直而無禮則絞。 198

128 百姓足、君孰與不足。百姓不足、君孰與足。 200

129 苟子之不欲、雖賞之不竊。 202

130 其身正、不令而行。其身不正、雖令不從。 203

131 子欲善而民善矣。君子之德風。小人之德草。草尚之風、必偃。 204

132 善人爲邦百年、亦可以勝殘去殺矣。誠哉、是言也。 206

133 上好禮、則民易使也。 207

134 言忠信、行篤敬、雖蠻貊之邦行矣。言不忠信、行不篤敬、雖州里行乎哉。 208

135 恭則不侮、寬則得衆、信則人任焉、敏則有功、惠則足以使人。 210

第11章 藝術是精神的綠洲

協力編輯・內記小百合

⊙凡例

1／本書是由『論語』的中文原文、日語讀法、日語翻譯、中文（白話）翻譯、英語翻譯等三國語言的對譯所構成。因尊重原文的意義（主旨），所以有時日語翻譯、中文翻譯、英語翻譯間的表達會不一致。

2／原文的中文是依據中國出版的各種『論語譯註』，以及擷取各個長處，挑出錯字或句點逗點所構成。本書的撰寫、翻譯是由總編輯負責人—孔子直系第75代孫・孔祥林先生充分玩味『論語』的原文後，加以匯整撰寫而成，並非否定原來的『論語』相關書籍。

3／日語閱讀是著重於自古傳承的典型讀法，參考各種日語版的『論語』，考量淺顯易懂正確的表達出本來的意義。此外，爲了更容易理解和原文中文的相關性，對所有漢字都附上注音。

第1章

豊かな人生は学びの精神から

Learning makes your life rich.

通過學習 豐富人生

第1話

原文

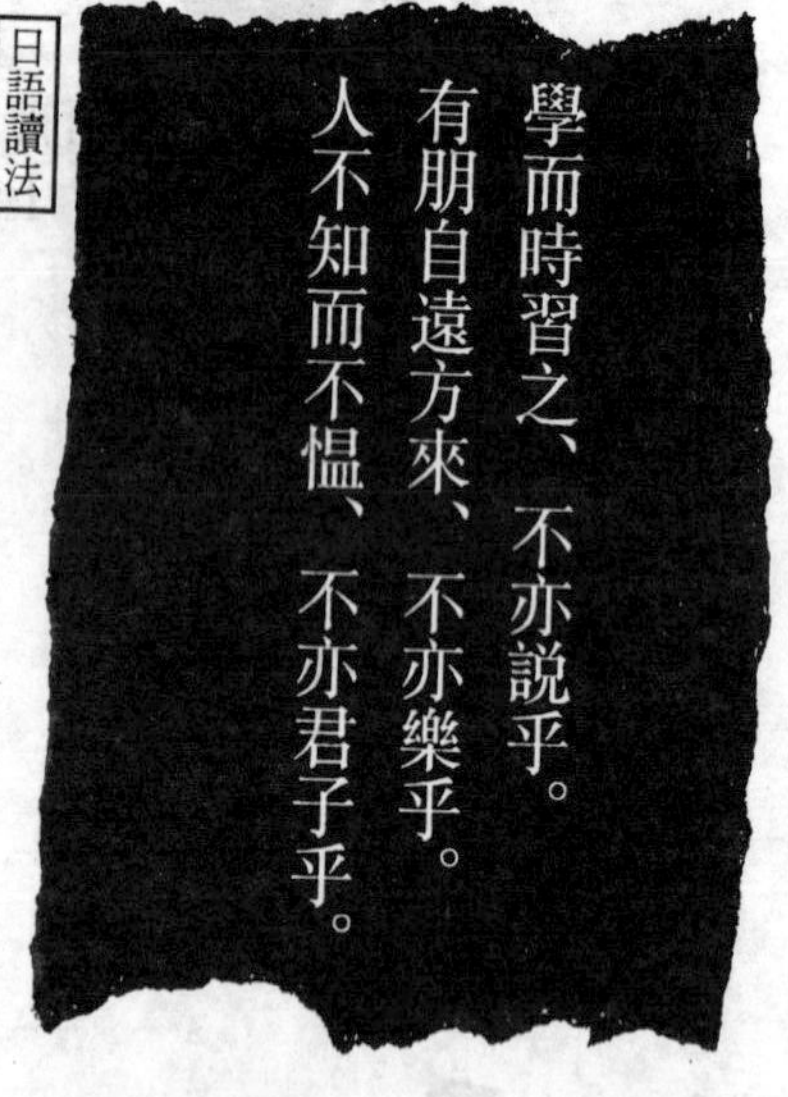

學而時習之、不亦説乎。
有朋自遠方來、不亦樂乎。
人不知而不慍、不亦君子乎。

日語讀法

学びて時にこれを習う、亦説ばしからずや。朋あり、遠方より来る、亦楽しからずや。人知らずして慍みず、亦君子ならずや。

中文語譯 學了，又能按一定的時間去研習，不是件高興的事嗎？志同道合的人從遠方來，不也很快樂嗎？有才華，不爲人君所知，我並不怨恨，不也是君子的行爲嗎？

日文語譯 「学んだことを時に応じて復習するのは、なんと嬉しいことではないか！　志を同じくする者が遠くから訪ねてきてくれるのは、なんと楽しいことではないか！　人に認められなくても不満を抱かない、これはなんと立派な人ではないか！」

孔子はその七十余年の生涯を通して、たえず学問と修養に励んだ。しかし、知識オンリーの堅物ではなく、学ぶ楽しみを実践の中に追求した。

また、孤高の人ではなく、慕ってくる者と力を合わせて共同で学問や道徳を追究した。そして、学びの姿勢として

は、名声を期待するのではなく、自己の成長・発展を第一とした。

論語の真髄ともいえる一話である。

英文譯 To learn something and regularly practice it —— is it not a joy? To have schoolfellows come from distant states —— is it not a pleasure? Not to blame when men do not accept you —— is it not like a gentleman?

*君子：人格高尚，有德行之賢人。也可指政治地位居高之人，例如：君主。

第2話

原文

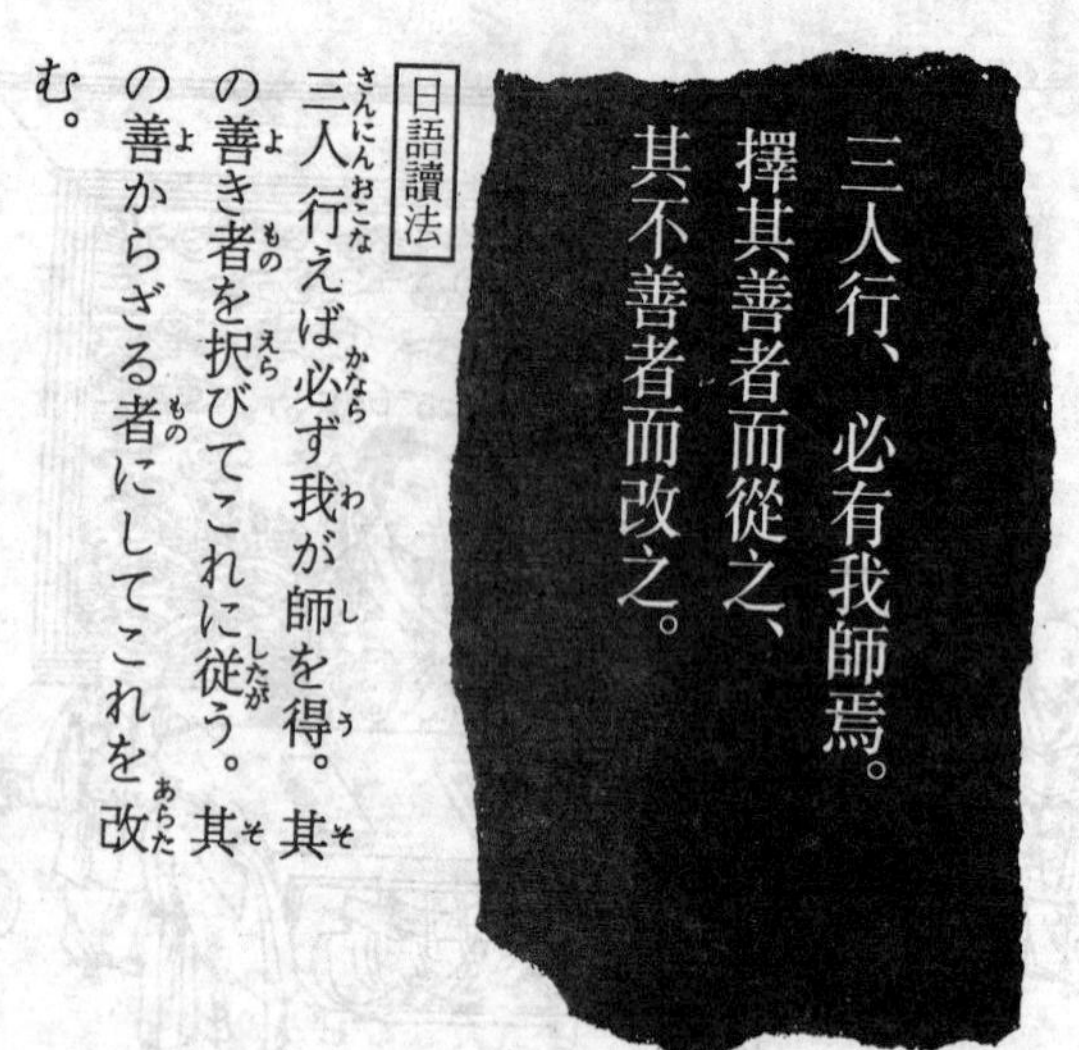

三人行、必有我師焉。
擇其善者而從之、
其不善者而改之。

日語讀法

三人行えば必ず我が師を得。其の善き者を択びてこれに従う。其の善からざる者にしてこれを改む。

中文語譯　三個人同行，必定有我足以效法的老師。擇取其中優點積極學習，看到短處而改正自己。

日文語譯　「三人で連れだって行けば、必ず自分の師となる人がいるものだ。ほかの二人のうちのよい人を積極的に見習い、よくない人のことは己の戒めとすればよい」

誰からも貪欲に学ぼうという姿勢さえあれば、自分のまわりの人はすべて師となるのである。

英文譯　When three men walk together, I can surely find my teachers. I choose the better one to follow and the worse one to correct myself.

第3話

原文

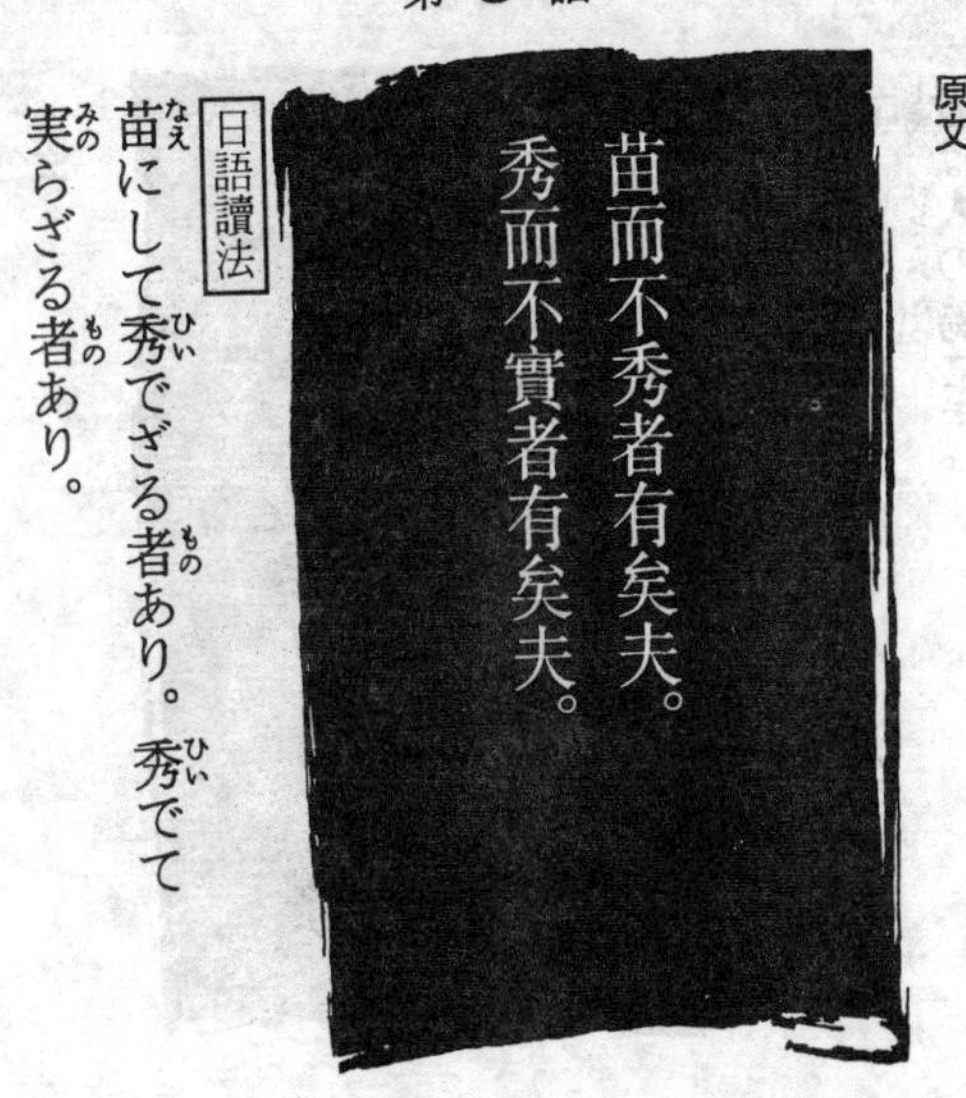

苗而不秀者有矣夫。
秀而不實者有矣夫。

日語讀法

苗（なえ）にして秀（ひい）でざる者（もの）あり。秀（ひい）でて実（みの）らざる者（もの）あり。

中文語譯 莊稼發芽而不開花的是有的，開花而不結果實的也是有的。

日文語譯 「作物には、発芽しても花の咲かないものもあり、花が咲いても実を実らせないものもある」

人間にも、せっかく芽が出た才能を磨かずにダメにしてしまったり、ようやく開花した能力を宝の持ち腐れにしてしまう人がいるが、もったいないことである。

才能や能力は日々、大切に磨き続けていくものであり、それを怠ると知らぬ間に衰えてしまうのである。

英文譯 That which sprouts without flowering —— there have been such cases indeed! That which flowers without fruiting —— there have been such cases indeed!

第4話

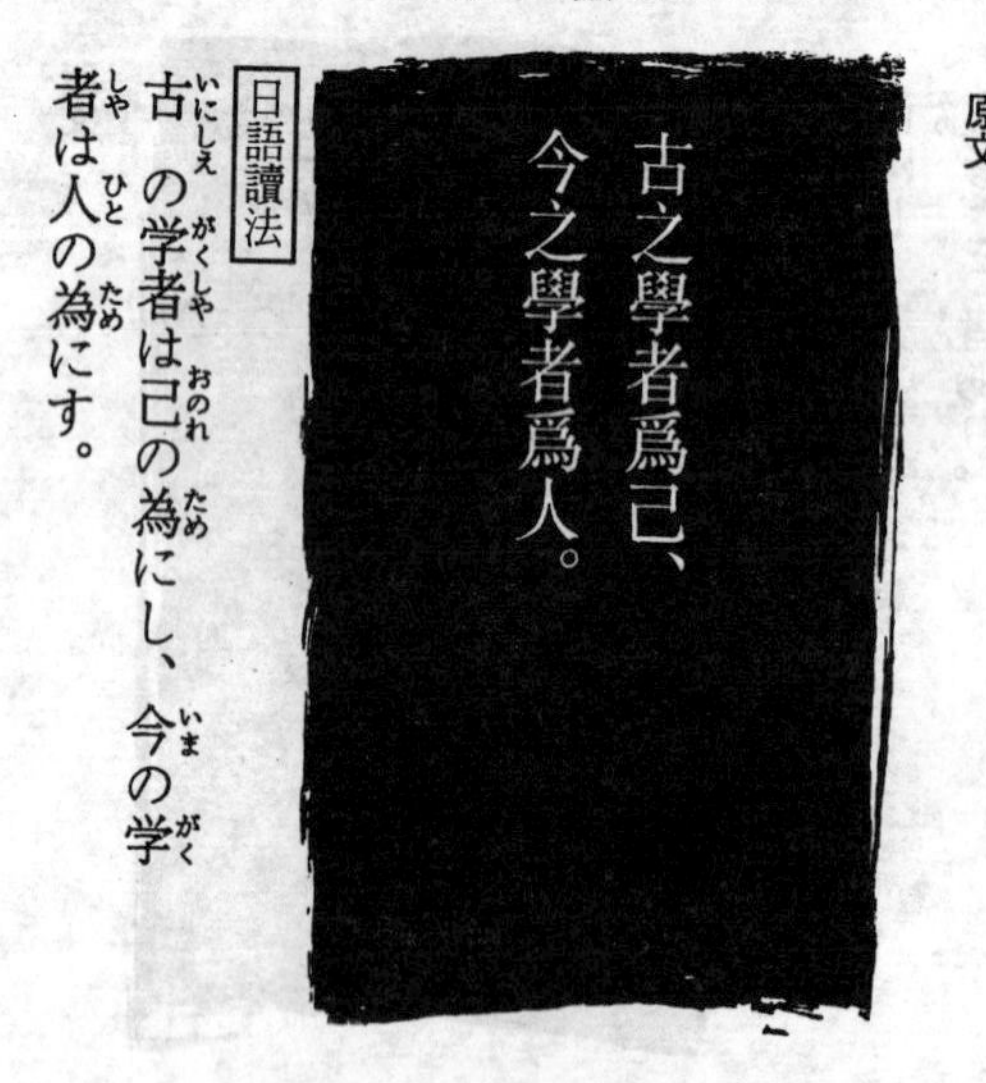

原文
古之學者爲己、
今之學者爲人。
日語讀法
古の学者は己の為にし、今の学者は人の為にす。

中文語譯　古代人求學是爲了自己而進德修業，現在人求學是炫耀與人，沽名釣譽。

日文語譯　「昔の人は自己の修養のために学問をしたが、今の人は人に誇示するための名誉を求めて学んでいる」

学問の目的とは自己の向上であって、人から賞賛されたり有名になったりすることではない。

現代の日本にも、本末転倒になっている人はいないだろうか。

英文譯　The scholars of antiquity learnt for themselves; the scholars of today learn for others.

第5話

原文

性相近也、習相遠也。

日語讀法

性(せい)、相近(あいちか)し。習(なら)えば、相遠(あいとお)し。

中文語譯 人的本性本來是很相近的，由於受環境習俗的熏陶，便相差得遠了。

日文語譯 「人の生まれつきは、もともと非常に似ているのであるが、環境や習慣の影響により、その差が開いていくものである」

生まれたての赤ちゃんは、三百六十度の可能性を持っている。人間は本質的にはそれほど差はないものだ。

しかし、習慣は第二の天性となる。その後の境遇や生活習慣が人格形成に及ぼす影響は計り知れない。

英文譯 By nature, people are close to one another; through practice, they drift far apart.

第6話

原文

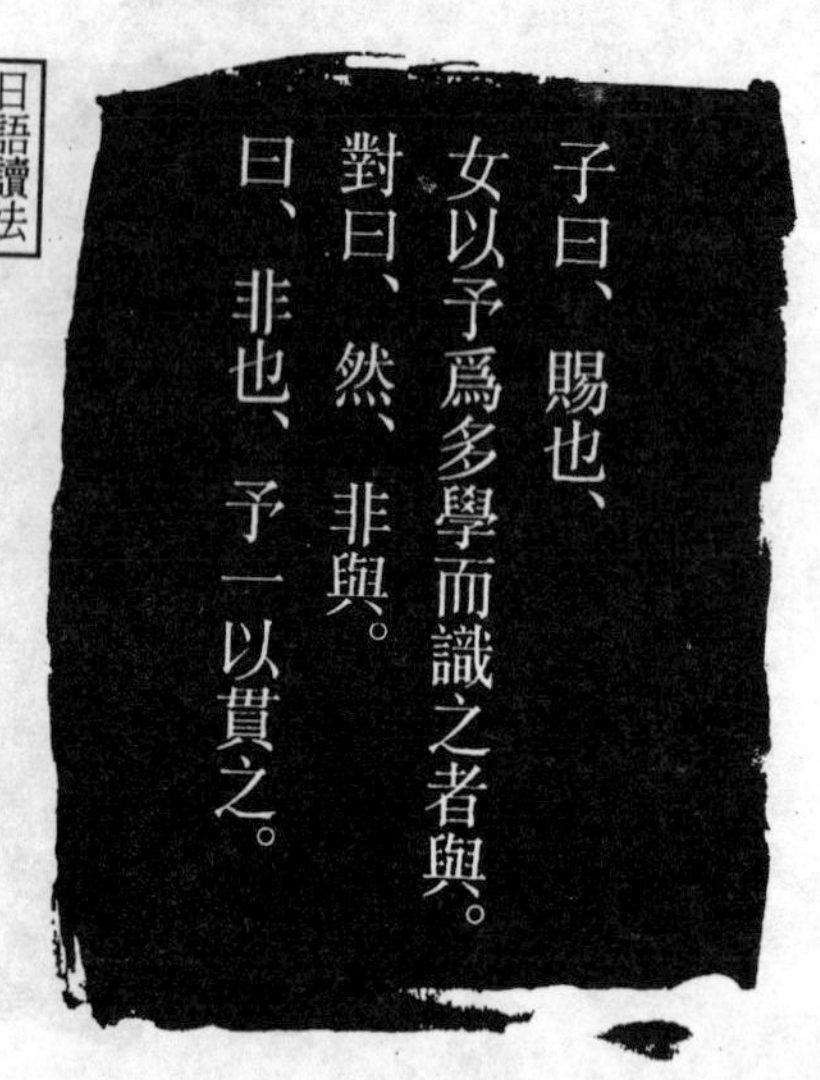

子曰、賜也、
女以予爲多學而識之者與。
對曰、然、非與。
曰、非也、予一以貫之。

日語讀法

子曰く、賜や、女予を以て多く学びてこれを識る者と為すか。対えて曰く、然り、非なるか。曰く、非なり。予は一以てこれを貫く。

中文語譯 孔子問子貢，“賜啊，你認爲我是多學博記的人嗎？”
子貢答，“是的，難道不是這樣嗎？”
孔子說，“不，我是用一個理論把它們穿在一起的。”

日文語譯 「孔子が子貢に聞かれた。『子貢よ、お前は私が、多くのものを学んでよく覚えているのだと思うかね？』子貢が答えて言った。『はい、そうではありませんか？』孔子が言われた。『いや違うな。私は一つの理論を用いてそれらをみな一緒に貫いているのだ』」

孔子の根本思想は‘仁’という一語に集約され、首尾一貫している。

仁とは、人間の最高レベルの徳のことをいうが、その意味は非常に広く、『論語』の中でも仁をめぐる問答は多く見られる。親子や師弟関係に始まり、人間関係において最も大切な感情＝「愛」を表す言葉ともいえる。

＊子貢（參照左圖）：孔子的弟子，姓端木，名賜，子貢是其字。衛國人。比孔子小三十一歲，是弟子中很重要的一位，與孔子有許多的問答。因爲善於雄辯，在魯國或衛國官都很成功。

つまり、単なる物知りと真の賢者との分かれ目は、その人の精神性にあるということだ。

英文譯 The Master said, "Zi–gong, do you regard me as someone who learns much and commits it all to memory?"
Zi–gong replied, "Yes. Are you not?"
The Master said, "No, I use one string to thread it all together."

＊字：所謂的通稱。
＊仁：所謂的關懷或仁慈，人與人之間產生的以自然作用爲基本的諸德的根源。其意義廣泛，孔子的說明也依場面而有所差異。

第7話

原文

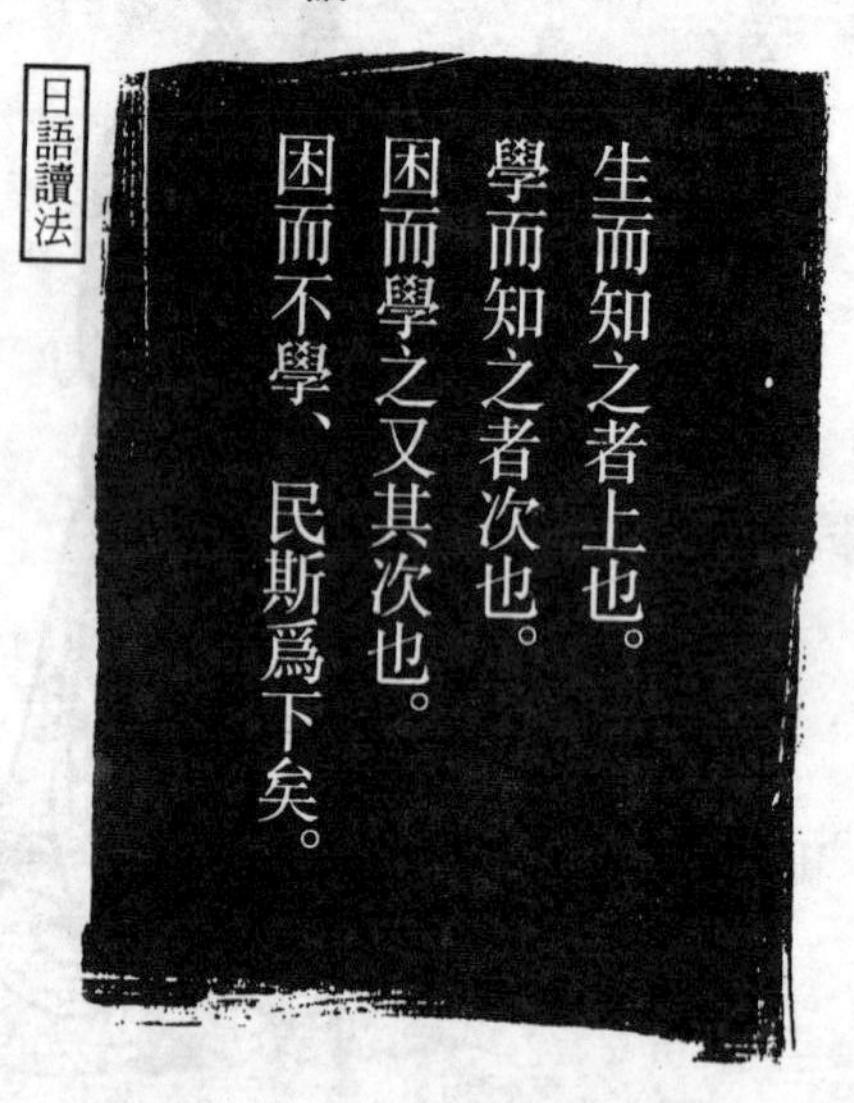

生而知之者上也。
學而知之者次也。
困而學之又其次也。
困而不學、民斯爲下矣。

日語讀法

生まれながらにしてこれを知る者は上なり。学びてこれを知る者は次なり。困みてこれを学ぶは又其の次なり。困みて学ばざる、民斯れを下と為す。

中文語譯 天生就通曉事理的人最優秀，通過學習而通曉事理的人次一等，遇到困難才去學習的人又次一等。遇到困難還不學習，這種人是最下等的。

日文語譯 「生まれながらにして物事の道理に通じた人は最も優秀である。勉学によって物事の道理に通じた人はその次で、困難に遇ってからなんとかしようと勉学に励む人は、またその次である。困難に遇っても勉学しようという気を起こさない人は最低である」

どんな分野にも‘天才’と呼ばれる人は確かに存在する。そういう人もすばらしいが、やはり大切なのは、常に学び向上しようという意欲である。人には先天的な能力差はあるが、時間はかかっても意欲さえあればその道を究めることも可能だ。

常日頃から勉強を怠らず教養を身につけておくのが望ま

孔子の人物像

しいが、逆境に遇ってからでも遅くはない。学ぼうという意欲すらなくしてしまってはおしまいである。

英文譯 Those who know it by birth belong to the highest category; those who know it through learning belong to the second category; those who learn it when baffled belong to the third category; those who do not learn even when baffled —— such people belong to the lowest category.

第8話

原文

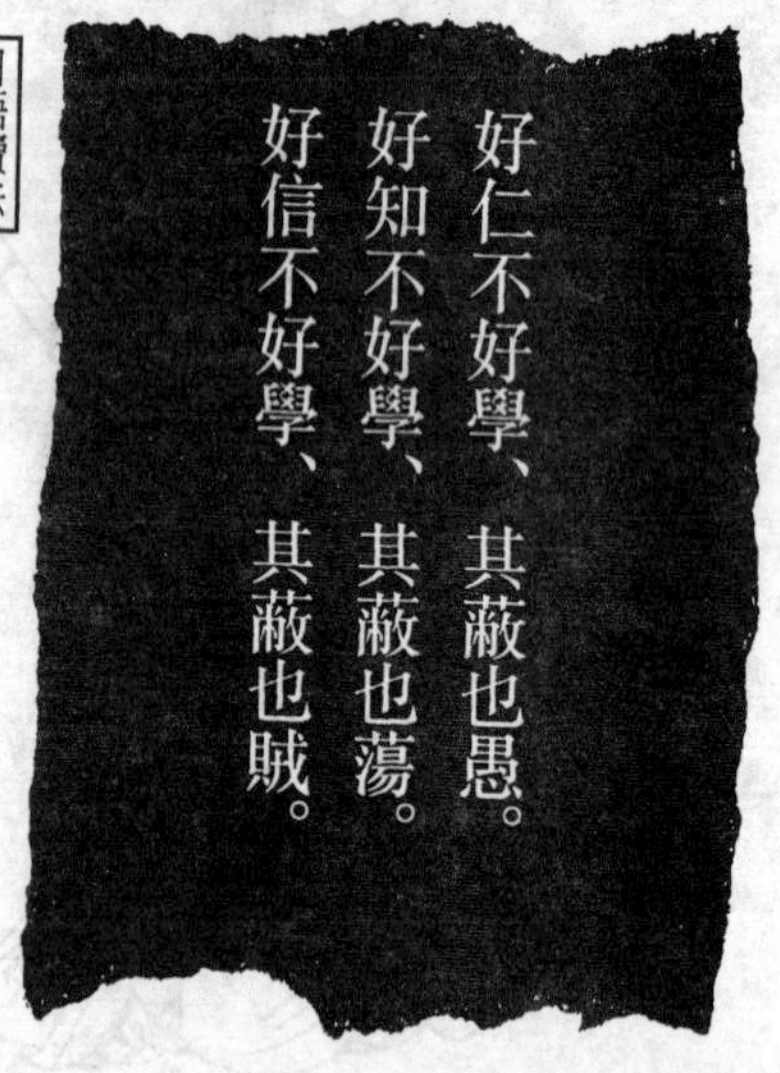

好仁不好學、其蔽也愚。
好知不好學、其蔽也蕩。
好信不好學、其蔽也賊。

日語讀法

仁を好みて学を好まざれば、其の蔽や愚。知を好みて学を好まざれば、其の蔽や蕩。信を好みて学を好まざれば、其の蔽や賊。

中文語譯 愛好‘仁德’而不好學問，它的弊病是愚蠢而不分是非；愛好‘智慧’而不喜好學問，它的弊病是放蕩而無所約束；愛好‘誠信’而不愛好學問，它的弊病是固執而互相傷害。

日文語譯 「仁徳を愛しても学問が嫌いだと、その弊害として愚かになる。（情に流されて是非の判断ができなくなるのだ）

知識を愛しても学問が嫌いだと、その弊害として放埒でとりとめがなくなる。（知識に溺れて自己の拠り所を見失ってしまうのだ）

誠実さを愛しても学問が嫌いだと、その弊害として強情になり人を傷つける。（自分の信頼できるものにこだわるあまり、過信・妄信となって自分も他人も傷つけてしまうのだ）」

孔子が弟子の子路(しろ)に話して聞かせた言葉である。第9話と合わせて、仁・知・信・直・勇・剛の六つの徳を挙げ、学問が伴わないことによる弊害を教えている。

英文譯 To love humanity and not to love learning —— the latent defect is foolishness; to love wisdom and not to love learning —— the latent defect is unprincipledness; to love truthfulness and not to love learning —— the latent defect is harmfulness.

*子路（參照上圖）：孔子的門人，姓仲，名由，字子路或季路。魯國人，比孔子小九歲，在門人中最年長，是重要的門人，在『論語』中出現的次數很多，武勇之士，在魯國或衛國當官。

第 9 話

原文

好直不好學、其蔽也絞。
好勇不好學、其蔽也亂。
好剛不好學、其蔽也狂。

日語讀法

直を好みて学を好まざれば、其の蔽や絞。勇を好みて学を好まざれば、其の蔽や乱。剛を好みて学を好まざれば、其の蔽や狂。

中文語譯 愛好‘直率’而不愛好學問，它的弊病是說話尖酸刻薄而傷人；愛好‘勇猛’而不愛好學問，它的弊病是爲非做歹而違法犯罪；愛好‘剛強’而不愛好學問，它的弊病是膽大妄爲而受譴責。

日文語譯 「正直さを愛しても学問が嫌いだと、その弊害として人を責めるのに厳しく辛辣になり、傷つける。

勇気を愛しても学問が嫌いだと、その弊害として自制心のない乱暴者になり法の一線をも越えてしまう。

気丈さを愛しても学問が嫌いだと、その弊害として大胆不敵なことをしでかして糾弾される」

孔子の言うここでの学問とは、善悪の判断基準、物の道

理、幅広い見識、節度といったものを指す。それらが併さってこそ初めて人徳者といえるのである。

何事も偏ってしまってはいけない。学問によりバランス感覚を養うことが重要なのである。

英文譯 To love straightforwardness and not to love learning —— the latent defect is imperuosity; to love courage and not to love learning —— the latent defect is rebelliousness; to love staunchness and not to love learning —— the latent defect is recklessness.

第10話

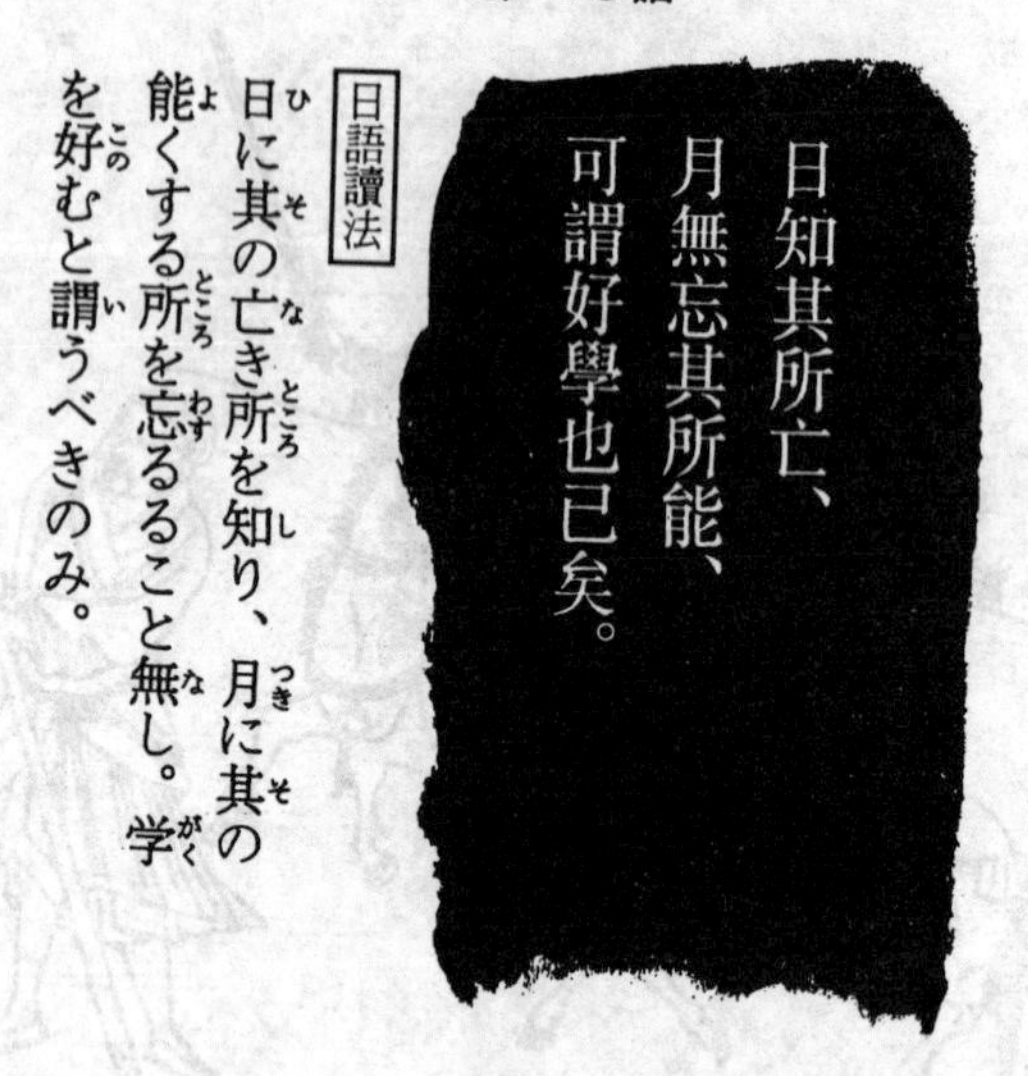

原文

日知其所亡、
月無忘其所能、
可謂好學也已矣。

日語讀法

日に其の亡き所を知り、月に其の能くする所を忘るること無し。学を好むと謂うべきのみ。

中文語譯 每天知曉一些自己所不懂的東西，每月都不要忘記自己所掌握的知識，可以說是愛好學習了。

日文語譯 「毎日自分のわからないことを知ろうとし、毎月自分が身につけた知識を忘れないようにすれば、学問を愛する者といえよう」

弟子の子夏の言葉。人間、いくつになっても向学心を持って毎日を過ごしたいものだ。

英文譯 He who each day acquires something he lacks and each month does not forget what he is proficient in may be said to love learning indeed.

*子夏：孔子的門人，姓卜，名商，字子夏，衛國人，比孔子小44歲，富文才。

*日…，月…，：均表示每日每月持續不斷之意。

第11話

原文

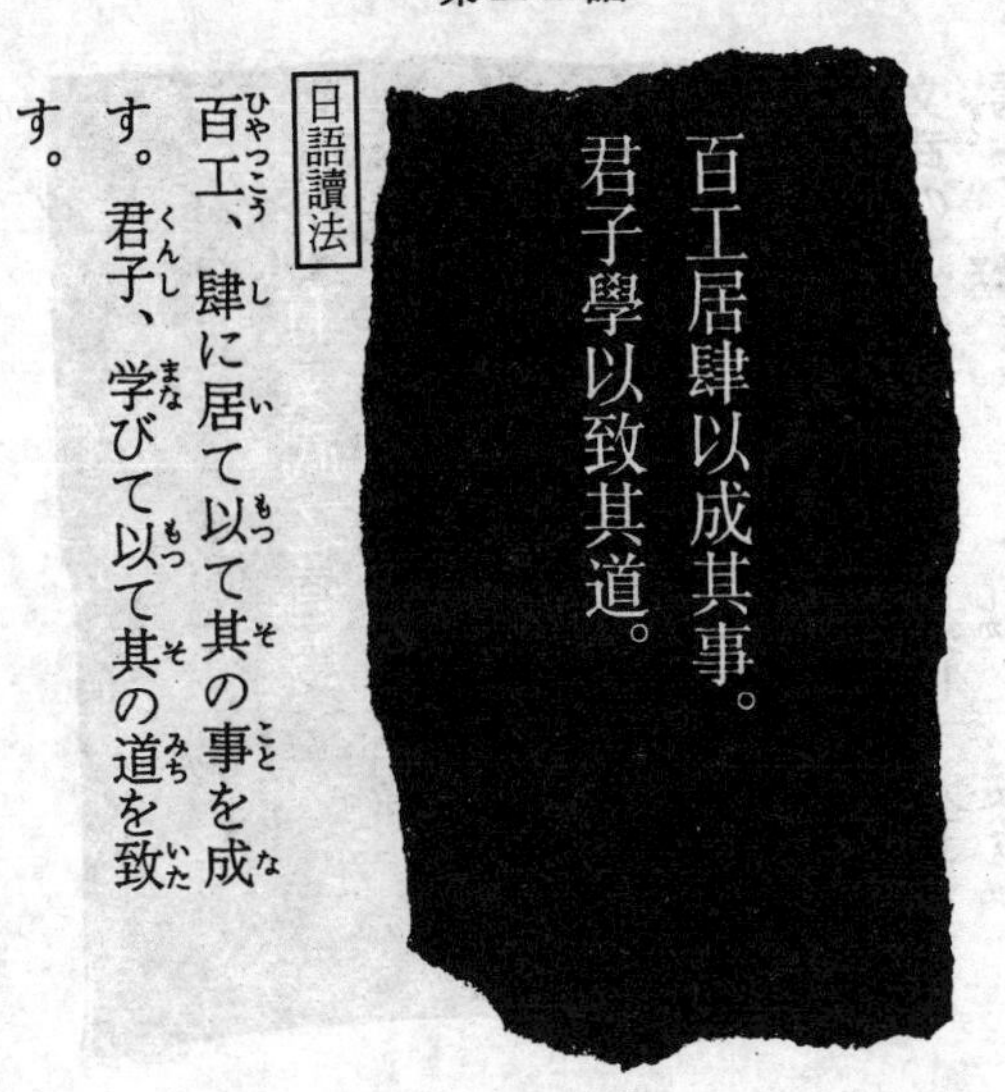

百工居肆以成其事。
君子學以致其道。

日語讀法

百工、肆に居て以て其の事を成す。君子、学びて以て其の道を致す。

中文語譯　各種工匠只有在作坊裡才能完成各自的工作，君子則通過學習來獲得道理和知識。

日文語譯「各種の職人たちはその仕事場で各自の仕事を完成させる。君子は学問を通して君子としての道理と知識を会得する」

子夏の言葉。職人が芸を極めるのは道具のそろった仕事場であり、立派な人間への道は偉大な賢人たちに学ぶことの中にある。

英文譯　The hundred artisans live in the shop to perfect their craftsmanship; the gentleman engages in learning to exhaust the Way.

第12話

原文

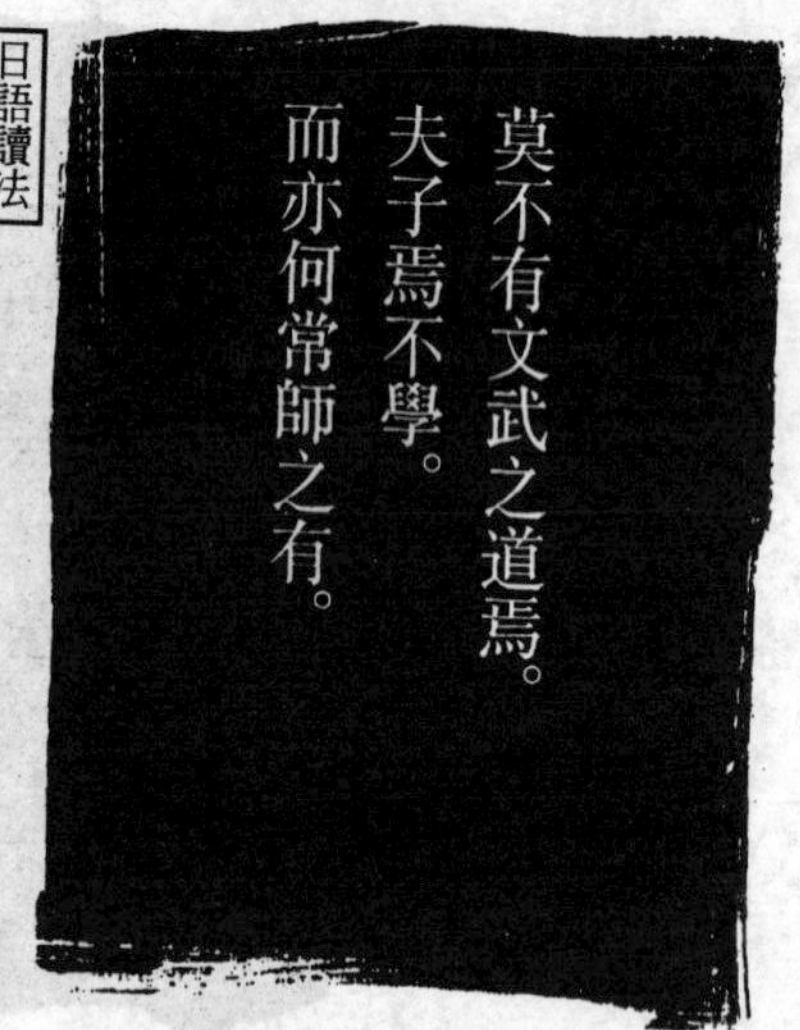

莫不有文武之道焉。
夫子焉不學。
而亦何常師之有。

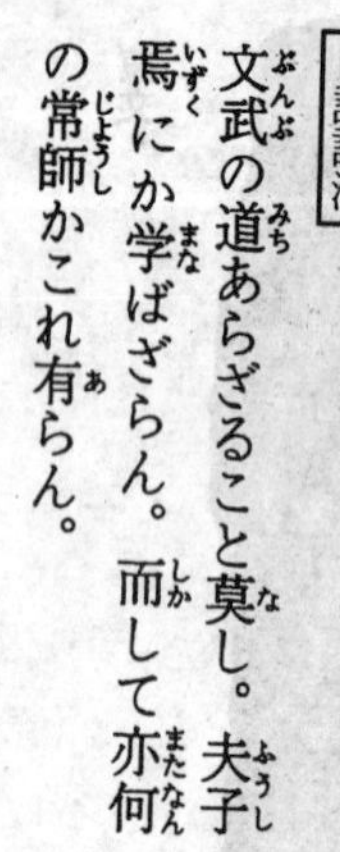

日語讀法
文武の道あらざること莫し。夫子
焉にか学ばざらん。而して亦何
の常師かこれ有らん。

中文語譯　周文王、武王的道無處不在，我的老師在哪裡不能學呢？而且哪能一定要有固定的老師呢？

日文語譯「周の文王・武王の説いた立派な道はどこにでもありますから、私の先生はどこででも学ぶことができます。ですから、特定の師はお持ちにならなかったのです」

衛の国の大夫、公孫朝が子貢に、あなたの先生である孔子様はどこで学問されたのですか、と尋ねたのに対し、子貢が答えた言葉の一節である。

孔子は特定の師を持たなかった。しかし、孔子ほどの好学の士ともなれば、いついかなるところでも学ばないことはなかった。

自分の学びの師は、必ずしも特定の人間である必要はない。過去の賢人、偉大なる書物、そして身近な出来事から

出会うすべての人々に至るまで、自分次第でまわりのすべてが師となるのである。

英文譯 None did not possess a portion of the Way of Wen and Wu. From whom did the Master not learn? And yet what regular teachers did he have?

*衛（國）：把首都遷至現在河北省濮陽縣帝邱的國家。
*大夫：負責國政的人，高級官吏。
*公孫朝：衛國大夫，其他均不詳。
*文武之道：周朝的文王與武王所實施的仁政等德之道。武王是文王之子，兩位都是孔子特別尊敬的往昔聖賢，武王滅當時陷入惡政的殷朝、建立周朝。

第13話

原文

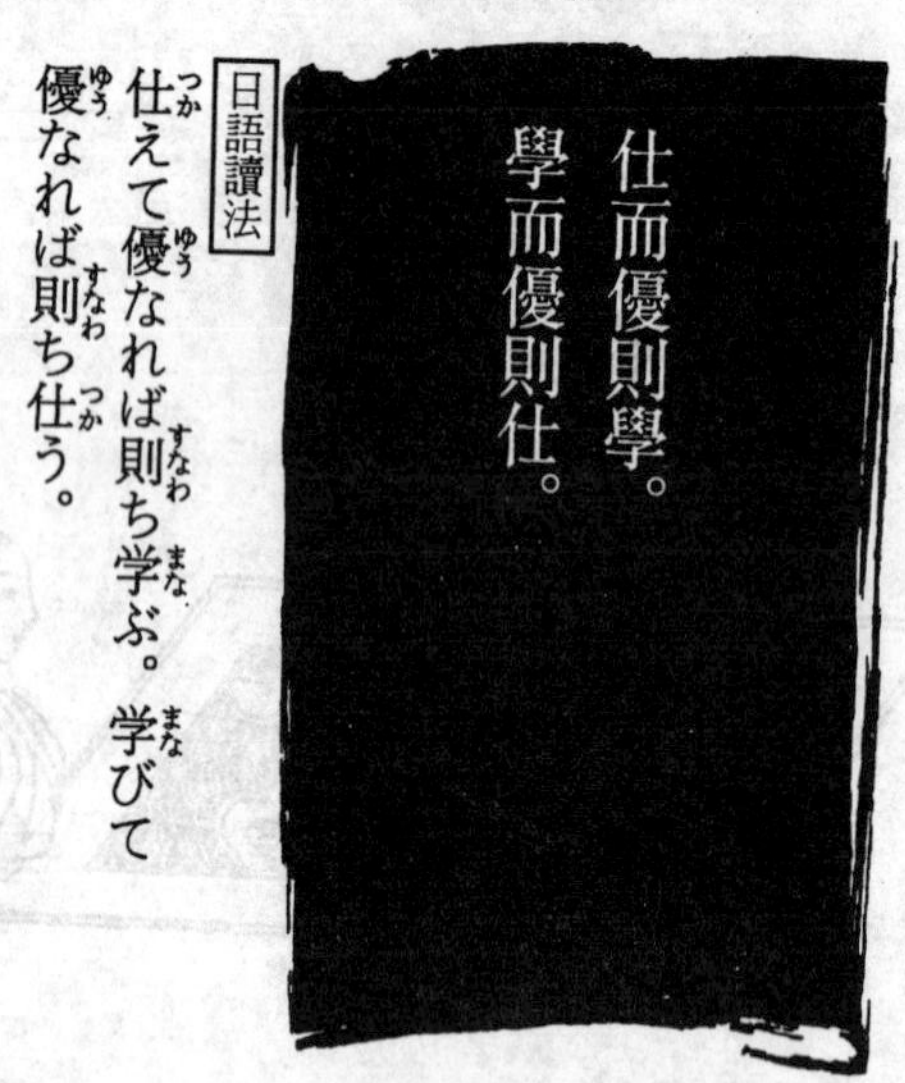

日語讀法

仕(つか)えて優(ゆう)なれば則(すなわ)ち学(まな)ぶ。学(まな)びて優(ゆう)なれば則(すなわ)ち仕(つか)う。

中文語譯 作了官，有了優裕的時間和精力就去學習；完成了學業，有了充沛的時間和精力就去做官。

日文語譯 「官職に就いて余力があったら学問することだ。学成って余力があったら官職に就くことだ」

政治と学問の関係に対する子夏の言葉。

政治を仕事に置き換えてもいいだろう。

日々の仕事を立派にこなしつつ勉学に励めば、仕事にも必ずいい結果をもたらすし、学んだことは仕事という実践の場で役立ててこそ意味を持つのである。

英文譯 Those who excel in position should learn; those who excel in learning should take position.

人生の目的を模索する

Persuing your purpose in life.

探索人生的目標

第14話

原文

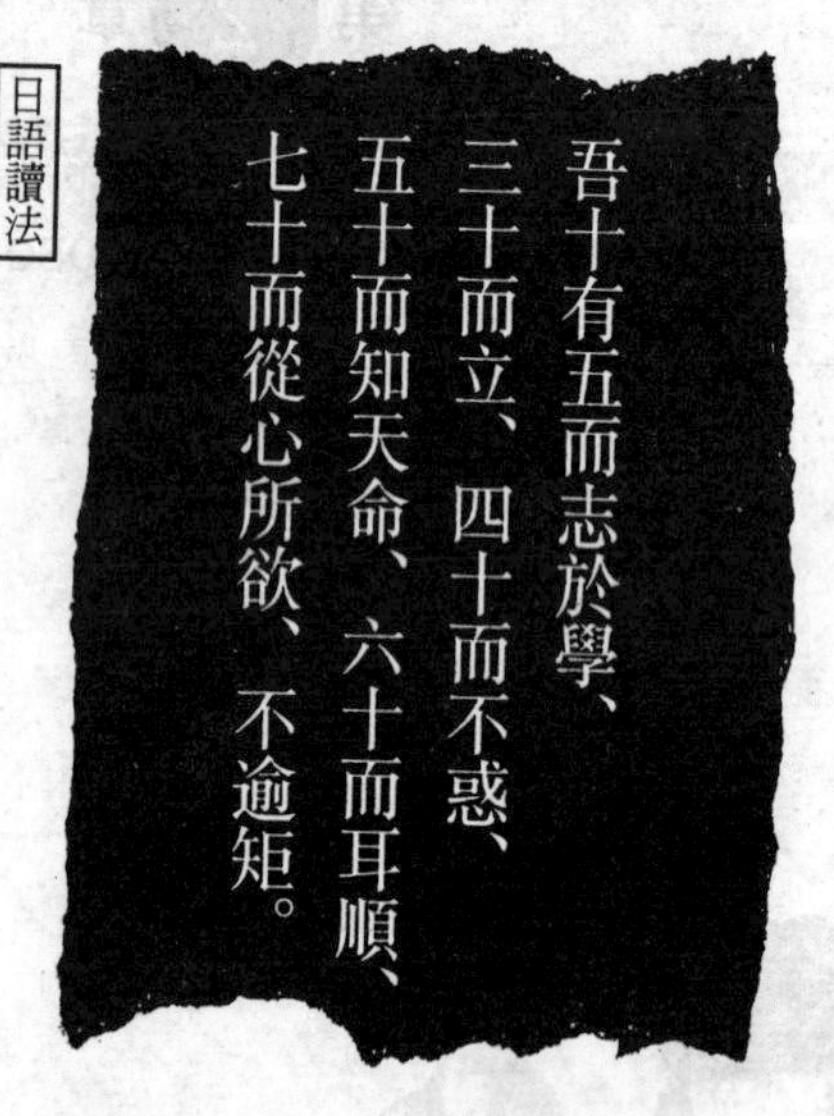

吾十有五而志於學、
三十而立、四十而不惑、
五十而知天命、六十而耳順、
七十而從心所欲、不逾矩。

日語讀法

吾十有五にして学に志す。三十にして立つ。四十にして惑わず。五十にして天命を知る。六十にして耳順う。七十にして心の欲する所に従って、矩を踰えず。

中文語譯 我十五歲有志於學習，到了三十歲學問有成，能夠立身處世，四十歲通暢事理而不疑惑，五十歲得知天命之理，六十歲可聽其言，判明是非，七十歲隨心所欲，不越規矩。

日文語譯 「私は十五歳の時、学問に志した。三十歳にして学成って世渡りができるようになった。四十歳で事の道理に通じて迷わなくなった。五十歳になり天命の理を知った。六十歳では何を聞いてもその是非がすんなりわかるようになった。七十歳になると、思いのままにふるまっても道をはずさなくなった」

非常に有名な一話であり、十五歳を志学、三十歳を而立、四十歳を不惑、五十歳を知命、六十歳を耳順、七十歳を従心と呼ぶ典拠である。なお、六十歳の耳順を、他人の

言葉に素直に耳を傾けられるようになった、と解釈する向きもある。

人生の節目に当たってかみしめたい言葉である。

英文譯 At fifteen, I bent my mind on learning; at thirty, I was established; at forty, I was free from delusion; at fifty, I knew the decree of Heaven; at sixty, my ears became subtly perceptive; at seventy, I was able to follow my heart's desire without overstepping the rules of propriety.

第15話

原文

朝聞道、夕死可矣。

日語讀法

朝に道を聞かば、夕に死すとも可なり。

中文語譯　能夠在早晨悟得眞道，即使當晚死去也可以無憾了。

日文語譯　「もし朝、真の道を悟ることができたら、その晩に死んでも本望である」

'道'とは、人間としてのあり方、最高規範のことで、それがわかれば命すら惜しくはない、というほどの真理である。

毎日をあくせく生きるのではなく、人間として当然なすべきことは何なのか、人としての本分は何かを真摯に追究していくことが、人生の究極の目的と言っていいだろう。

英文譯　If, in the morning, I should hear about the Way, in the evening, I would die contended!

＊道：任何人內心都存在的做人應有態度，事物應有的道理。

第16話

原文

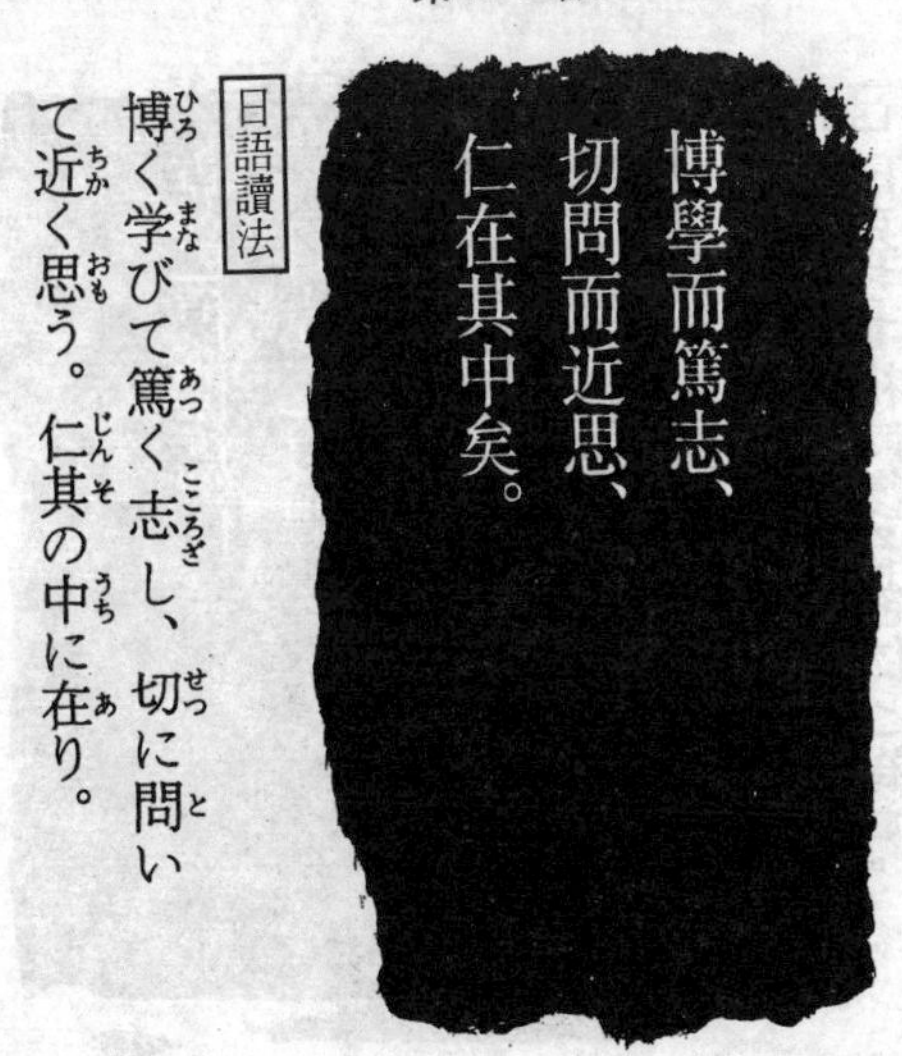

博學而篤志、
切問而近思、
仁在其中矣。
日語讀法
博く学びて篤く志し、切に問いて近く思う。仁其の中に在り。

中文語譯 廣泛學習，堅定志向，始終不渝；誠懇提問，認眞思考，仁德就在其中了。

日文語譯 「広く学んで志をしっかり定め、疑問に突き当たったらすぐに問いただし、身近な現実の問題をじっくり考える。仁徳はそこに生まれる」

子夏の言葉。

博学、篤志、切問、近思、この四つの態度を常に心掛けよう。

英文譯 To learn extensively and aspire tenaciously; to inquire promptly and think practically —— humanity lies therein.

第17話

原文

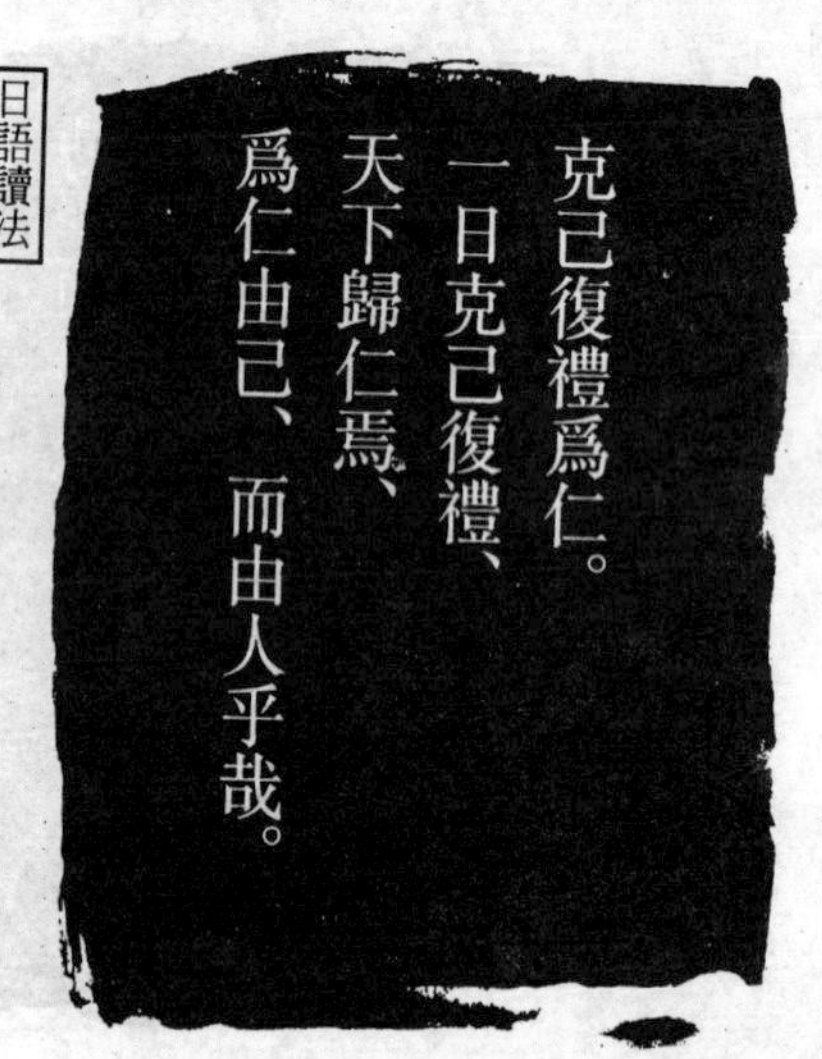

克己復禮爲仁。
一日克己復禮、
天下歸仁焉、
爲仁由己、而由人乎哉。

日語讀法

己に克ちて礼に復るを仁と為す。一日己に克ちて礼に復れば、天下仁に帰す。仁を為すこと己に由る。而して人に由らんや。

中文語譯 克制自己，使言語行動都合於禮，這就是仁。有朝一日能克制自己，使自己的言行都合於禮，那麼天下大眾就歸仁了。實行仁德要靠自己，難道還要靠別人嗎？

日文語譯 「己に打ち勝って、言葉や行動を礼に合わせる、これが仁である。一日でも己に打ち勝って自らの言行をすべて礼に合わせることができれば、それが広まり、世の人々は皆仁に向かうだろう。仁徳を実行するのは自分次第であり、他人に頼ることはできない」

弟子の顔淵が、孔子に仁とは何かについて尋ねたのに対する言葉。

‘礼’とは、人として当然守らなければならない社会秩序を始め、広い意味を持つ。孔子は「克己復礼」を以て仁とした。

この後、更なる顔淵の問いに対し、孔子は具体的に仁を実行するには視聴言動のすべてを礼に違わないようにせよと言っている。

英文譯 To restrain oneself and return to the rituals constitutes humanity. One day one can restrain oneself and return to the rituals, all under Heaven will turn to humanity. The practice of humanity rests with oneself. Does it rest with anyone else?

* 顏淵（上圖左）：孔子的第一弟子，姓顏，名回，字子淵，魯國人，比孔子小三十歲，比孔子先去世，聰明德高，極受孔子的疼愛。
* 禮：以尊敬之心、調和之心爲基盤的社會規範、秩序，其意義廣泛，包括從日常生活的禮儀做法到重視上下關係的社會制度，可謂尊敬之心的形式化。

第18話

原文

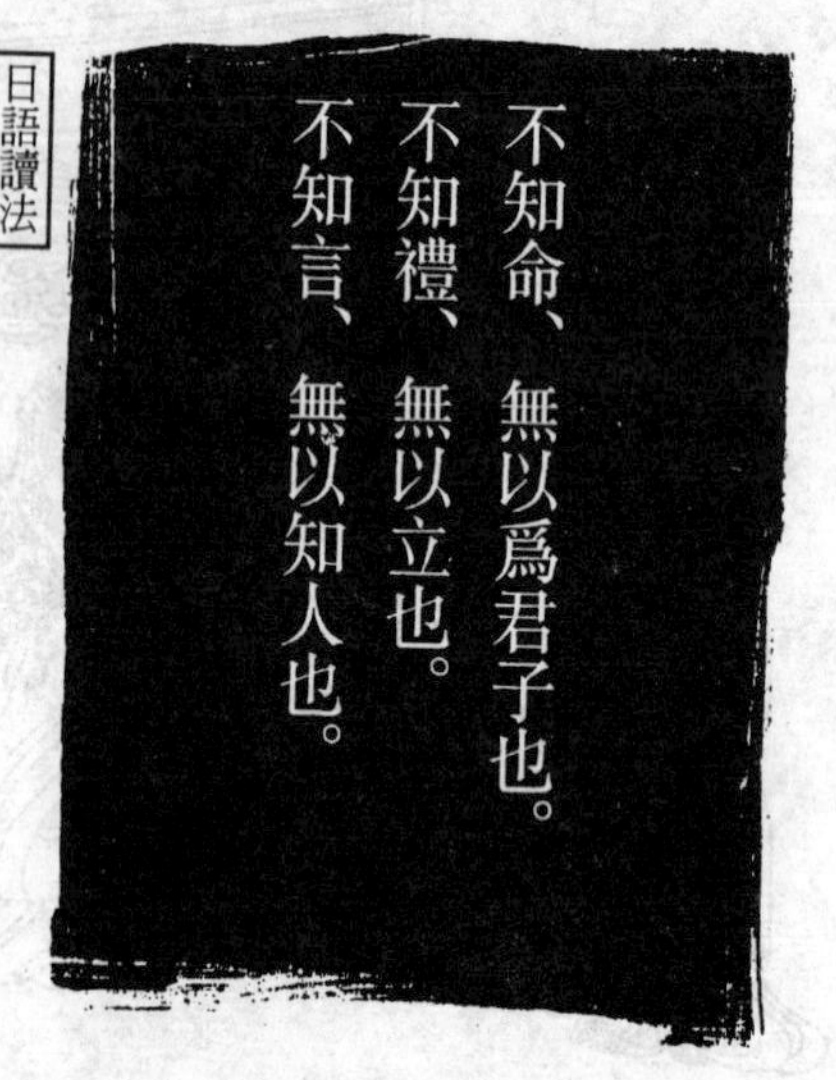

不知命、無以爲君子也。
不知禮、無以立也。
不知言、無以知人也。

日語讀法

命を知らざれば、以て君子たること無きなり。礼を知らざれば、以て立つこと無きなり。言を知らざれば、以て人を知ること無きなり。

中文語譯　不懂得天命，就不可能做君子；不懂得禮儀，就不能立身處世；不懂得辨析別人的言論，就不能眞正懂得人的善惡。

日文語譯　「天命がわからなければ、人間として完成された君子とはいえない。社会規範である礼がわからなければ、世の中でうまくやっていけない。人の言葉の真意がわからなければ、人の善悪を見分けることはできない」

徳ある立派な人間に不可欠の三要素、知命、知礼、知言について述べた言葉である。

天命とは、人間の存在意義＝この世での使命のことでもあり、人間の力の到底及ばない大きな力＝宇宙原理のことでもある。

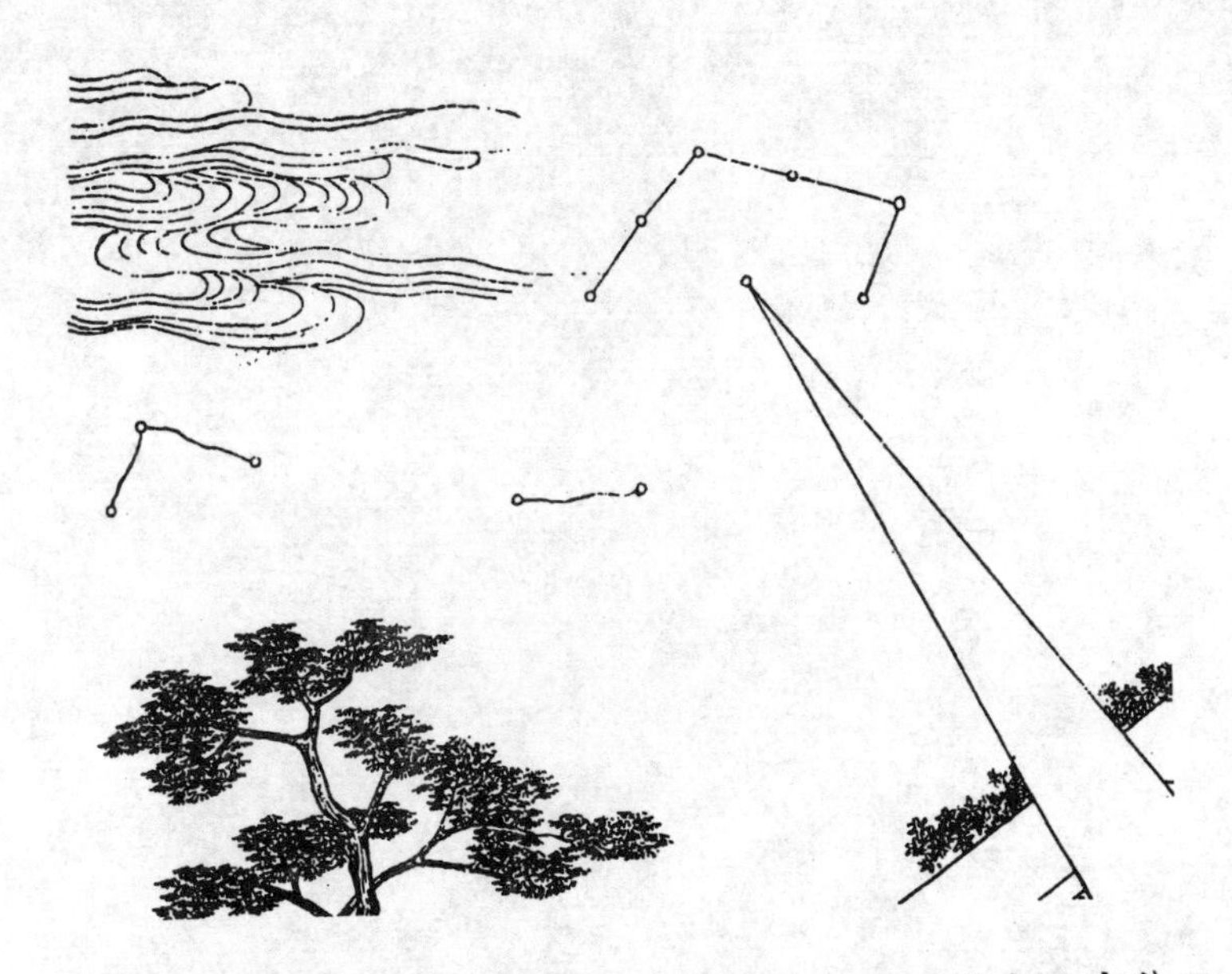

そうした壮大な見えざる力を認識すれば、謙虚に自分の存在の意義を認め、崇高な目的のために貢献できるはずである。

英文譯 If one does not know the decree of Heaven, one has no way of becoming a gentleman; if one does not know the rituals, one has no way of establishing oneself; if one does not know the words, one has no way of knowing men.

＊命：就是天命，這也是具有廣泛意義的用詞，包括人類個人的命運，宇宙偉大力量的作用，人應該完成的使命。

第3章

人間の真価を見極めるには

How to judge people.

如何鑑定人品

第19話

原文

日語讀法

巧言令色(こうげんれいしょく)、鮮(すく)なし仁(じん)。

中文語譯 花言巧語，面容僞善，這種人就缺乏仁愛之心了。

日文語譯 「心にもない言葉を巧みに操り表面はにこにこして人の機嫌をとるのは、仁者の心に欠ける」

お世辞やおべんちゃら、お愛想笑いといった類のものは、処世術として必要とする向きもあるが、所詮は空虚なもので大人物には通用しない。

本心と一致しない言動は簡単に見抜かれ、信用を失うばかりか後で自己嫌悪を味わうことにもなる。

自分に正直に生きよう。

英文譯 Sweet words and a pleasing countenance have indeed little humanity in them!

第20話

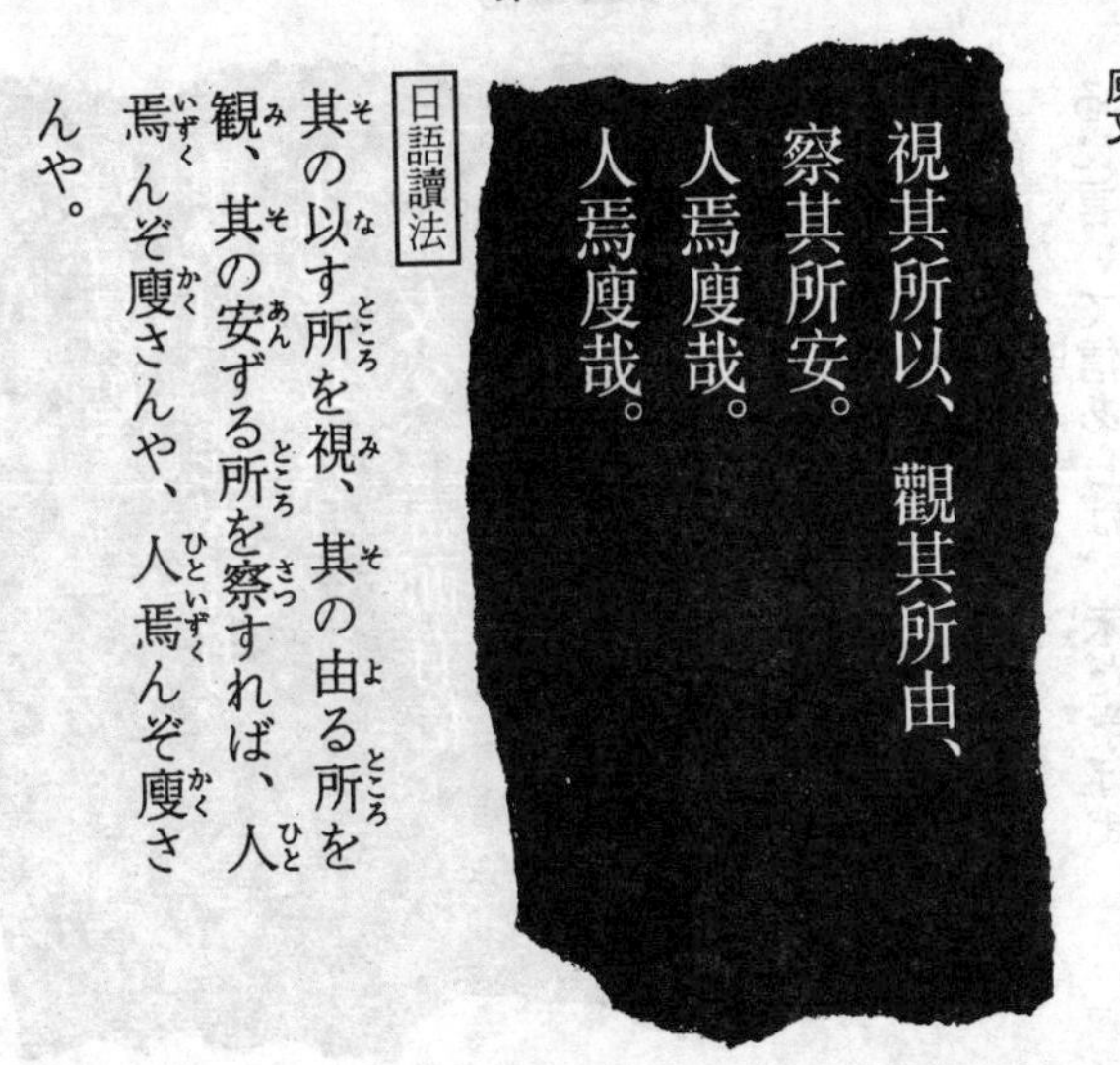

原文

視其所以、觀其所由、
察其所安。
人焉廋哉。
人焉廋哉。

日語讀法

其の以す所を視、其の由る所を観、其の安ずる所を察すれば、人焉んぞ廋さんや、人焉んぞ廋さんや。

中文語譯　看他的所作所爲，觀察他的由來始末，審度他的動機心志。這個人怎樣隱蔽得了呢？這個人怎樣隱蔽得了呢？

日文語譯「人がとった行動をよく見て、その行動の元となった原因・動機を分析し、行動後の心が安らかであるかどうかを察すると、その人間の正体がわかる。どうして隠しおおせるものか、決して隠せないものだよ」

行為そのものからその前後の心の動きが読めれば人間が見抜ける。

英文譯　See what a man does; contemplate the path he has traversed; examine what he is at ease with. How, then, can he conceal himself? How, then, can he conceal himself?

第21話

原文

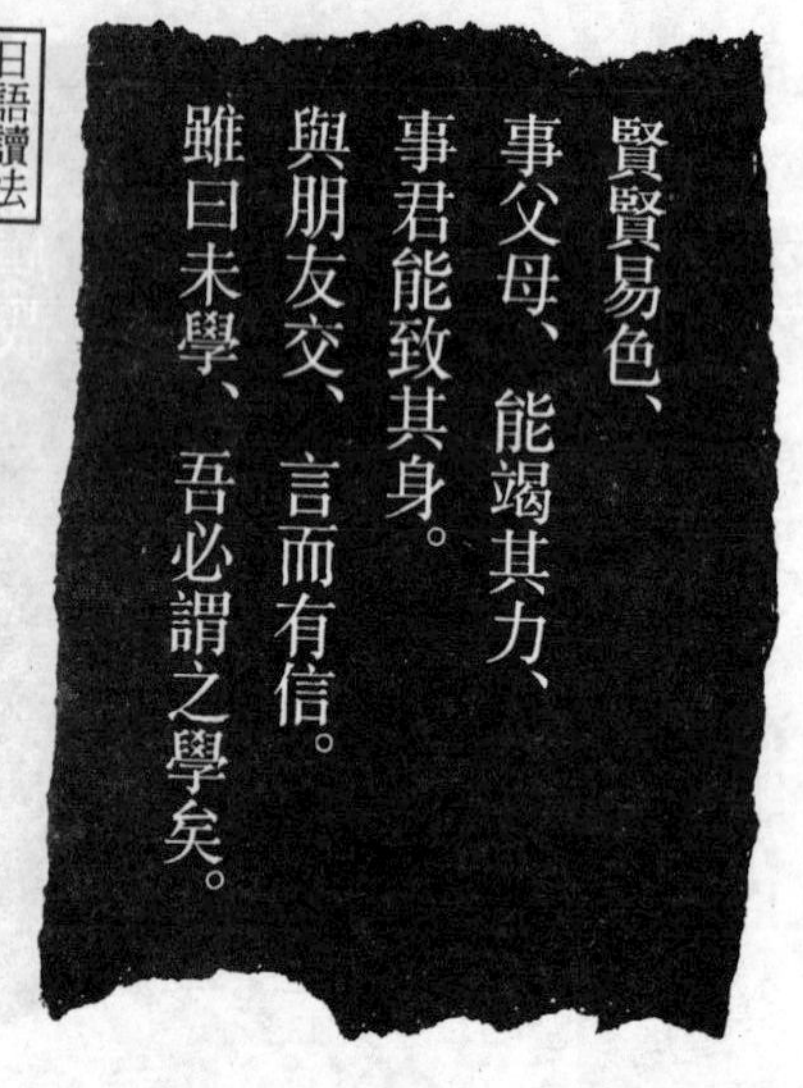
賢賢易色、
事父母、能竭其力、
事君能致其身。
與朋友交、言而有信。
雖曰未學、吾必謂之學矣。

日語讀法

賢を賢として色に易え、父母に事えて能く其の力を竭し、君に事えて能く其の身を致し、朋友と交わるに言いて信あらば、未だ学ばずと曰うと雖も、吾は必ずこれを学びたりと謂わん。

中文語譯 一個人能崇尚賢德，輕視美色；侍奉父母，能竭盡心力；服侍國君，能不惜生命；和朋友交往，能誠信不欺。這種人雖然沒受過教育，我也一定說他有學問了。

日文語譯 「賢徳を尊び、女色を軽んじ、父母には力の限り尽くし、主君には命がけで仕え、友達と交わっては誠実で決して欺かない。このような人ならば、たとえ教育はないと言っても、私は学問のある人だと断言しよう」

子夏の言葉。

人間の真価は学歴ではない。その人間の人柄を見て総合的に判断しなければならない。教育がなくても、自分で学問・修養に努めそれを立派に実践している人もいる。

一方、輝かしい学歴があっても、人間としては未熟で、

子夏の人物像

内実の伴わない人もいる。

先入観にとらわれず、人間の中身を正しく見抜くことが大切である。

英文譯 One who loves the wisdom and virtues instead of beutiful women; who, in serving his parents, can exert all his energy; who, in serving the sovereign, can exhaust his talent; and who, in associating with friends, is truthful to his word —— although others may say he has not learnt, I will surely say he has learnt.

第22話

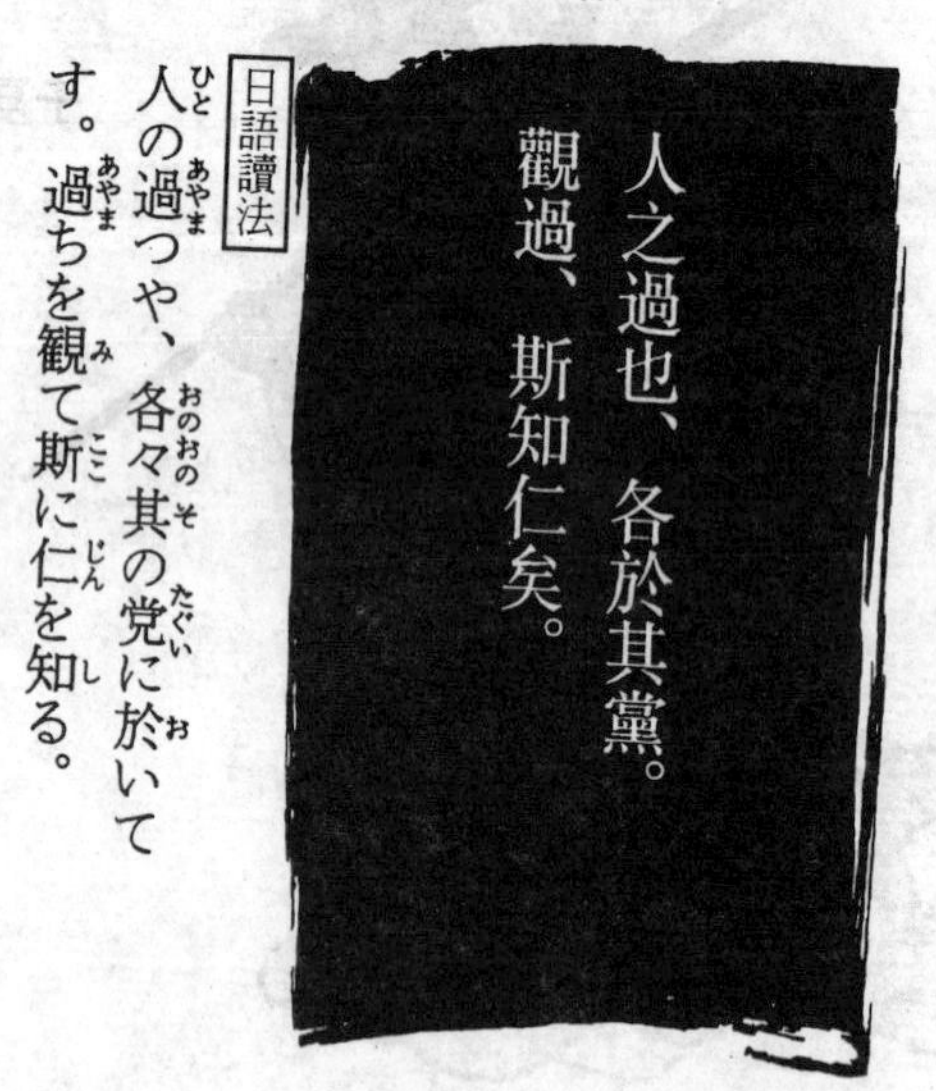

原文

人之過也、各於其黨。觀過、斯知仁矣。

日語讀法

人の過つや、各々其の党に於いてす。過ちを観て斯に仁を知る。

中文語譯　人的過錯與其素質有關，只要觀察其過失，便可知這個人有沒有仁德了。

日文語譯　「人の過ちはその人の素質と関係があり、その過ちを観察するだけで、その人の徳のレベルがわかるものだ」

大人物の犯す過ちと小人物の犯す過ちとは本質的に異なる。

過ち一つの中にも人間の質がうかがい知れるのである。

英文譯　People's faults may be related to their respective kind. In observing faults, you get to know the man.

第23話

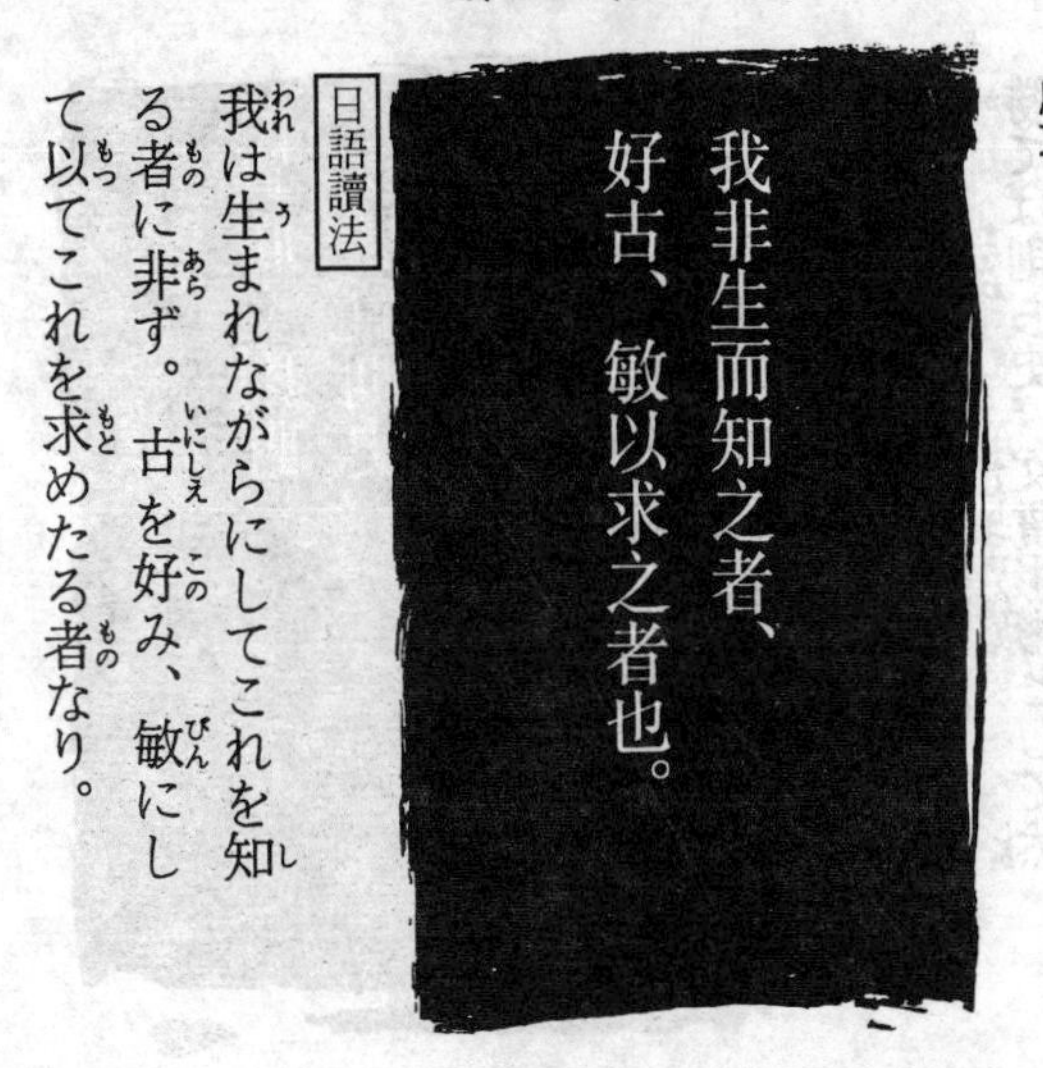

原文
我非生而知之者、
好古、敏以求之者也。
日語讀法
我は生まれながらにしてこれを知る者に非ず。古を好み、敏にして以てこれを求めたる者なり。

中文語譯　我不是生來就有知識的天才，只是愛好古代文化，勤奮探求罷了。

日文語譯　「私は生まれながらにして物事の道理に通じた天才ではない。ただ古の文化を愛し、一生懸命探究してきた者である」

孔子は生まれた時から立派な学者だったわけではなく、努力の末そうなったのである。

どの分野においても、純粋に好きだという気持ちから情熱を傾け続けられれば、すばらしい境地に到達するのも夢ではない。

英文譯　I am not one who knows it by birth, but one who loves antiquity and assiduously seeks it.

第24話

原文

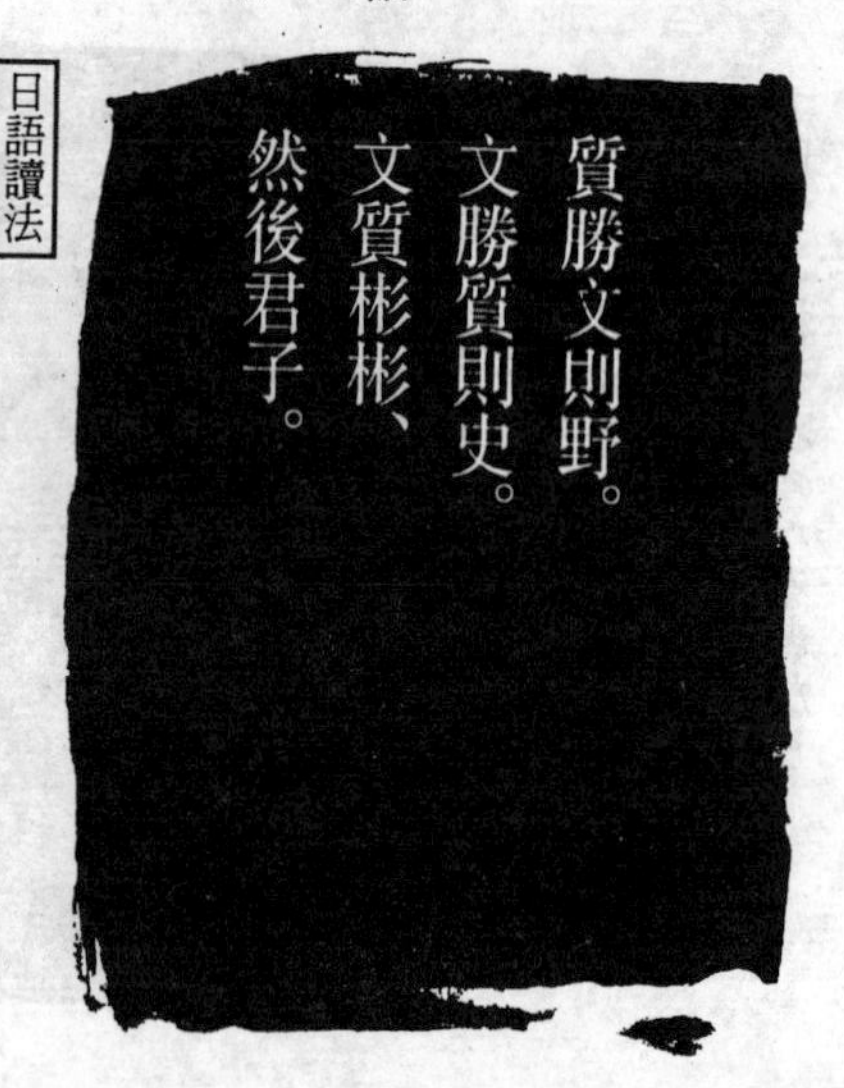

質勝文則野。
文勝質則史。
文質彬彬、
然後君子。

日語讀法

質、文に勝てば則ち野。文、質に勝てば則ち史。文質彬彬として然る後に君子なり。

中文語譯　質樸勝於文彩就陋略，文彩勝於質樸就浮華。文彩、質樸兼備，才是君子。

日文語譯　「内面の素朴さが文化的教養・洗練にまされば泥臭く、文化的教養・洗練が内面の素朴さにまされば軽薄である。内面の素朴さと文化的教養・洗練がバランスよく調和してこそ、初めて君子といえる」

これは人間だけでなく、文学や芸術、芸術作品にも当てはまる言葉である。

素朴なものは素直に人の心に訴えかけてくるが、そこに文化が感じられなければ、粗野で泥臭くなってしまう。文化的な技巧を凝らし洗練の極みを尽くしたものも、そこに素朴さが感じられなければ、人の心に訴えかけてこないた

め単なる技巧で終わってしまう。
　両者のバランスが大切なのである。

英文譯 When simplicity surpasses refinement, one is a rustic; when refinement surpasses simplicity, one is a scribe. Only when refinement and simplicity are well blended can one become a gentleman.

*質：樸質、誠實、不僞裝。
*文：因學習禮所培養出來的文化性教養、洗鍊。

第25話

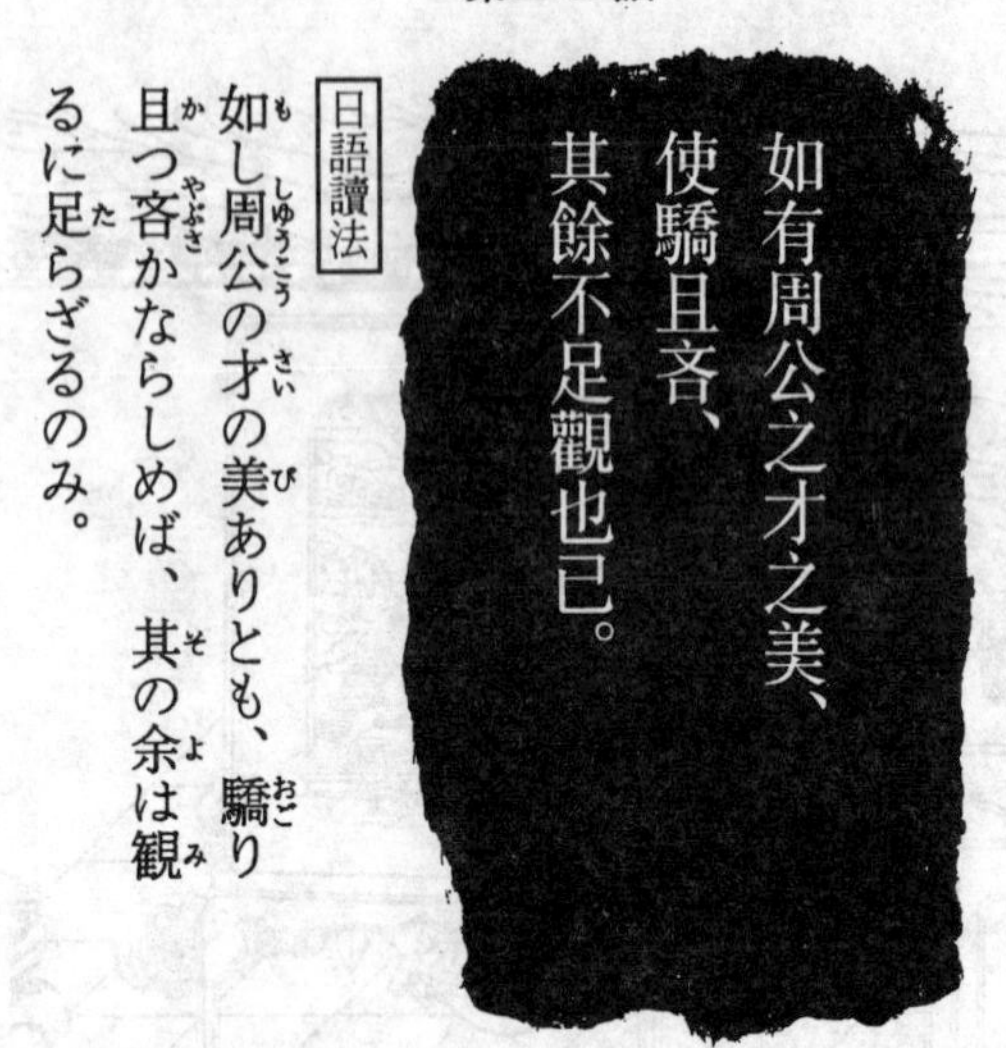

原文

如有周公之才之美、
使驕且吝、
其餘不足觀也已。

日語讀法

如し周公の才の美ありとも、驕り且つ吝かならしめば、其の余は観るに足らざるのみ。

中文語譯　如果具有像周公那樣的才能和美德，即便驕傲而且吝嗇，其他方面也就不足取了。

日文語譯「たとえ周公のような才能と美徳を具えていても、傲慢で物惜しみするようならば、その時点で何の取り柄もないのと同然である」

しかし実際は、才能豊かな人ほど謙虚で気前がよいものだ。

周公もそうであり、孔子は尊敬していたのである。

英文譯　**If a man possesses the Duke of Zhou's magnificent talents but is arrogant and stingy, the rest of him is not worth seeing.**

*周公：魯國的始祖，名旦，周朝文王之子，武王之弟，孔子最尊敬的人。

第26話

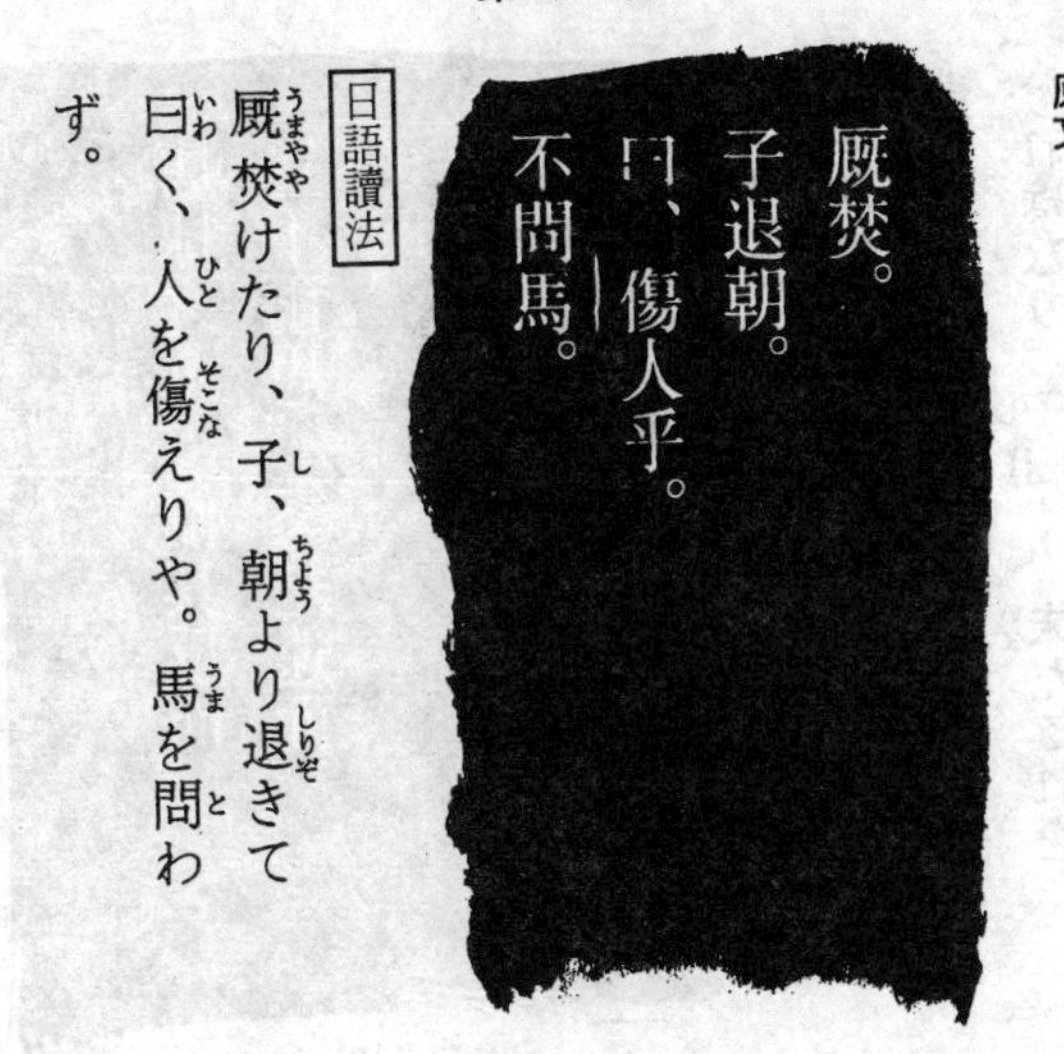

原文

厩焚。子退朝。曰、傷人乎。不問馬。

日語讀法

厩焚けたり、子、朝より退きて曰く、人を傷えりや。馬を問わず。

中文語譯 馬廄失火，孔子下朝回家，先問，“傷了人嗎？”沒有問馬。

日文語譯 「孔子の家の厩が焼失した。孔子は朝廷から帰宅し、『怪我をした者はいなかったか』と聞かれたが、馬については何も聞かれなかった」

火事や事故などの緊急時に人間の真価が問われる。

馬や車、お金なども大切だが、常に優先すべきは人の安否である。

英文譯 The stable was burnt down. When the Master came home from court, he said, “Was anyone injured?” He did not inquire about the horses.

第27話

原文

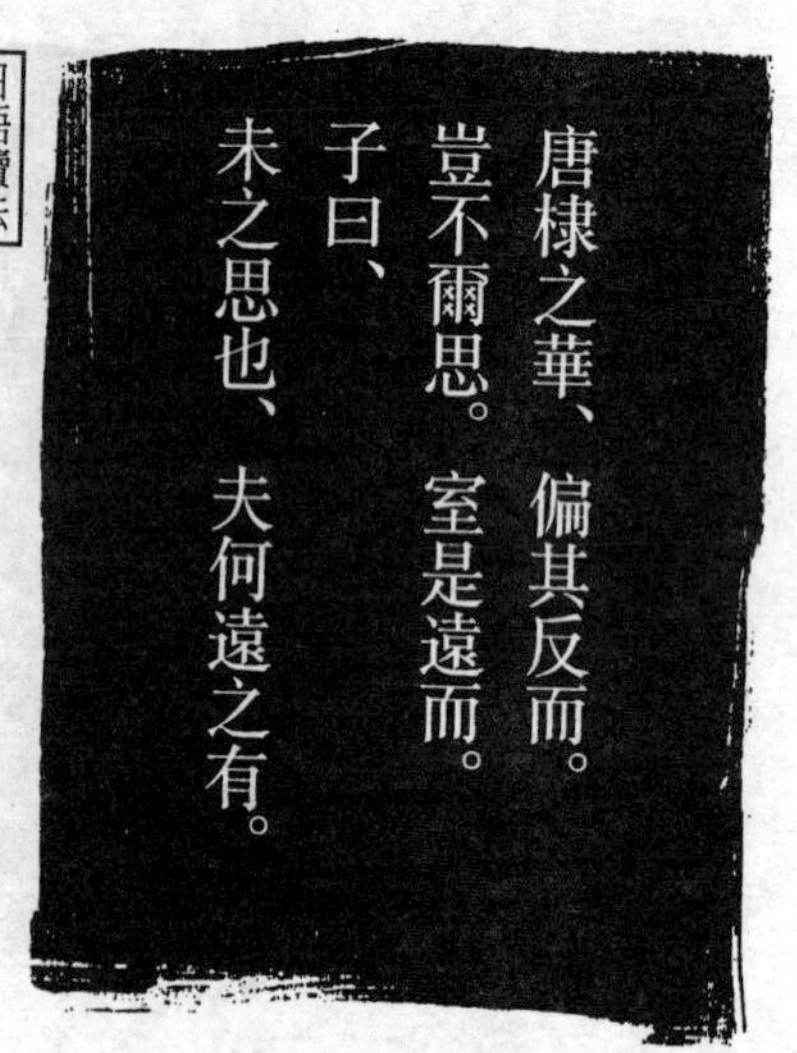

唐棣之華、偏其反而。
豈不爾思。室是遠而。
子曰、
未之思也、夫何遠之有。

日語讀法

唐棣の華、偏として其れ反せり。豈に爾を思わざらんや、室是れ遠ければなり。子曰く、未だこれを思わざるなり。夫れ何の遠きことかこれ有らん。

中文語譯 “唐棣樹的花，翩翩地擺動；我難道不思念你嗎？只是你住得太遙遠了。”
孔子說，“是未曾去思念啊，否則這有什麼遙遠的呢？”

日文語譯 「《庭桜の花がひらひらと揺れ、君を恋しく思わないわけではないが、家があまりにも遠すぎる》という詩がある。

孔子がこれについて言われた。『本当にそう思っているのではないのだ。本当に思っているなら、どうして遠いことがあろうか』」

男女間の愛情についての言葉。

本物の愛の前には何の障害もない。どんなに距離が離れていても、どんな事情があろうと、本当に会いたければ何としてでも会いに行くはずだ。往復何時間もかけ、たとえ

ほんのちょっとの時間しか会えなくてもいいのである。

それに、お互いの心さえ離れなければ、物理的な距離は取るに足りないものだ。

英文譯 "The blossoms of the white poplar tree
Keep fluttering to and fro.
Who says I do not think of thee?
Thy house is so remote."
The Master said, "He is not thinking of her at all. How can it be considered remote?"

*唐棣之華：庭櫻之花，這首詩是引用自『詩經』，把從同一根莖長出，卻彼此背向的庭櫻花瓣，比喻爲彼此分離的自己的境遇。

第28話

原文

吾黨之直者異於是。
父爲子隱、子爲父隱、
直在其中矣。

日語讀法

吾が党の直き者は是れに異なり。父は子の為に隠し、子は父の為に隠す。直きこと其の中に在り。

中文語譯　我們鄉裡的直率的人不是這樣做的。父親爲兒子隱瞞，兒子爲父親隱瞞，這中間自然含有坦白直率了。

日文語譯「私どもの正直者はそのような人間ではありません。父親が子供をかばってその罪を隠し、子供が父親をかばってその罪を隠します。この中にも正直の精神がうかがえます」

楚の国の葉公が孔子に、私どものところには正直な者がいて、父親が羊を盗んだのを、息子であるその男が訴え出たのです」と言ったのに答えて孔子が言った言葉。

盗みは悪いことであり、その罪を隠せば共犯罪に問われる。これは理性の声である。しかし、父親を法で断罪することが人の道かどうか、法や理性を親子の情より優先させ

るべきかどうか、ここが心的葛藤のポイントとなる。
やはり親子の情にまさるものはないだろう。

英文譯 In my native place, straight people are different from this man: Father conceals for son and son conceals for father. Straightness lies therein.

*葉公：楚國的重臣，楚國一個名爲葉的地方的長官，姓沈，名諸梁，字子高。
*楚（國）：以現在的湖北省爲中心的國家，葉位於現在河南省葉縣。

第29話

原文

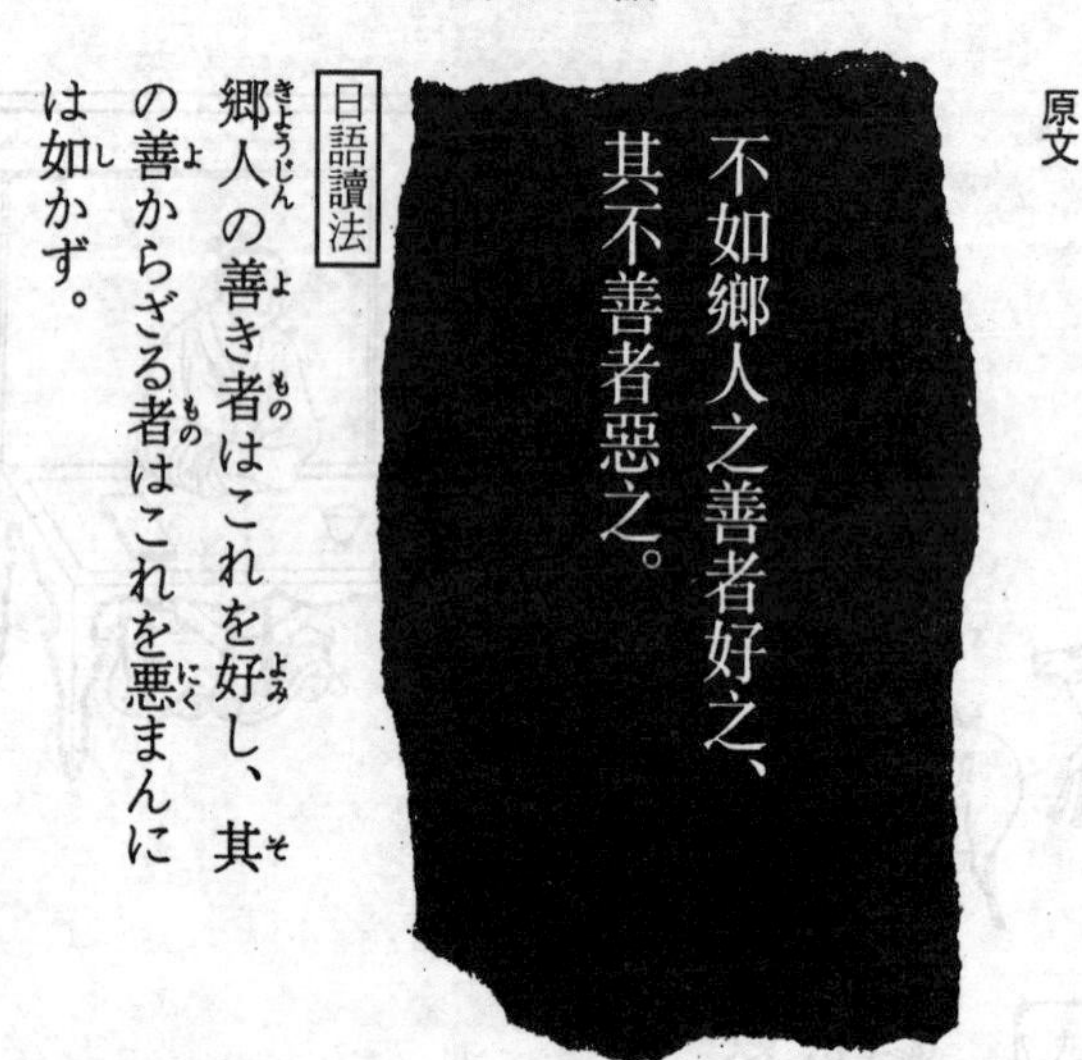

日語讀法

郷人の善き者はこれを好し、其の善からざる者はこれを悪まんには如かず。

中文語譯　倒不如鄉裡的好人稱讚他，鄉裡的壞人厭惡他。

日文語譯　「村の善人が称賛し、悪人が嫌悪するような人のほうがよい」

子貢が村の人がみな称賛するような人はどうかと尋ねたのに対し、孔子はダメだと言い、更に村の人がみな嫌うような人はどうかと聞くと、やはりダメだと言い、続けて言った言葉。

人の評判は鵜呑みにするのではなく、どんな人がほめ、どんな人が悪く言うかをよく見極める必要がある。

英文譯　It would be best if the prefecture's good people loved him and its evil people hated him.

第30話

原文
驥不稱其力、稱其德也。
日語讀法
驥は其の力を称せず、其の徳を称す。

中文語譯 所謂千里馬，不是稱道它的氣力，而是稱道它的品德。

日文語譯 「いわゆる‘千里の馬’は、その力をほめたたえるのではなく、その徳をたたえるのだよ」

‘千里の馬’とは一日に千里も走ることができる名馬である。しかし、名馬には名馬にしかない風格がある。

人間も同様で、一流と言われる人には能力以上の何かが必ずあるものだ。

英文譯 A fine horse is praised not for its strength,but for its virtue.

*驥：名駒、良駒、千里馬。千里馬具說有一天跑約五百公里的能力。

第31話

原文

君子易事而難說也。
說之不以道、不說也。
及其使人也、器之。

日語讀法

君子は事え易くして説ばしめ難し。これを説ばしむるに道を以てせざれば、説ばざるなり。其の人を使うに及びては、これを器にす。

中文語譯 君子容易共事，討他的喜歡卻困難。不用正當的方法去討他喜歡，他是不會喜歡的。當他使用人的時候，則是量才錄用。

日文語譯 「君子のように立派な人の下では一緒に仕事をしやすいが、彼を喜ばせるのは難しい。というのは、道にかなったことをしなければ喜んでくれないが、人を使う時には、その人の能力に応じて適用してくれるからだ」

これに続けて孔子は小人物について、その下で一緒に仕事をしにくいが、喜ばせるのは簡単だ。それは、媚びへつらいや袖の下といった不当な方法でもすぐに喜んでくれるが、人を使う時には完全無欠を要求するからだ」と述べている。

上に立つ人間には、相手の能力を見極め、それを最大限に引き出す柔軟性と、つまらないご機嫌取りに動じない威厳が必要である。

英文譯 The gentleman is easy to serve but hard to please. If you do not please him according to the Way, he is not pleased. When he employs a person, he measures his capacity.

第32話

原文

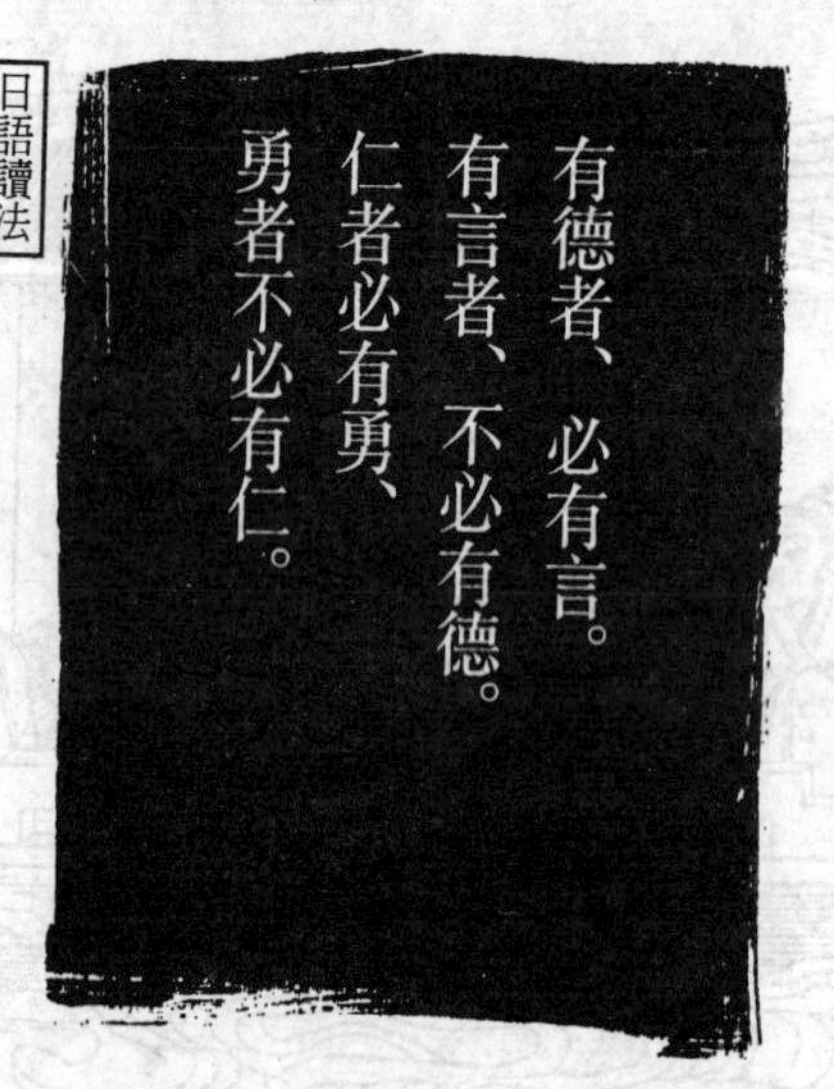

有德者、必有言。
有言者、不必有德。
仁者必有勇、
勇者不必有仁。

日語讀法

徳ある者は必ず言あり。言ある者は必ずしも徳あらず。仁者は必ず勇あり。勇者は必ずしも仁あらず。

中文語譯 有德行的人必定會出言有理，言之成理的人不一定有德行。仁德的人必定勇敢，勇敢的人不一定有仁德。

日文語譯 「徳行のある人は、言うことも必ず立派で筋道が通っている。言うことが立派で道理にかなった人が、必ずしも徳行があるとは限らない。

仁徳のある人は必ず勇気があるが、勇気のある人が必ずしも仁徳があるとは限らない」

行為が伴わなければ、どんな立派な言葉も真実味を持たない。ヒューマニズムに裏打ちされない勇気は、単に勇ましいだけで暴走の危険がある。

人間の本質を見極めるのに、言葉や勇ましさだけでは不

充分である。その人のよって立つ人間性、徳性といったものが重要になってくるのである。

英文譯 A man who possesses virtue must also possess worthy sayings, but a man who possesses worthy sayings does not necessarily possess virtue. A man of humanity must also possess courage, but a man of courage does not necessarily possess humanity.

第33話

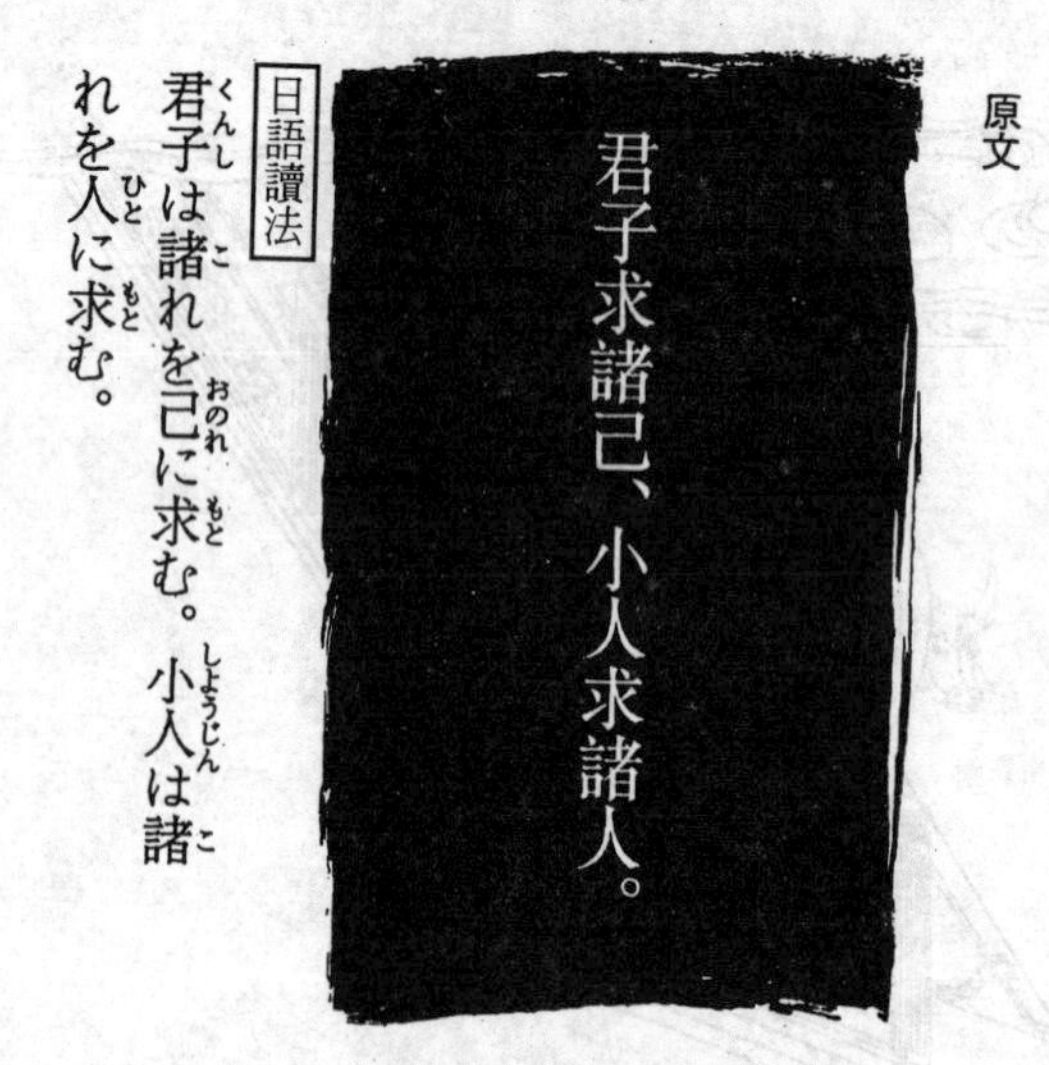

原文
君子求諸己、小人求諸人。
日語讀法
君子は諸れを己に求む。小人は諸れを人に求む。

中文語譯 君子苛求自己，小人苛求他人。

日文語譯 「君子は何事も自分の責任とするが、小人は何でも人のせいにする」

『論語』の中にはこのように、君子（立派な人物）と小人（小人物）を対比した言葉が多い。

すべてが自分の責任であると認めるのは不本意なこともあるが、それだけ自分の力の大きさを認めたことになるわけで、泰然としていられる。

一方、何でも他人任せだと、たえず他人に振り回されることになる。

英文譯 The gentleman seeks it in himself; the small man seeks it in others.

第34話

原文

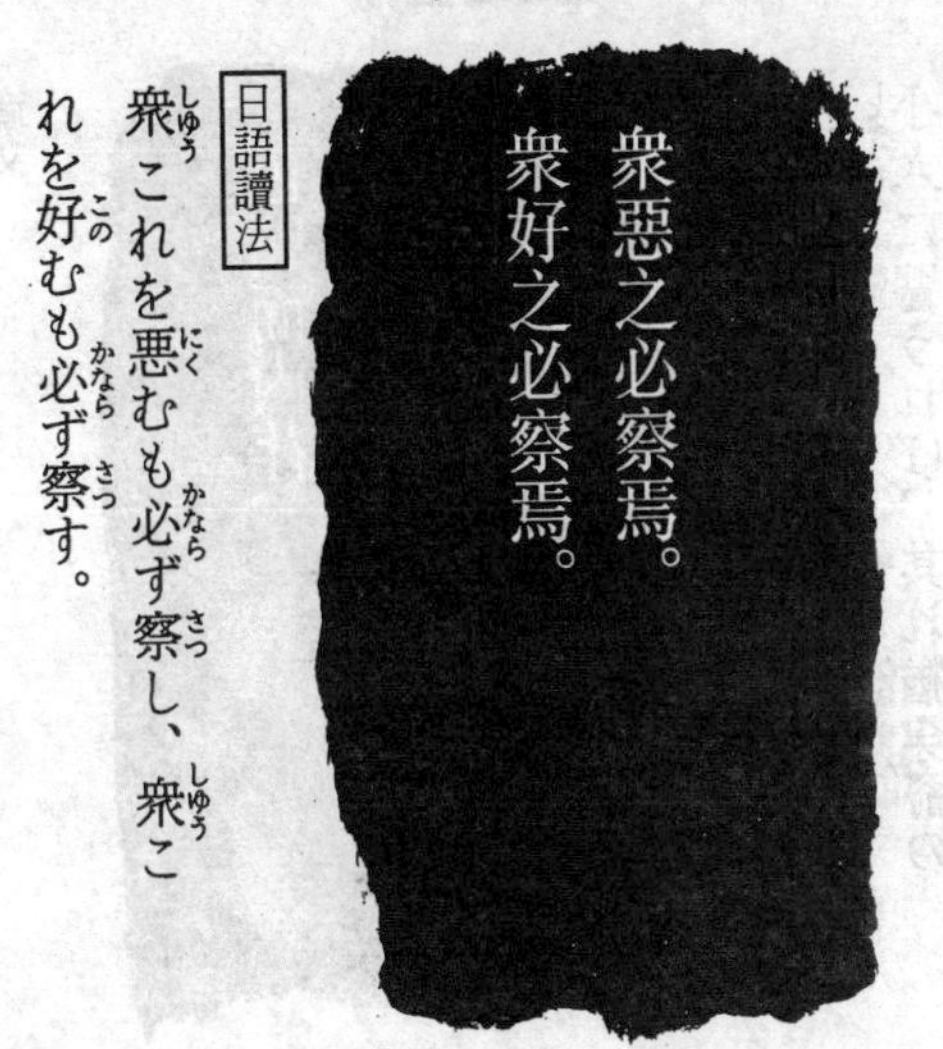

日語讀法

衆これを悪むも必ず察し、衆これを好むも必ず察す。

中文語譯　對大家都厭惡的人，你必須親自考察一下；對大家都喜歡的人，你也必須親自考察一下。

日文語譯「誰もが嫌っている人に対しても、必ず自分でよく観察しなければならない。誰もが好いている人に対しても、必ず自分でよく観察しなければならない」

世評に追従せず、必ず自分の目で見て判断することだ。

英文譯　If the multitude hates a person, you must observe him by yourself; if the multitude loves a person, you must observe him by yourself, too.

第35話

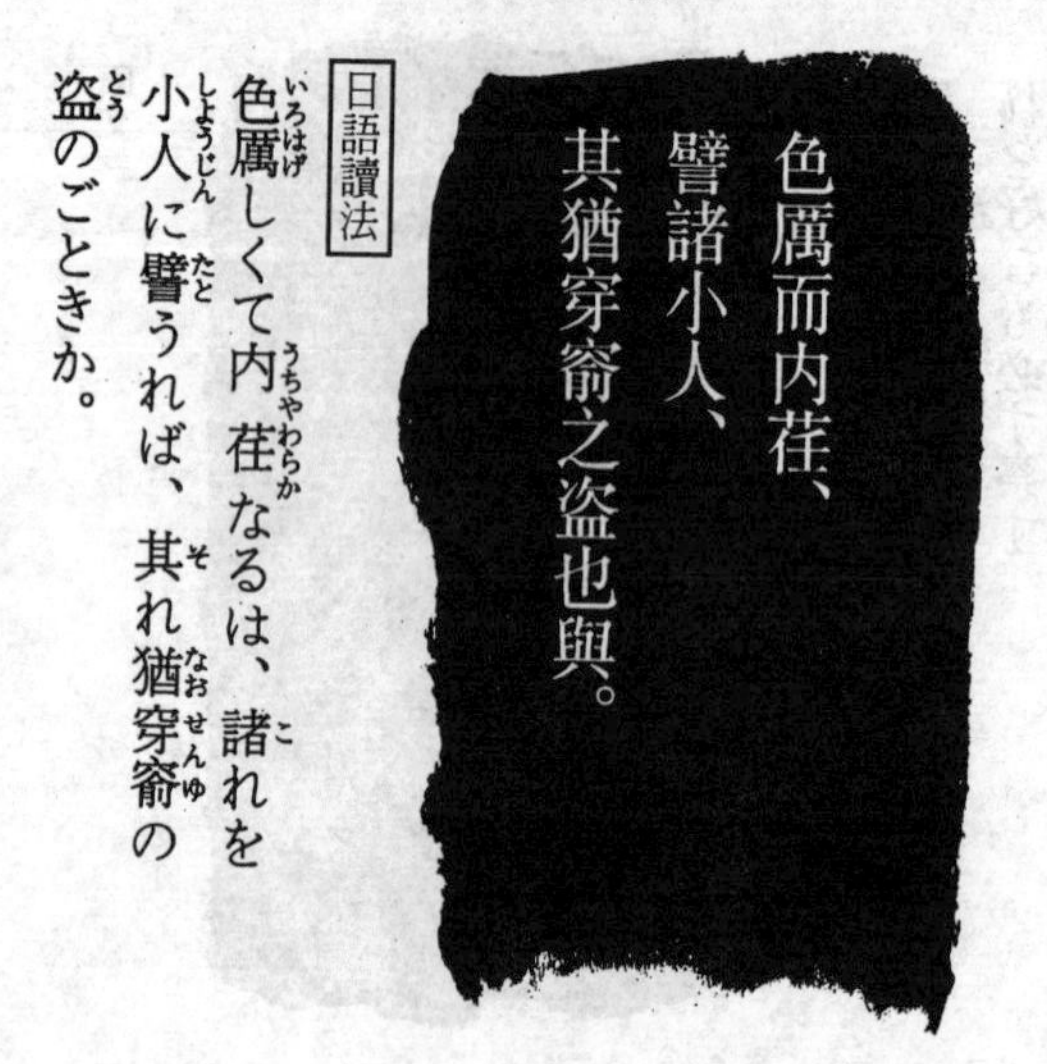

原文

色厲而内荏、
譬諸小人、
其猶穿窬之盜也與。

日語讀法

色厲(いろはげ)しくて内荏(うちやわらか)なるは、諸(こ)れを
小人(しょうじん)に譬(たと)うれば、其(そ)れ猶(なお)穿窬(せんゆ)の
盜(とう)のごときか。

中文語譯 外表嚴厲而內心祛懦，若用小人來作比方，那就像挖洞跳牆的盜賊一樣吧！

日文語譯 「表面はいかめしいのに心の中は臆病で弱々しい人は、小人にたとえると、まるでこそこそ盗みを働く泥棒と同じだ」

頼もしそうに見えても、いざという時に頼りにならない人間は多いものだ。

見かけにだまされてはいけない。

英文譯 He who is awesome of mien but faint of heart, to cite an example from small men, is perhaps like a hole-boring and wall-climbing burglar.

第36話

原文

郷原徳之賊也。

日語讀法

郷原(きょうげん)は徳(とく)の賊(ぞく)なり。

中文語譯 是非不分，八面玲瓏的好好先生，是敗壞道德的小人。

日文語譯 「教養の低い一般の俗人に人気のある人間は八方美人なだけで、道徳を損なう小人だ」

大衆に人気があるからといって、その人が人徳者であるとは限らない。

無教養な人々の自分勝手な意見を人気獲得のためにたてまつり、かえって道徳を乱す元凶にもなりかねないのだ。

英文譯 Those who tries to please everybody in your prefecture undermine virtue.

＊郷原：郷是指文化教養低的庶人，原是指認眞。以一般水準來說，就是指認眞而受歡迎的人，亦即能諂媚任何人的八面玲瓏的人。

第37話

原文

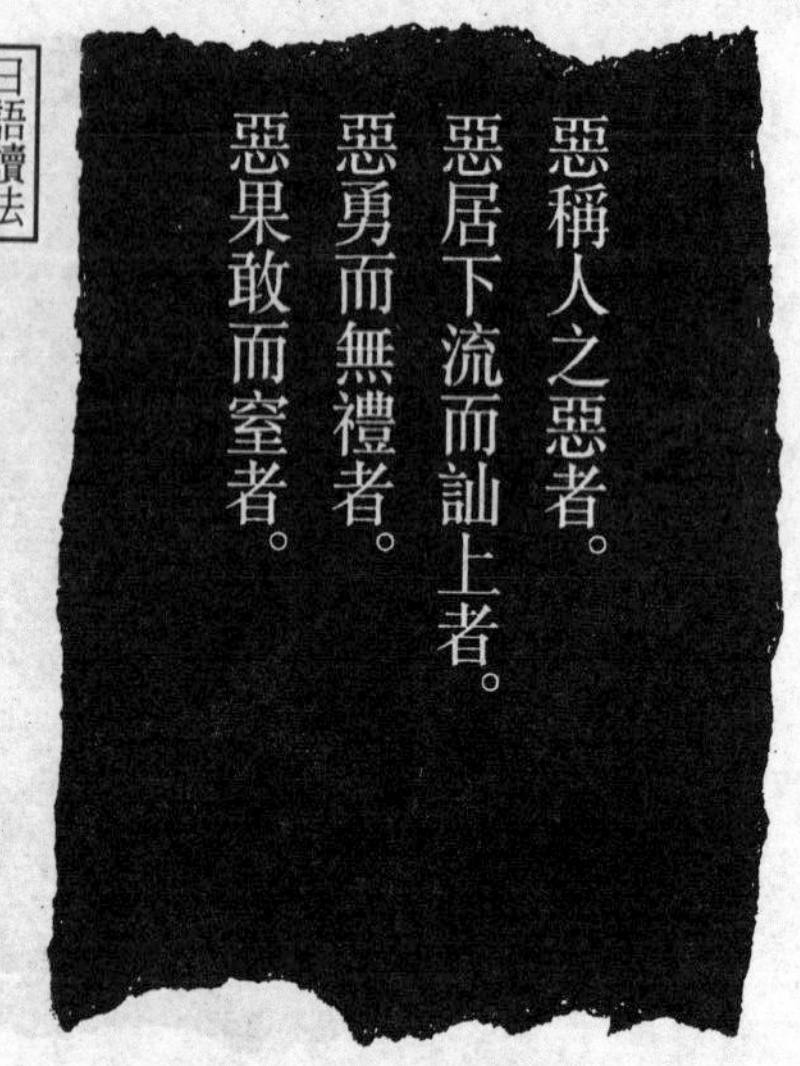

惡稱人之惡者。
惡居下流而訕上者。
惡勇而無禮者。
惡果敢而窒者。

日語讀法

人の悪を称する者を悪む。下に居て上を訕る者を悪む。勇にして礼なき者を悪む。果敢にして窒がる者を悪む。

中文語譯　憎惡專說別人壞處的人，憎惡身居下位卻誹謗在上位的人，憎惡勇敢卻不懂禮儀的人，憎惡果斷卻頑固不化的人。

日文語譯　「人の欠点を言いふらす者を憎み、下位に身を置きながら上の人を誹謗する者を憎み、勇気があっても礼儀を知らない者を憎み、思い切りはよいが頑迷な者を憎む」

子貢が孔子に、君子でも憎むものがありますか、と聞いたのに対し、あると言って続けた言葉。

君子は、ここでは孔子自身のことである。

孔子の挙げたタイプの人間は、いつの時代にもいるものだ。自分の戒めとするのはもちろんだが、このような人間

とは付き合わないほうがよいだろう。

孔子は続けて、子貢に憎むものがあるか聞いている。第38話がその答えである。

英文譯 I hate those who babble about other people's vices; I hate those who, being in the lower position, slander their superiors; I hate those who are courageous but have no regard for the rituals; I hate those who are resolute and daring but stubborn.

第38話

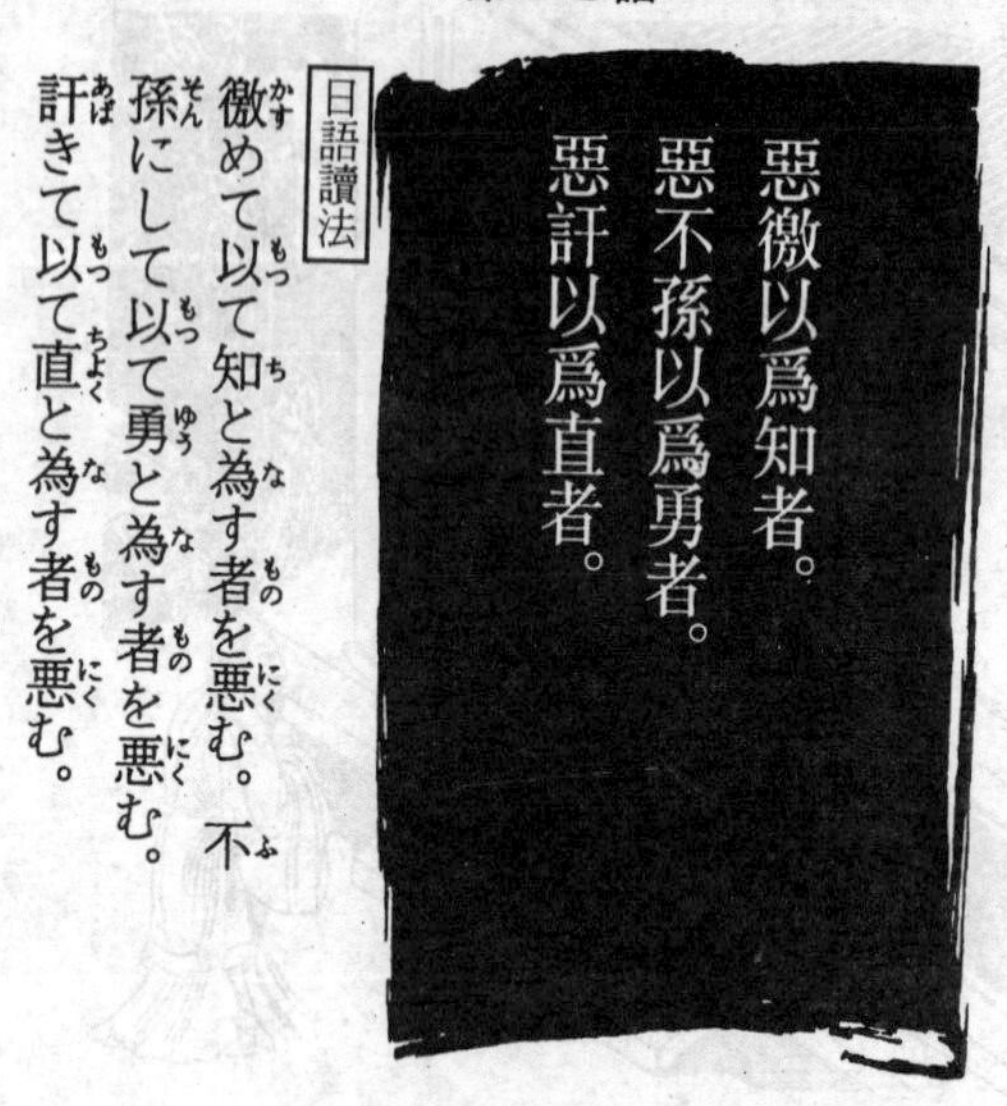

原文

惡徼以爲知者。
惡不孫以爲勇者。
惡訐以爲直者。

日語讀法

徼めて以て知と為す者を悪む。不孫にして以て勇と為す者を悪む。訐きて以て直と為す者を悪む。

中文語譯　我憎惡竊取別人的成果卻自以爲聰明的人，憎惡毫不謙虛卻認爲是勇敢的人，憎惡揭發別人的隱私卻自認爲直率的人。

日文語譯　「私（子貢）は他人の成果を盗んで物知り顔をする者を憎み、遠慮がないのを勇気と思っている者を憎み、他人の秘密を暴露して自分は正直だとうそぶく者を憎みます」

知識、勇気、正直さの真偽を見極めよう。

英文譯　I hate those who plagiarize and consider themselves wise; I hate those who are impertinent and consider themselves courageous; I hate those who divulge other people's unseemly secrets and consider themselves straightforward.

第39話

原文

日語讀法
年四十にして悪まるるは、其れ終わらんのみ。

中文語譯　到了四十歲還被人討厭，這輩子就沒有希望了。

日文語譯「四十歳になっても人から憎まれるような人間には希望もなく、もうおしまいだろう」

四十歳は不惑の年であり、何事にも迷いがなくなる年頃だ。それなのに、なお人から憎まれるというのは、人間が未熟であるからにほかならない。

その人の人望はその精神年齢を語っている。年齢と人望とは比例させたいものである。

英文譯　If, at forty, a man is still hated, he is done for.

第39話

子曰、年四十而見悪焉、其終也已。

「四十歳になっても人から憎まれるような人間は希望がない。もうおしまいだろう」

四十歳は不惑の年であり、而立に続いて迷いがなくなる年齢なのに、なお人から憎まれるというのは、人間が未熟であるからにほかならない。

その人の人望はその精神年齢を語っている。年齢と人望は正比例しているのである。

If, at forty, a man is still hated, he is done for.

第4章

自己実現の第一歩を踏み出す

The first step to realize yourself.

邁出實現自我的第一步

第40話

原文

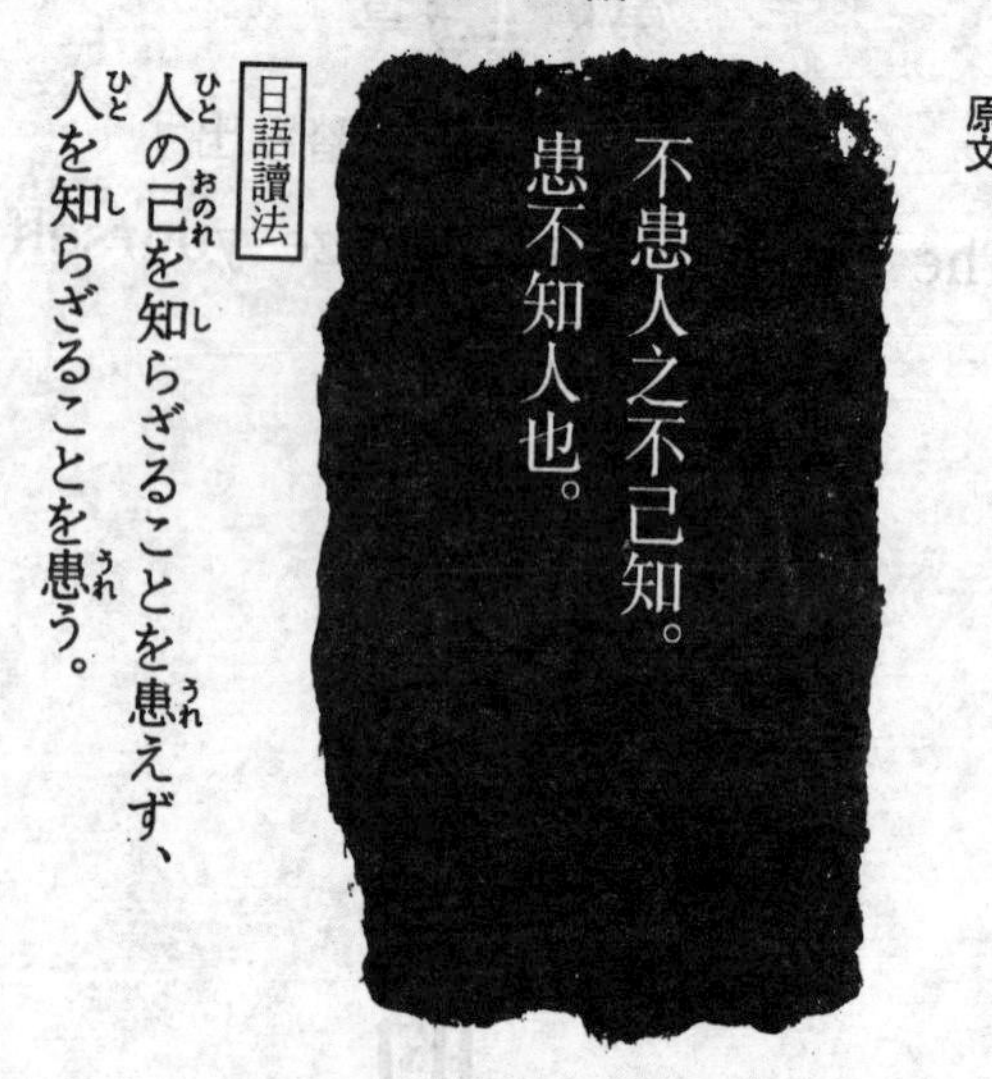

日語讀法

人の己を知らざることを患えず、
人を知らざることを患う。

中文語譯　不愁別人不了解自己，就怕自己不了解別人。

日文語譯　「人が自分を認めてくれないのを心配するより、自分が人の真価を知らないのではないかと心配せよ」

自分の実力を人が認めてくれないのはつらいものだ。

しかし、そんな他人の評価に一喜一憂するより、まず、自分の他人に対する評価を見直そう。自分が見過ごしている他人の長所・美点が見つかるかもしれない。

そこにまた一つ成長がある。

英文譯　Do not worry about men not knowing you; rather, worry about incapability and ignorance.

第41話

原文

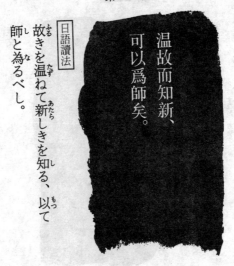

温故而知新、
可以爲師矣。

日語讀法

故(ふる)きを温(たず)ねて新(あたら)しきを知(し)る、以(もっ)て
師(し)と為(な)るべし。

中文語譯 溫習過去，能有新收穫，新發現，這樣就可以當老師了。

日文語譯 「先人達の残した古典をじっくり学び、新しい収穫、新しい発見をする。このようにすれば、人の師となることができる」

‘温故知新’ の典拠。

よりよい自己実現のためには、まず過去の人類の遺産に学び、そこから自分の道を新たに確立していくことだ。それが次の世代への貴重な遺産となるのである。

英文譯 He who keeps reviewing the old and acquiring the new is fit to be a teacher.

第42話

原文

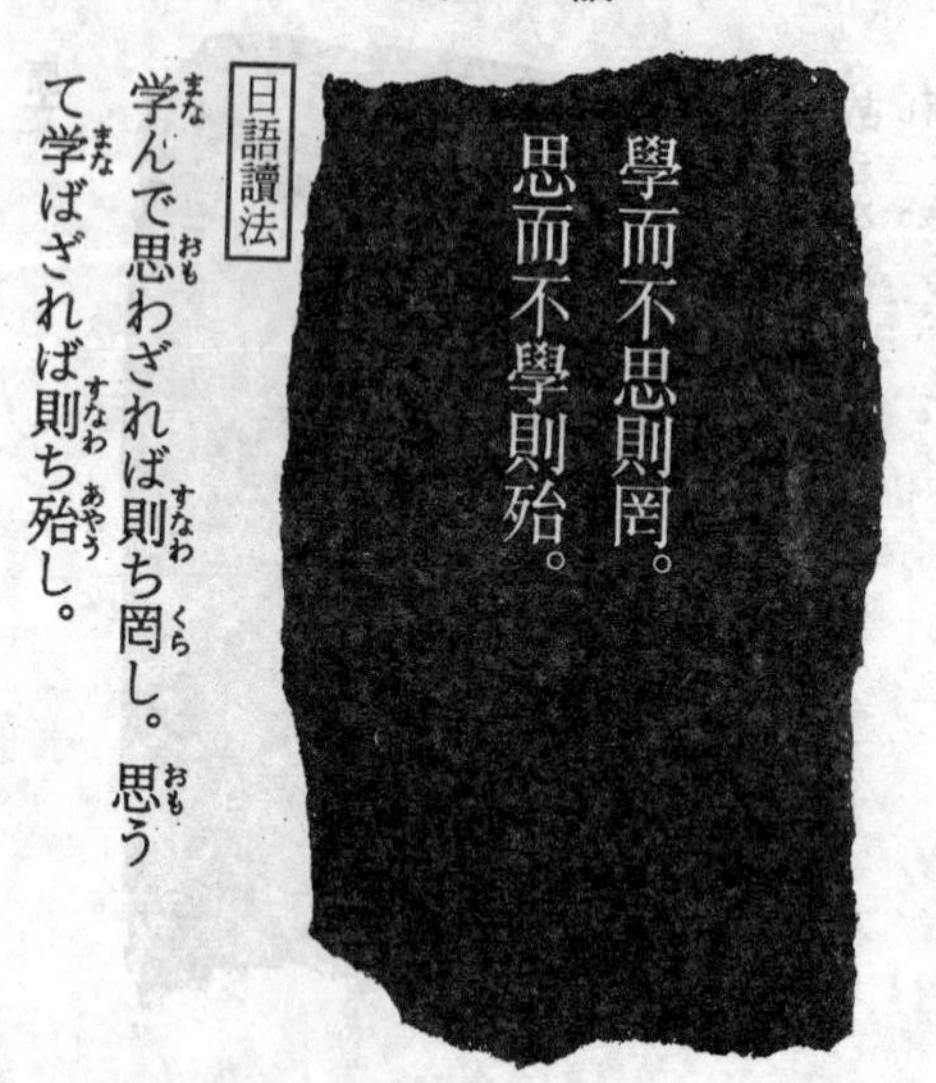

日語讀法

学(まな)んで思(おも)わざれば則(すなわ)ち罔(くら)し。思(おも)うて学(まな)ばざれば則(すなわ)ち殆(あやう)し。

中文語譯 學而不思考，就會陷入迷茫；只空想而不學習，那就會誤入歧途。

日文語譯 「学んでも自分で考えなければ、茫漠として身につかない。自分で考えるばかりで学ばなければ、道を誤ってしまう」

様々な情報が氾濫している現代においてこそ肝に銘じたい言葉。

情報が次々に入ってきても、自分で考えなければ曖昧な記憶になる。また、自分の考えだけに頼ると独善に陥り、危ない道に走りかねない。

英文譯 Learning without thinking is fruitless; thinking without learning is perplexing.

第43話

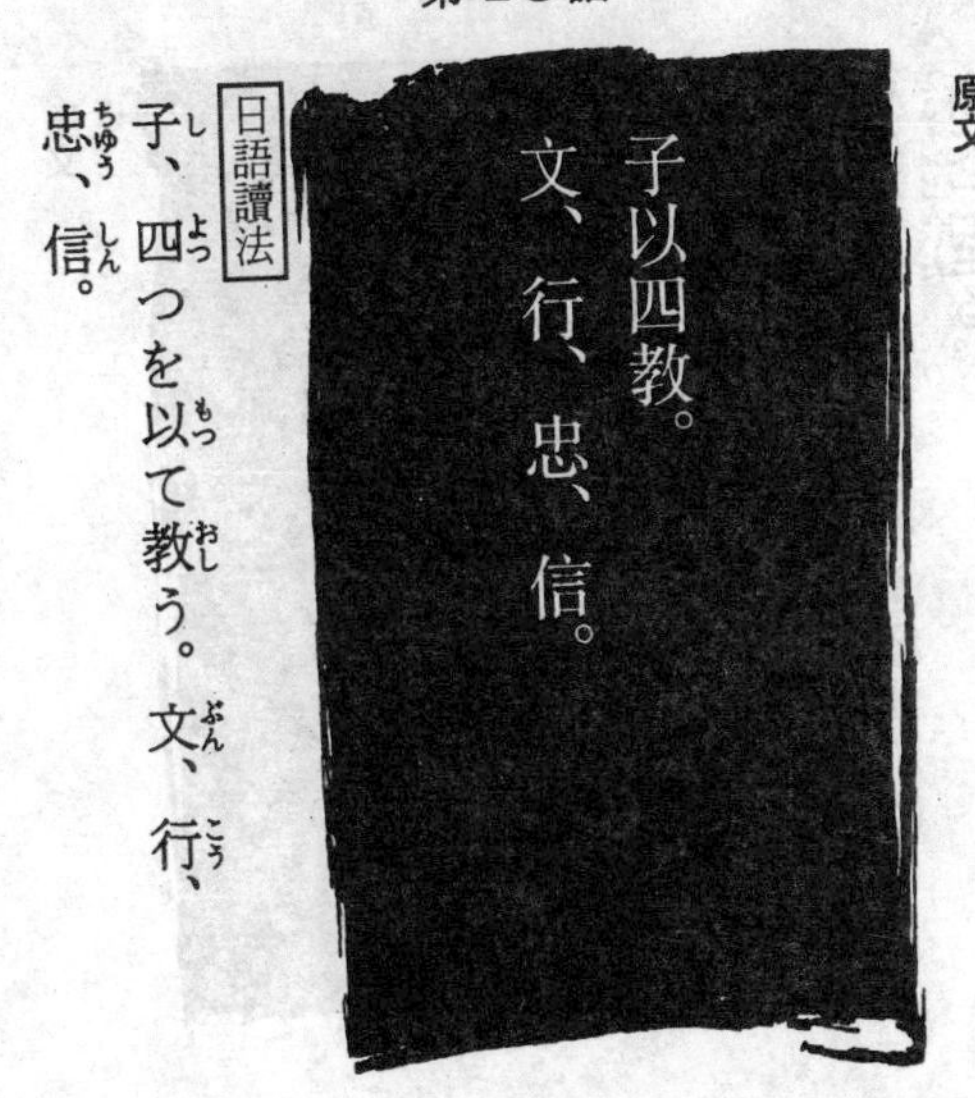

原文

子以四教。文、行、忠、信。

日語讀法

子、四つを以て教う。文、行、忠、信。

中文語譯　孔子用四項內容施教：教養，實踐，忠誠，信義。

日文語譯　「孔子は四つの内容をもって教育した。それは、文化的教養、徳の実践、忠誠、信義である」

日々、学問して教養を高め、徳をもってそれを実践する。また、自分に正直に生き、他人を欺かないことを心掛ける。

一日の終わりに、この四点について今日の自分はどうであったか反省してみよう。

英文譯　The Master instructed in four aspects: culture, moral conduct, wholehearted sincerity, and truthfulness.

第44話

原文

日語讀法

仁遠からんや。我仁を欲すれば、
斯に仁至る。

中文語譯 仁德如此遙遠嗎？我下定決心求仁，仁就來了。

日文語譯 「仁は遠いところにあるものだろうか？　そうではない。仁を求めようと決心を固めれば、仁はもうやって来ているのだ」

仁という人間最高の徳、それは高嶺の花では決してない。仁でありたいと心に強く願うだけでいいのである。

というのも、仁はもともと人の心に備わった普遍的な徳であるからだ。

大切なのは、そこに意識をふり向けることなのである。

英文譯 Is humanity so remote? If I desire humanity, there comes humanity!

第45話

原文

子絶四。毋意、毋必、毋固、毋我。

日語讀法

子、四を絶つ。意なく、必なく、固なく、我なし。

中文語譯　孔子堅決杜絕下面四種毛病——不憑空臆斷猜測，不絕對肯定，不拘泥固執，不唯我獨是。

日文語譯　「孔子は四つの欠点を絶ちきっていた。それは、根拠もなしに勝手に推論すること、自分の考えを無理に押し通そうとすること、何かにかたくなに固執すること、自分中心に考えること、である」

孔子のように、こだわりのない人間を目指そう。

英文譯　The Master was absolutely free from four things: free from conjecture, free from arbitrariness, free from obstinacy, free from egoism.

第46話

原文

先事後得、非崇德與。
攻其惡、無攻人之惡、
非修慝與。
一朝之忿、忘其身、
以及其親、非惑與。

日語讀法

事を先にして得るを後にするは、徳を崇くするに非ずや。其の悪を攻めて人の悪を攻むること無きは、慝を修むるに非ずや。一朝の忿りに其の身を忘れて以て其の親に及ぼすは、惑いに非ずや。

中文語譯 工作在先，得利在後，不是增強德性了嗎？ 批評自己的錯誤，不攻擊別人的壞處，不就能消除隱惡了嗎？因一時的憤怒而忘記了自身的安危，以至禍及父母，這不是迷惑嗎？

日文語譯 「まず仕事をして、利益を考えるのを後回しにすれば、徳を高めることになるのではないか？ 自らの欠点を責めて、人の欠点を攻撃しなければ、心中にある悪を取り除けるのではないか？ 一時の怒りに我を忘れ、肉親にまでその災いを及ぼしたら、それこそ迷いではないかね？」

弟子の樊遅が孔子に、徳を高め、心中にある悪を取り除き、心の迷いを見分けるにはどうしたらいいかと尋ねたのに答えた言葉。

損得勘定抜きに自分のやるべきことを実行すれば徳は高まり、常に自らを省みて悪いところを改めるようにすれば心中の悪はなくなり、怒りをうまく制御できるようになれば迷いもなくなるのである。

英文譯 Place your duties before reward —— is that not elevating virtue? Attack your own vices, and do not attack other's vices —— is that not eliminating malice? In a fit of rage, you forget yourself and trouble even your parents —— is that not delusion?

*樊遲（上圖右）：孔子的門人，姓樊，名須，字子遲，魯國人，比孔子小三十六歲。

第47話

原文

剛毅木訥、近仁。

日語讀法

剛毅木訥（ごうきぼくとつ）、仁（じん）に近（ちか）し。

中文語譯　剛強，果敢，樸實，謹愼，這樣就接近於仁了。

日文語譯　「意志が堅固であり、果敢であり、飾り気がなく、慎重で口数が少ない、このような人は仁に近いところにいる」

いわゆる大人物に多く見られる特性である。

普段めったに口を開かないが、ここぞという時にはバシッと核心を突いた発言をし、岩をも貫くような不屈の意志を持って果敢に決断、実行する。

志が高いと自然そうなるのかもしれない。

英文譯　Staunchness, intrepidity, simplicity, and reticence are close to humanity.

第48話

原文

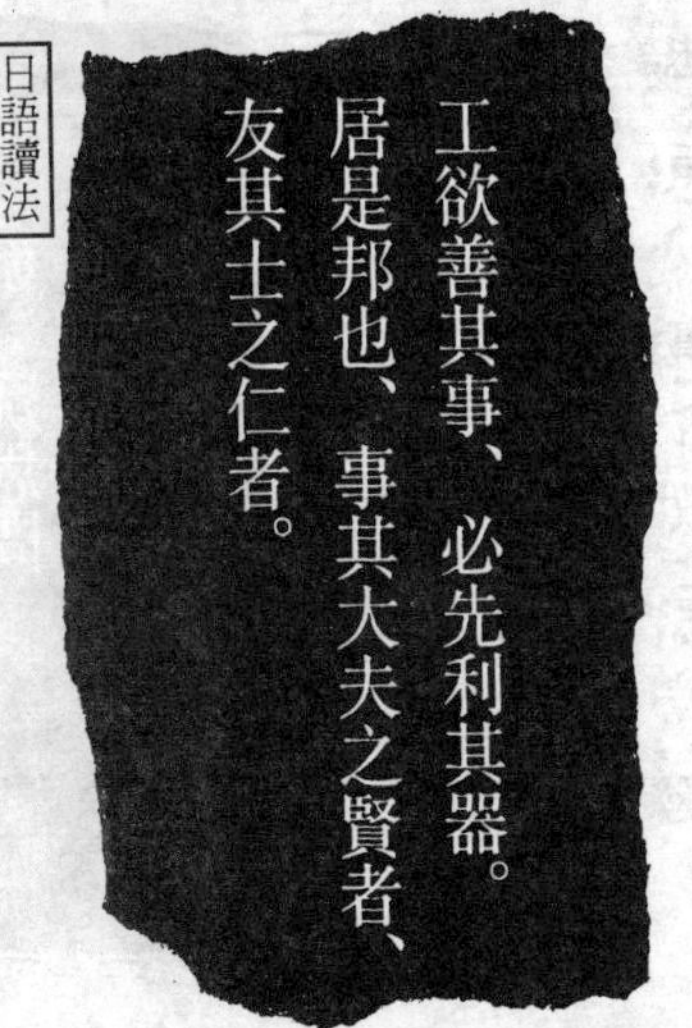

工欲善其事、必先利其器。
居是邦也、事其大夫之賢者、
友其士之仁者。

日語讀法

工、其の事を善くせんと欲すれば、必ず先ず其の器を利くす。是の邦に居りては、其の大夫の賢者に事え、其の士の仁者を友とす。

中文語譯　工匠想要做好他的工作，必須先磨利他的工具。居住在這個國家，要侍奉那裡大夫的賢者，結交他們之中有仁德的人。

日文語譯　「職人がよい仕事をしようと思えば、まずその道具を磨くのが大切である。（同様に、仁を行うには、まず自分の周りにそうした環境を整えることが大切だ）

今住んでいる国では、大夫の中の賢者に仕え、仁徳のある人を友とすることである」

子貢が仁を行う方法を尋ねたのに対する言葉。

師や友を吟味して選ぼう。

英文譯　If an artisan wishes to perfect his craft, he must first sharpen his tools. Living in this state, serve the worthy of its ministers and befriend the humane of its men.

第49話

原文

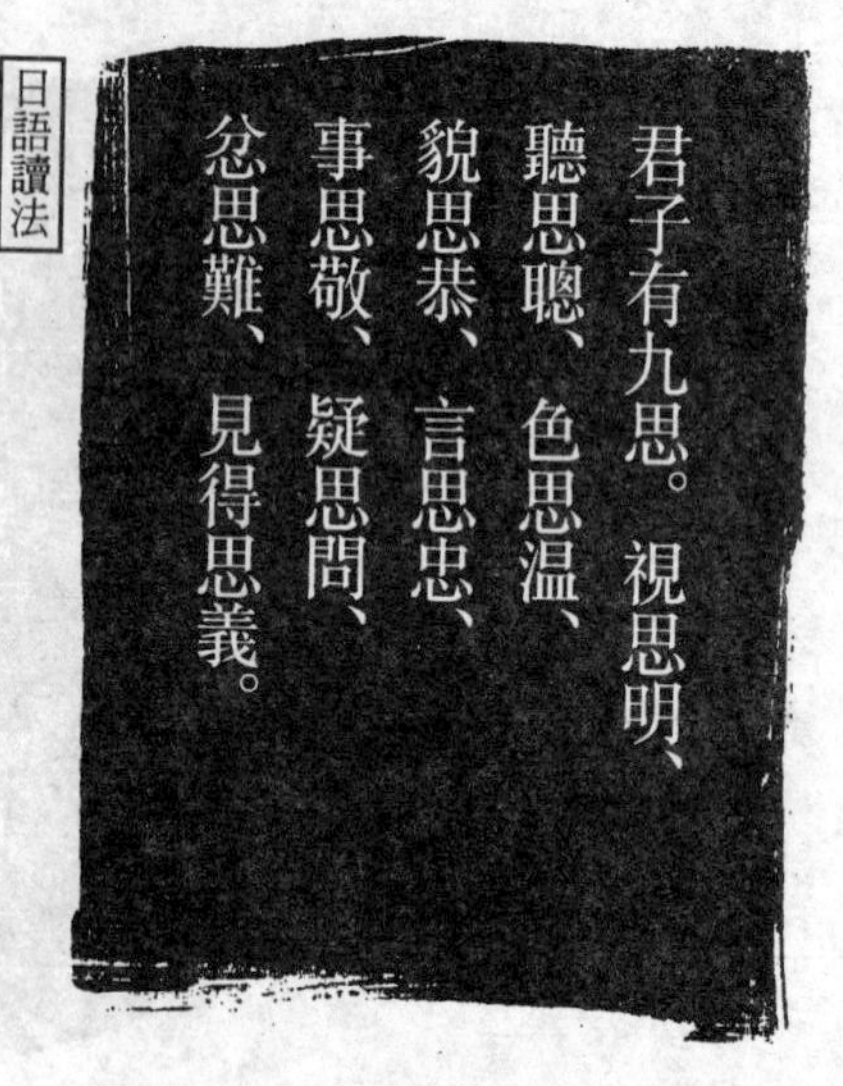
君子有九思。視思明、聽思聰、色思温、貌思恭、言思忠、事思敬、疑思問、忿思難、見得思義。

日語讀法

君子に九思あり。視るには明を思い、聴くには聡を思い、色には温を思い、貌には恭を思い、言には忠を思い、事には敬を思い、疑わしきには問を思い、忿りには難を思い、得るを見ては義を思う。

中文語譯 君子有九種考慮：看，要考慮看清楚了沒有。聽，要考慮聽明白沒有。面色，要考慮是否溫和。態度，要考慮是否恭敬。說話，要考慮是否忠誠。辦事，要考慮是否認眞。有問題，要考慮向人請教沒有。生氣，要考慮是否引起麻煩。看到能獲得利益，要考慮是否合理。

日文語譯 「君子は常に九つの事を考えていなければならない。物を見る時にははっきり見ること、物を聴く時にははっきり聴くこと、表情・態度は温和に、容姿はうやうやしく、言葉は誠実に、仕事においては慎重に、を心掛ける。そして、疑わしく判断しにくいことはすぐ質問しようと思い、腹を立てれば後で困ることになるのではないかと考え、利得を前にしても果して道義にかなっているかどうか

を考える。以上の九点である」

一見大変そうだが、常にこのような態度を心掛ければやがては習慣になるだろう。普段の動作の一挙一動を、意識的に行うようにすればよいのである。

何事にも意識を集中させることが大切である。

英文譯 The gentleman has nine things to think about: In seeing, he thinks about clarity; in hearing, he thinks about distinctness; in facial expression, he thinks about gentleness; in appearance, he thinks about respectfulness; in speech, he thinks about wholehearted sincerity; in his duties, he thinks about reverence; in doubt, he thinks about inquiry; in anger, he thinks about its aftermath; on seeing gain, he thinks about righteousness.

第5章

人付き合いの秘訣

The key to get along with the people.

人際交往的祕訣

第50話

原文

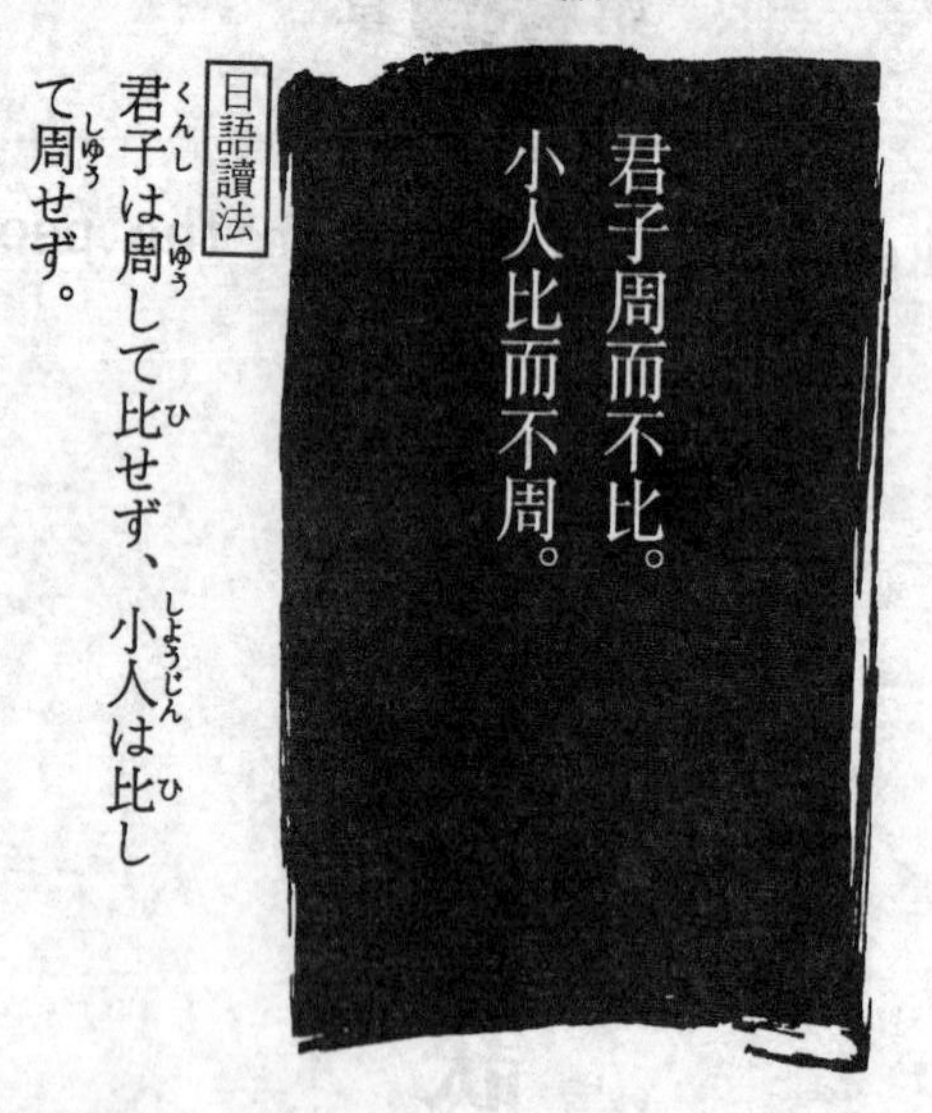

日語讀法

君子は周して比せず、小人は比して周せず。

中文語譯　君子能普遍團結人而不互相勾結，小人互相勾結卻不能普遍團結人。

日文語譯　「君子は誰とでも親しみ合うが、片寄った付き合いはしない。小人は自分に都合のいい相手と片寄った付き合いをし、誰とでも親しみ合うということはない」

自分に好意的な人と付き合うのは快適だが、自分に批判的な人はとかく敬遠しがちなものだ。

しかし、どんな人とも公平に付き合ってこそ、自分の成長があるのだ。

英文譯　The gentleman is all-embracing and not partial; the small man is partial and not all-embracing.

第51話

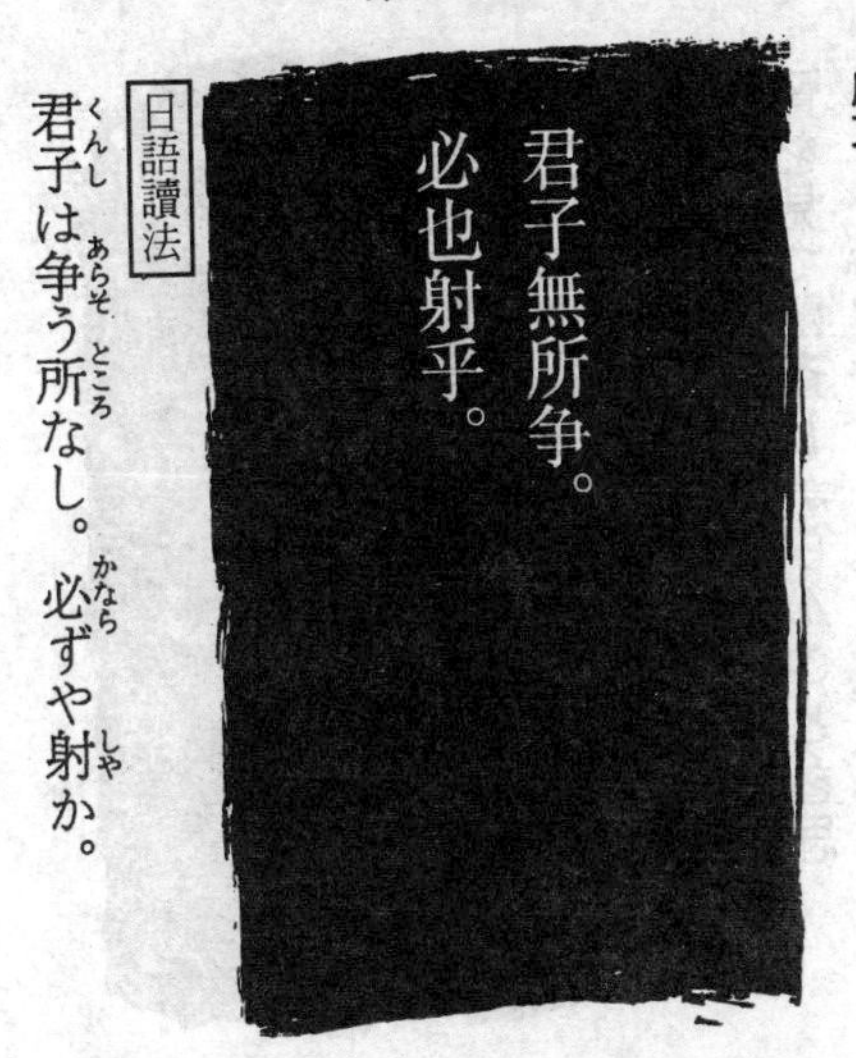

原文

君子無所爭。必也射乎。

日語讀法

君子は争う所なし。必ずや射か。

中文語譯　君子與人無爭，如果有所爭，那就是比賽射箭吧！

日文語譯　「君子は人と争うことはないが、もし争うとすればそれは弓の競射の時くらいだろう」

孔子はこの後、競射の前後においても君子は礼儀正しい態度で臨むことを述べている。

原因が何であれ、争い事はよくない。

スポーツなどの勝負事は例外だが、その場合も常に礼儀正しく、勝敗をめぐって我を忘れるようなことがあってはならない。

所詮はゲームである。

英文譯　Gentlemen have nothing to contend for. If an exception must be cited, it is perhaps in archery.

*射：弓射、射道。射是當時知識份子必修的六藝之一的科目。

第52話

原文

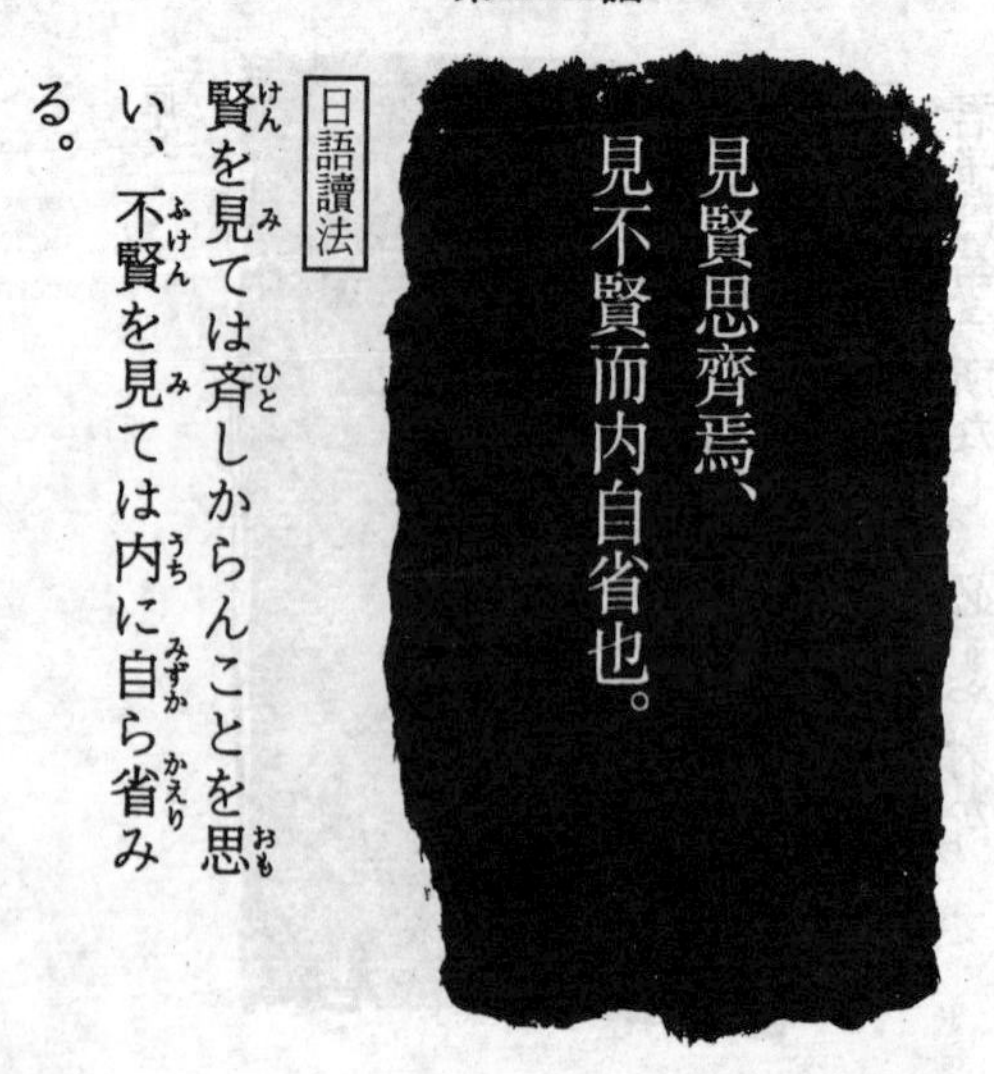

見賢思齊焉、見不賢而内自省也。

日語讀法

賢を見ては斉しからんことを思い、不賢を見ては内に自ら省みる。

中文語譯 見到好人，應該想向他看齊，見到不好的人，便應從內心自我反省。

日文語譯 「すぐれた人物を見ては自分もそうなりたいと思い、つまらない人物を見ては自らの反省材料とすることだ」

すぐれた人に接した場合、羨み妬んだり敬遠したり自己嫌悪に陥ったりせず、素直にそのよさをお手本にすればよい。

つまらない人に接した場合も、軽蔑したり嫌悪したりせず、他山の石とすればよい。

英文譯 On seeing a worthy man, think of equaling him; on seeing an unworthy man, examine yourself inwardly.

第53話

原文

匿怨而友其人、左丘明耻之、丘亦耻之。

日語讀法

怨みを匿して其の人を友とするは、左丘明これを恥ず、丘も亦これを恥ず。

中文語譯 隱匿怨恨而表面友好，左丘明認爲可耻，我也覺得可耻。

日文語譯 「心の中に怨みを隠して表面上友好的な付き合いをするのを、先輩の左丘明は恥としたが、私も恥とする」

本音と建前のまかり通る日本社会では、恥ではなく美徳とされるかもしれない。

しかし、本音の付き合いこそが真の友情を育むのだ。

英文譯 To conceal one's resentment against a person and befriend him —— Zuo-qiu Ming deems it shamefull; I also deem it shameful.

*左丘明：孔子的前輩，姓左丘，名明。

*丘：孔子，名丘，字仲尼，因此指自己時會使用丘。

第54話

原文

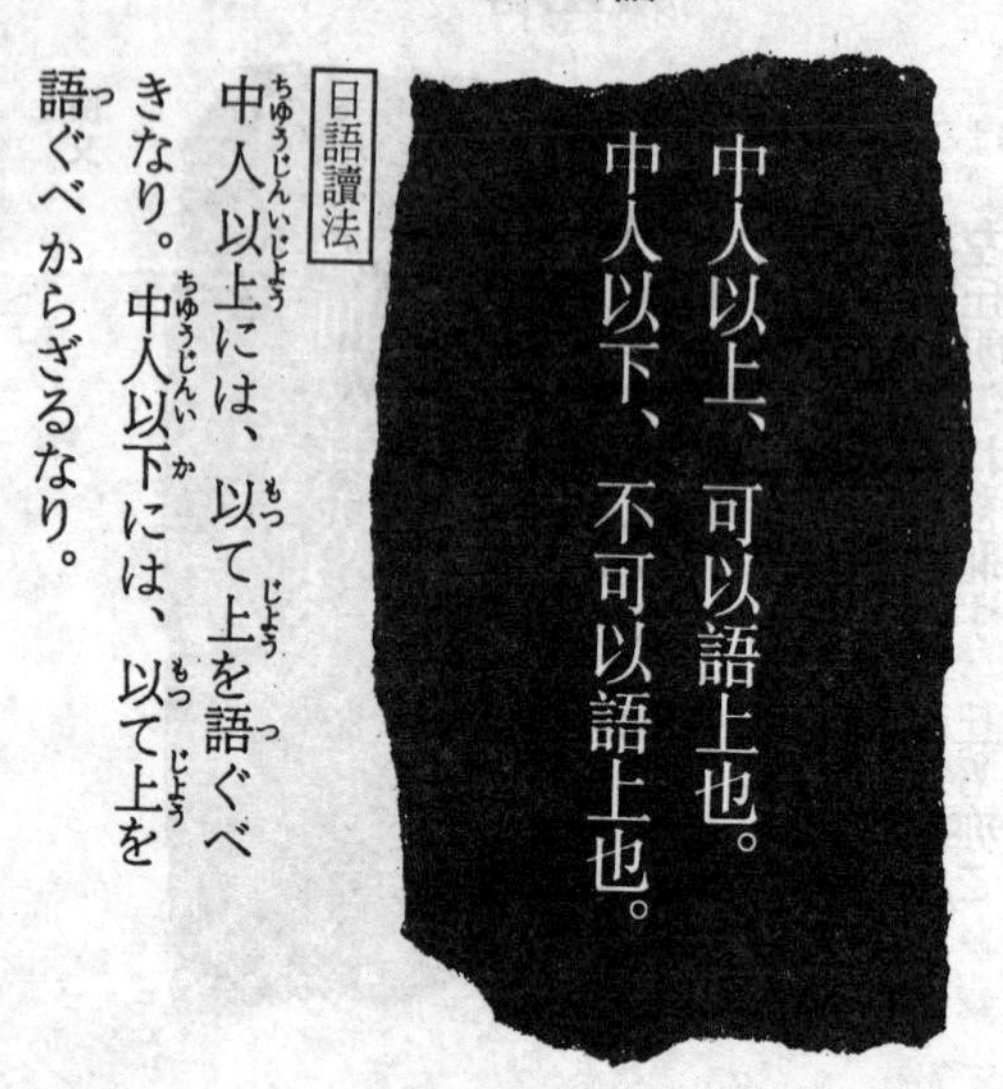

中人以上、可以語上也。
中人以下、不可以語上也。

日語讀法

中人以上には、以て上を語ぐべきなり。中人以下には、以て上を語ぐべからざるなり。

中文語譯 中等水平以上的人可以談論高深的道理，中等水平以下的人不可以談論高深的道理。

日文語譯 「中級の水準以上の人には高邁な道理を話してもよいが、中級以下の人にはこのような道理を話しても仕方がない」

教育においても人との付き合いにおいても、相手のレベルに応じて話題を選ぶことが大切だ。

英文譯 To people above average, one can impart higher things; to people below average, one cannot impart higher things.

第55話

原文

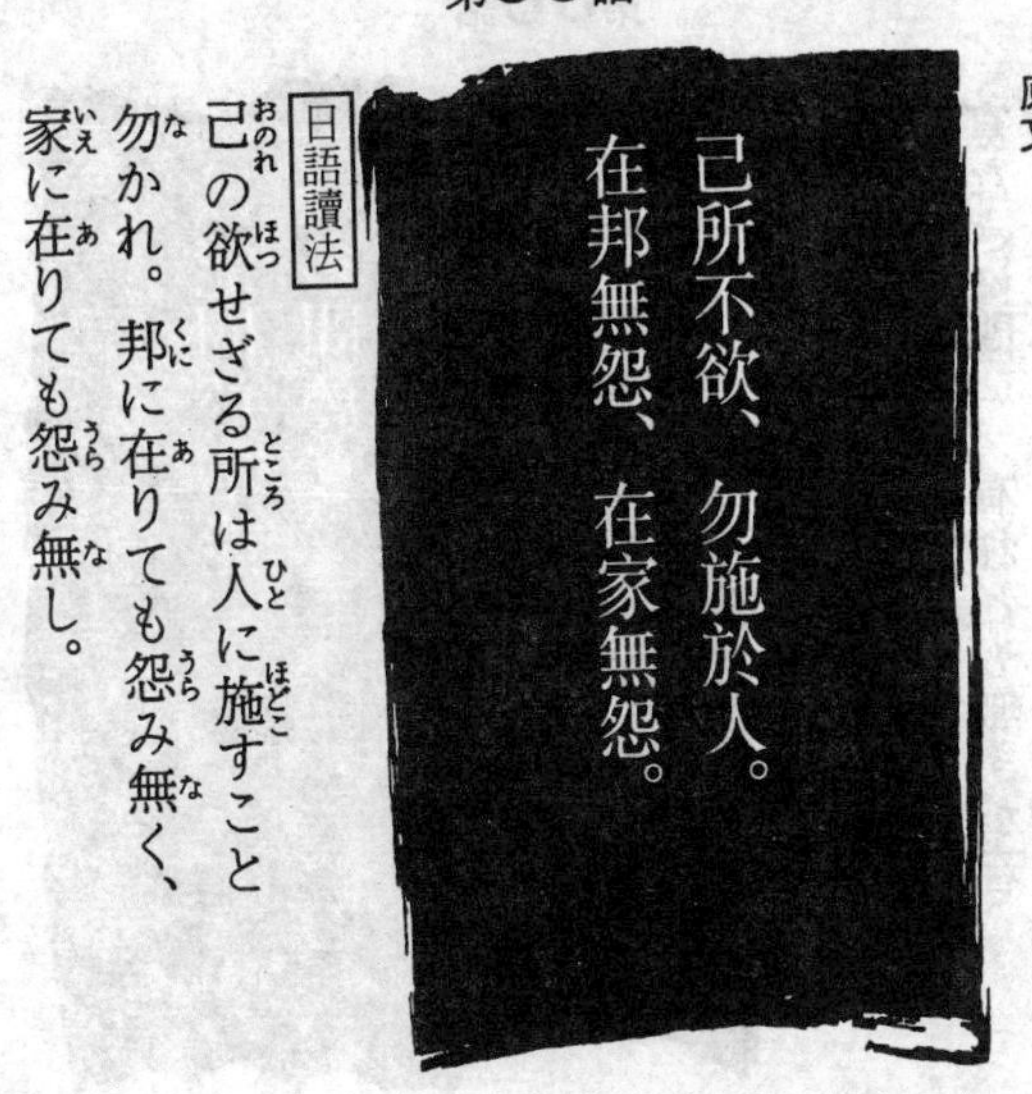

己所不欲、勿施於人。
在邦無怨、在家無怨。

日語讀法

己の欲せざる所は人に施すこと勿かれ。邦に在りても怨み無く、家に在りても怨み無し。

中文語譯　自己所不想做的事，不要強加於他人去做。在官府任職無所怨恨，在家族生活中無人怨恨。

日文語譯　「自分がしてほしくないことは、他人に対してもしてはならない。そうすれば、役所で職に就いていても人から怨まれることはなく、家の中でも怨まれることはない」

常に自分を他人の立場に置き換えて考えてみることだ。

英文譯　What you do not wish for yourself, do not impose on others. Thus, in a state, you will incur no resentment; in a house, you will incur no resentment.

第56話

原文

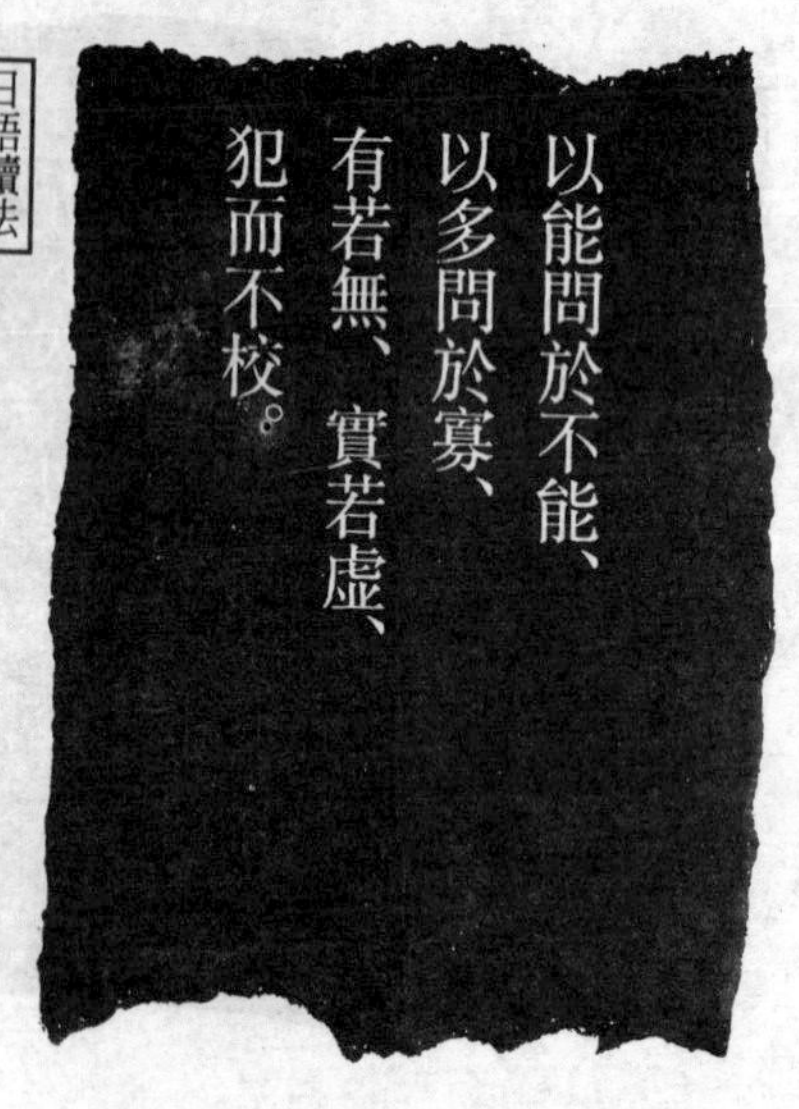

以能問於不能、
以多問於寡、
有若無、實若虛、
犯而不校。

日語讀法

能を以て不能に問い、多きを以て寡なきに問い、有れども無きが若く、実つれども虚しきが若く、犯されて校いず。

中文語譯 有才能的向沒有才能的求教，知識多的向知識少的求教，有學問卻像沒有學問一樣，充實卻像空無一物，受到冒犯卻不計較。

日文語譯 「才能があっても才能のない者に尋ね、知識が豊富でも知識の少ない者に尋ねる。学問があっても学問がないように見せ、充実していても空虚のように見せ、失礼なことをされても争わない」

弟子の曾子の言葉。曾子は続けて、昔、自分の友達でこれらのことを心掛けていた立派な人がいた、と結んでいる。

'能ある鷹は爪を隠す' とことわざにもあるように、人と付き合う際には、常に謙虚さを忘れないようにしたいものである。

明らかに自分のほうが相手より上であっても、無知無能を装って相手を立てる。やりすぎはかえって失礼だが、自然にそうできてこそ、人から慕われる人間になる。

英文譯 For a talented man to consult an untalented one, for a man who knows much to consult one who knows little, for a man who has learnt to appear as if he had not, for a man who is full to appear as if he were empty, for a man who has been assailed not to retaliate.

*曾子：孔子的門人，姓曾，名參，字子輿，魯國武城人，比孔子小四十六歲，對傳承孔子之道頗有貢獻。

第57話

原文

求也退。故進之。
由也兼人。故退之。

日語讀法

求(きゅう)や退(しりぞ)く、故(ゆえ)にこれを進(すす)む。由(ゆう)や人(ひと)を兼(か)ぬ、故(ゆえ)にこれを退(しりぞ)く。

中文語譯 冉有平時做事縮手縮腳，所以鼓勵他。仲由膽大過人，所以要抑制他。

日文語譯 「冉有(ぜんゆう)は引っ込み思案の性格だから、彼を励ましたのだ。子路はでしゃばりな性格だから、控えめにするように牽制したのだ」

子路が、道理を聞いたらすぐに実行してもいいか尋ねたのに対し、孔子は父兄の意見を聞いてからがよいと答え、冉有が同じ質問をすると今度は、すぐに実行しなさいと答えた。

そばで聞いていた公西華(こうせいか)が、孔子の二人への答えが違う理由を聞いた時の言葉である。

聞かれたことは同じでも、相手の性格や状況に応じて答えを考えなければならない。

答えが人によって変わってきても、これは不誠実ではなくて、本当の思いやりである。

英文譯 Qiu tends to hold back; therefore, I urged him on. Iou has the courage of two men; therefore, I held him back.

*求：冉有。孔子的門人，姓冉，名求，字子有，魯國人，比孔子小二十九歲，似乎是溫和而略爲消極之人。

*由：子路之名，參照25頁。

*公西華：孔子的門人，姓公西，名赤，字子華，魯國人，比孔子小四十二歲，通儀式或禮法，在孔子的葬禮上擔任治喪主任委員。

第58話

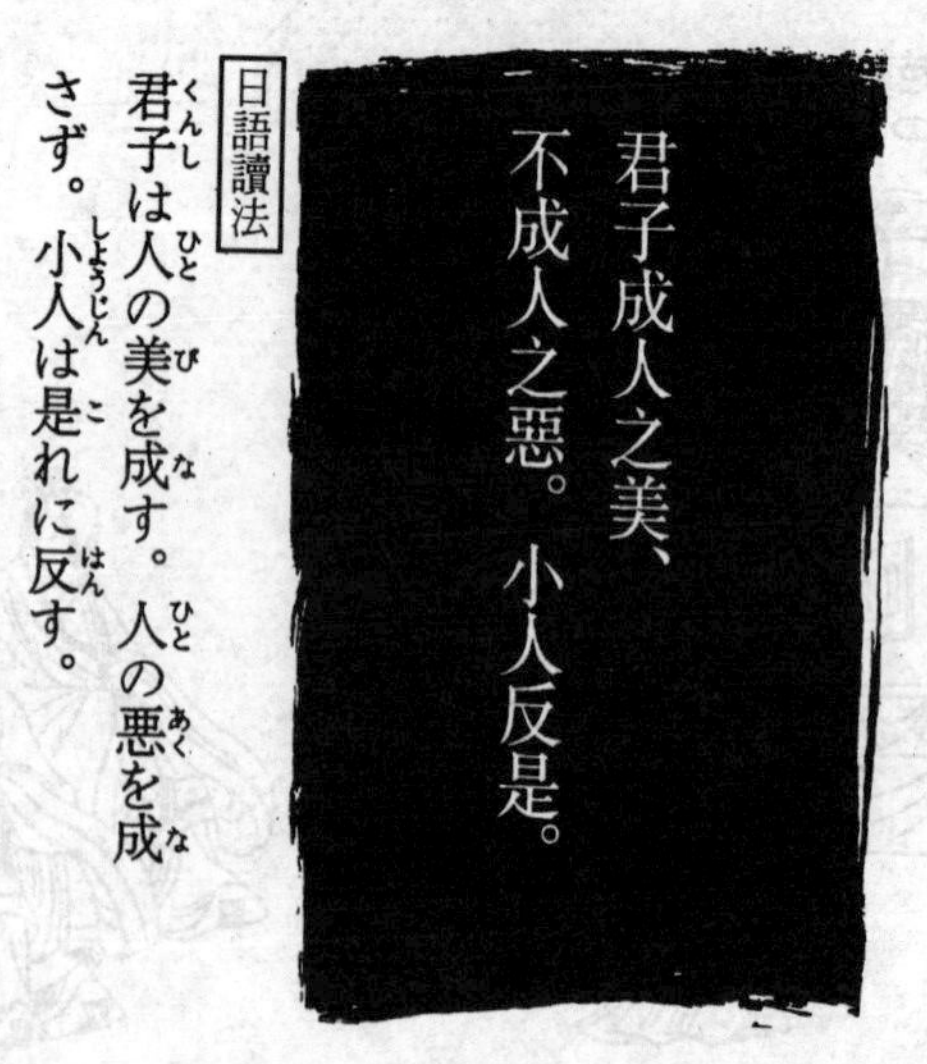

原文

君子成人之美、不成人之惡。小人反是。

日語讀法

君子(くんし)は人(ひと)の美(び)を成(な)す。人(ひと)の悪(あく)を成(な)さず。小人(しょうじん)は是(こ)れに反(はん)す。

中文語譯　一個有道德的人成全他人的好事，不促成他人的壞事，小人則正好相反。

日文語譯　「君子は人を助けて善事を成し遂げさせるが、人の悪事を促すようなことはしない。小人はこれと正反対である」

自分が割に合わなくても、よい方向に進もうとする人は助け、悪い方向に行こうとする人は引き戻してあげることである。

英文譯　The gentleman helps others achieve their good ends; he does not help them achieve thier evil ends. The small man does the opposite.

第59話

原文

忠告而善道之、不可則止。無自辱焉。

日語讀法

忠告して善を以てこれを道く。不可なれば則ち止む。自ら辱めらるること無かれ。

中文語譯 誠心誠意地勸告他，善意地開導他，他不聽就算了，不要自討沒趣。

日文語譯 「誠心誠意忠告し、善意をもってよい方向へと友を導いてやる。彼が聞き入れなければ、やめて様子を見る。しつこく忠告して反発を買い、自分の面目を失うようなことはしないことだ」

友達付き合いについての言葉。

相手を思いやっての忠告も、相手が聞く耳を持たない時は雑音でしかない。静観することも時には必要だ。

英文譯 Advise your friends with wholehearted sincerity, and guide them with goodness. If rejected, then stop. Do not bring humiliation upon yourself.

第60話

原文

君子以文會友、以友輔仁。

日語讀法

君子は文を以て友を会し、友を以て仁を輔く。

中文語譯 君子以學問來結交朋友，以朋友來輔助仁德。

日文語譯 「君子は学問によって友と交わり、そうした同好の友との付き合いを通して仁徳を磨くものだ」

曾子の言葉。

志を同じくする人との交流は、年齢や性別を超えた楽しいものである。

中でも学問という同じ志を持つ者同志の付き合いは、仁という人間最高の徳を目指す上でとても貴重な助けとなる。

お互いに刺激し合い、切磋琢磨して成長することができる。

英文譯 The gentleman uses culture to associate with friends; he uses friends to promote humanity.

第61話

原文
君子和而不同、
小人同而不和。
日語讀法
君子は和して同ぜず、小人は同じて和せず。

中文語譯　君子和諧融通而不苟同結黨，小人結黨營私而不和諧通融。

日文語譯　「君子は他人と調和・融合するが、考えもせず同調することはない。小人は安易に人に同調するが、調和・融合することはない」

和は様々なものが一つに解け合うことで、同はある一つのものに合わせること。

自分の考えをしっかり持った上で他人と協調することが大切だ。

英文譯　The gentleman is harmonious but not conformable; the small man is conformable but not harmonious.

第62話

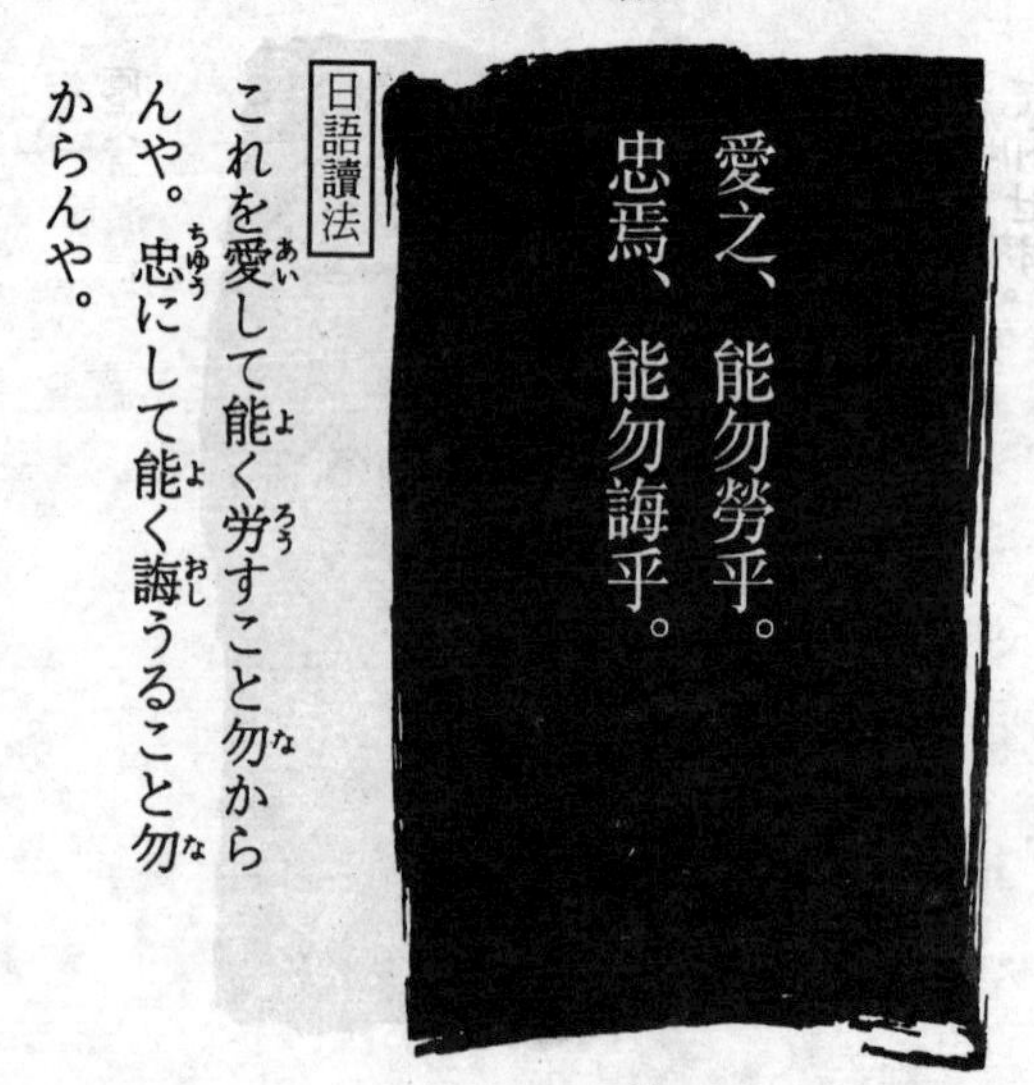

原文
愛之、能勿勞乎。
忠焉、能勿誨乎。
日語讀法
これを愛して能く労すること勿からんや。忠にして能く誨うること勿からんや。

中文語譯 愛護他，能不使他勤勞嗎？ 忠於他，能不去教悔他嗎？

日文語譯 「本当に慈しんでいるなら、苦労させずにおかれようか。本当に忠誠を尽くすなら、教え諭さずにおられようか」

‘かわいい子には旅をさせよ’ とことわざにもあるように、本当に愛情があるなら、猫かわいがりをするのではなく、あえて試練を与えたほうがいい。

厳しい試練も耳の痛い忠告も、相手の成長を願えばこそである。

英文譯 Can you love them without making them toil? Can you be loyal to him without admonishimg him?

第63話

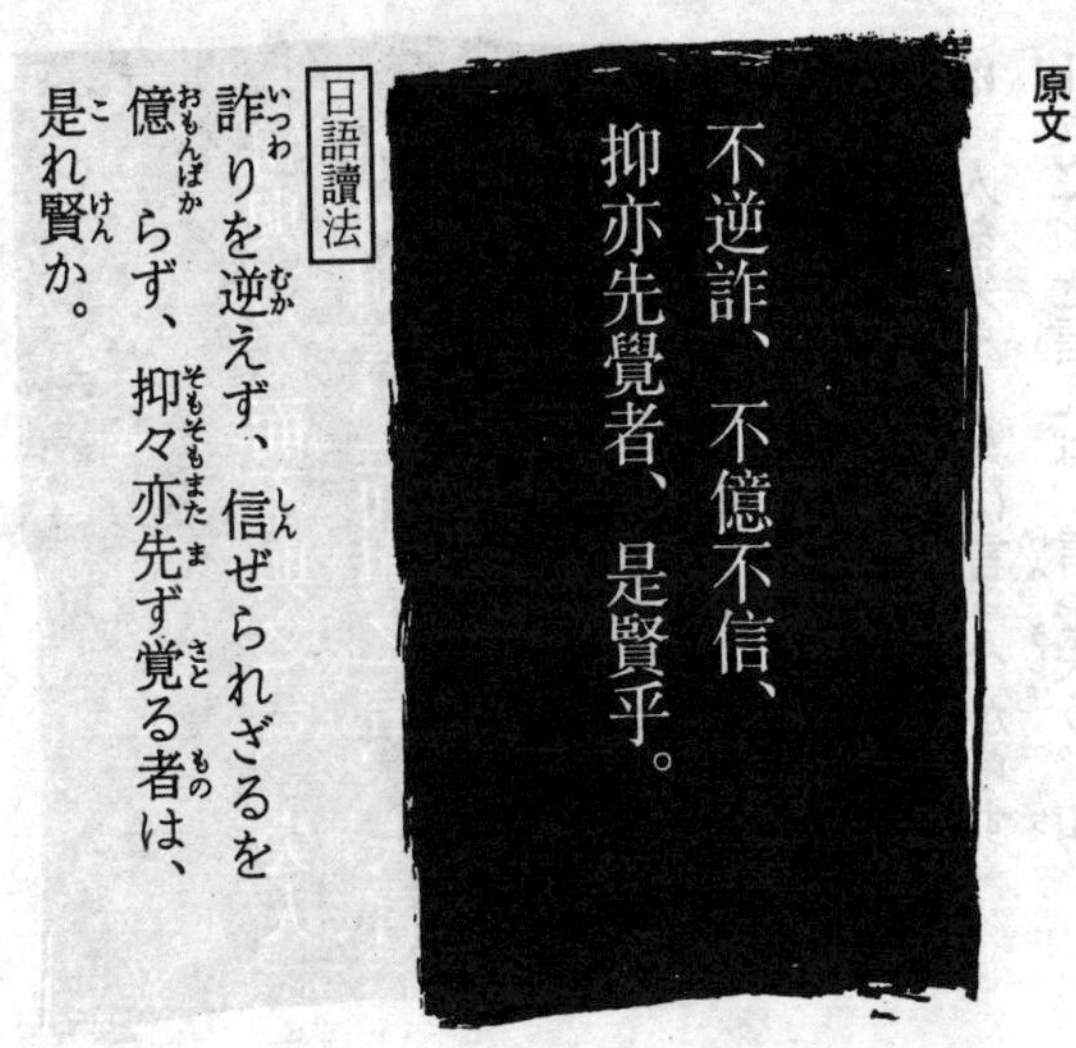
原文

不逆詐、不億不信、抑亦先覺者、是賢乎。

日語讀法

詐りを逆えず、信ぜられざるを億らず、抑々亦先ず覚る者は、是れ賢か。

中文語譯 不預先猜測別人欺詐，也不無端懷疑別人對自己不誠實，但卻能事先覺察出來，這就是賢人吧！

日文語譯 「初めから他人がだましているのではないかと憶測したり、他人が自分を疑っているのではないかと勘ぐったりせず、それでいて相手のそうした意図を事前に悟ることができれば、これこそ賢人というものだ」

用心するのはいいが、最初から不信感をむき出しにして人と付き合うものではない。

英文譯 He who niether presupposes deception nor suspects untruthfulness, yet discerns it all beforehand, is worthy indeed!

第64話

原文

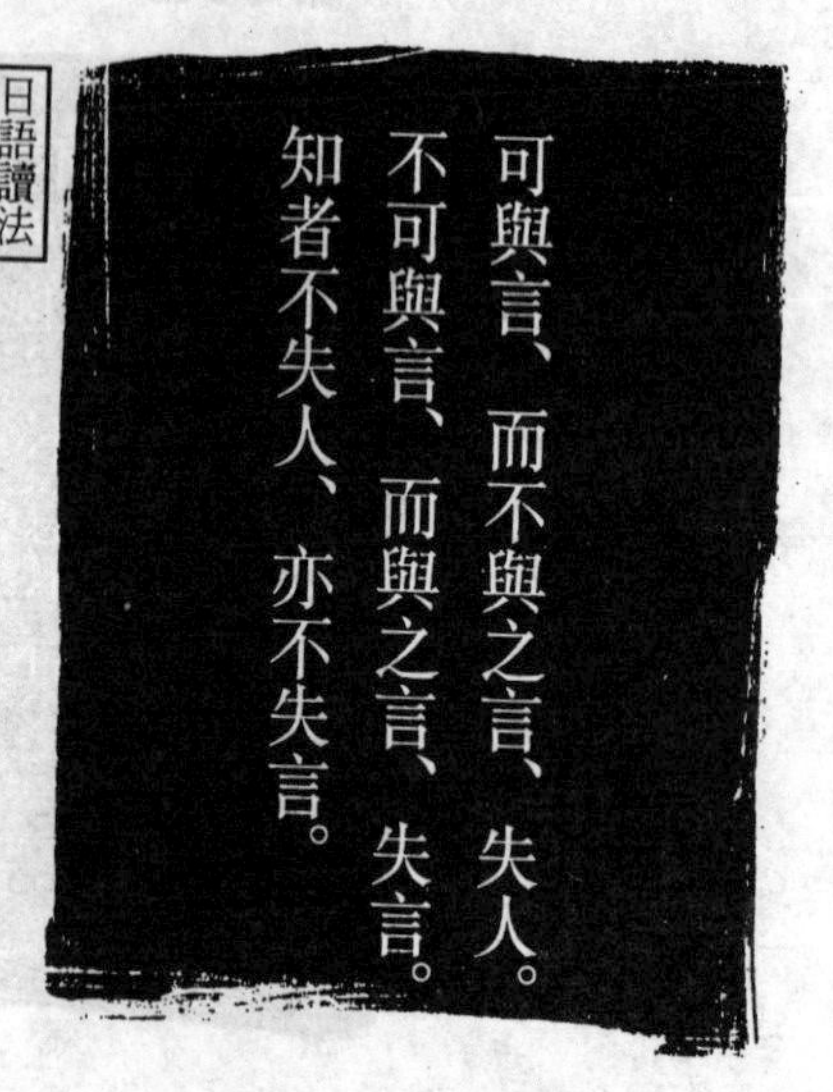
可與言、而不與之言、失人。不可與言、而與之言、失言。知者不失人、亦不失言。

日語讀法

与に言うべくしてこれと言わざれば、人を失う。与に言うべからずしてこれと言えば、言を失う。知者は人を失わず、亦言を失わず。

中文語譯　應該與之交談的人卻沒有與他交談，是錯過對象；不應該與之交換的人卻與他說話，是多費唇舌。聰明的人既不錯過好的交談對象也不會白費口舌。

日文語譯　「共に語るべき人と語らないでいると、相手をとり逃がすことになる。共に語る価値のない人と語っても、言葉の無駄である。聡明な人は、よい語らいのできる相手を逃さないし、言葉も無駄にしないものだ」

相手を見て話題を選ぶのはもちろんであるが、タイミングもまた重要である。

せっかく志を同じくする人に出会っていても、話すべき時に話さなければ二度と会えないかもしれない。

また、全然考えや価値観の違う相手をつかまえて自分の考えを語っても、相手を困惑させるばかりで無意味である。また、つまらない誤解を招かぬよう注意が必要だ。

英文譯 If a man is worth talking to and you do not talk to him, you lose a man; if a man is not worth talking to and you talk to him, you lose your words. The man of wisdom neither loses a man nor loses his words.

第65話

原文

道不同、不相爲謀。

日語讀法

道同じからざれば、相為に謀らず。

中文語譯　志向不同，就無法相互商討問題。

日文語譯　「目指すものが異なるなら、お互いに問題を協議しても仕方がない」

価値観の異なる相手と何か相談しようとしても、なかなか話し合いにならないだろう。

これに対し、根本的な価値観さえ同じなら、たとえ細かいところで多少考えの食い違いはあっても、意見を戦わせ、双方歩み寄りながら円滑に協議を進めることができる。

英文譯　Those who pursue different ways do not consult each other.

第66話

原文

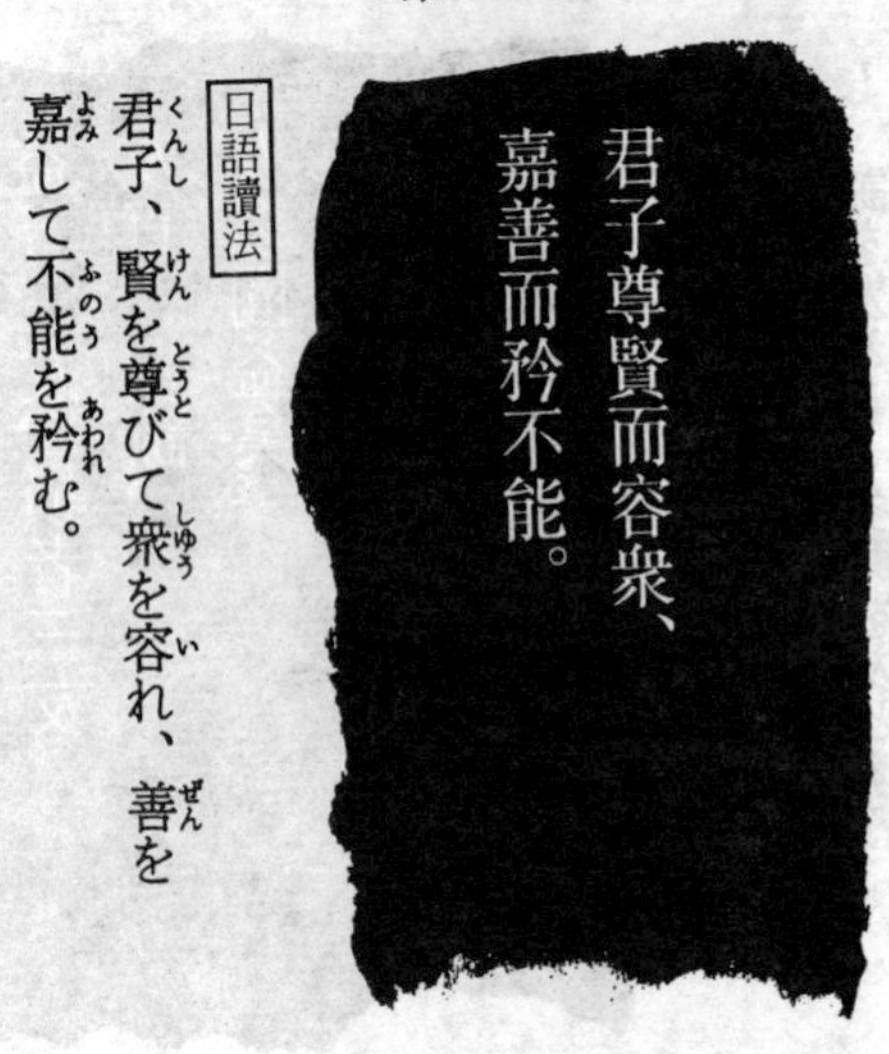

君子尊賢而容衆、
嘉善而矜不能。
日語讀法
君子(くんし)、賢(けん)を尊(とうと)びて衆(しゅう)を容(い)れ、善(ぜん)を
嘉(よみ)して不能(ふのう)を矜(あわれ)む。

中文語譯 君子尊重賢人容納眾人，鼓勵好人，憐恤無能的人。

日文語譯 「君子は賢人を尊ぶが、大勢の人々をも受け入れるべきであり、善人を励ます一方、能力のない者をも憐れむべきである」

友達付き合いについて、弟子の子張(しちょう)が子夏の弟子に話して聞かせた孔子の言葉。

一見、友は選ぶべきだという次話と矛盾するようだが、自分の徳が高くなれば、それだけ受け皿も広くあれということだろう。

英文譯 The gentleman esteems the worthy and tolerates the multitude; he commends the good and sympathizes with those who are incapable.

*子張：孔子的門人，姓顓孫，名賜，字子張，陳國人，比孔子小四十八歲。
*陳（國）：位於現在的河南省淮陽縣的國家。

第67話

原文

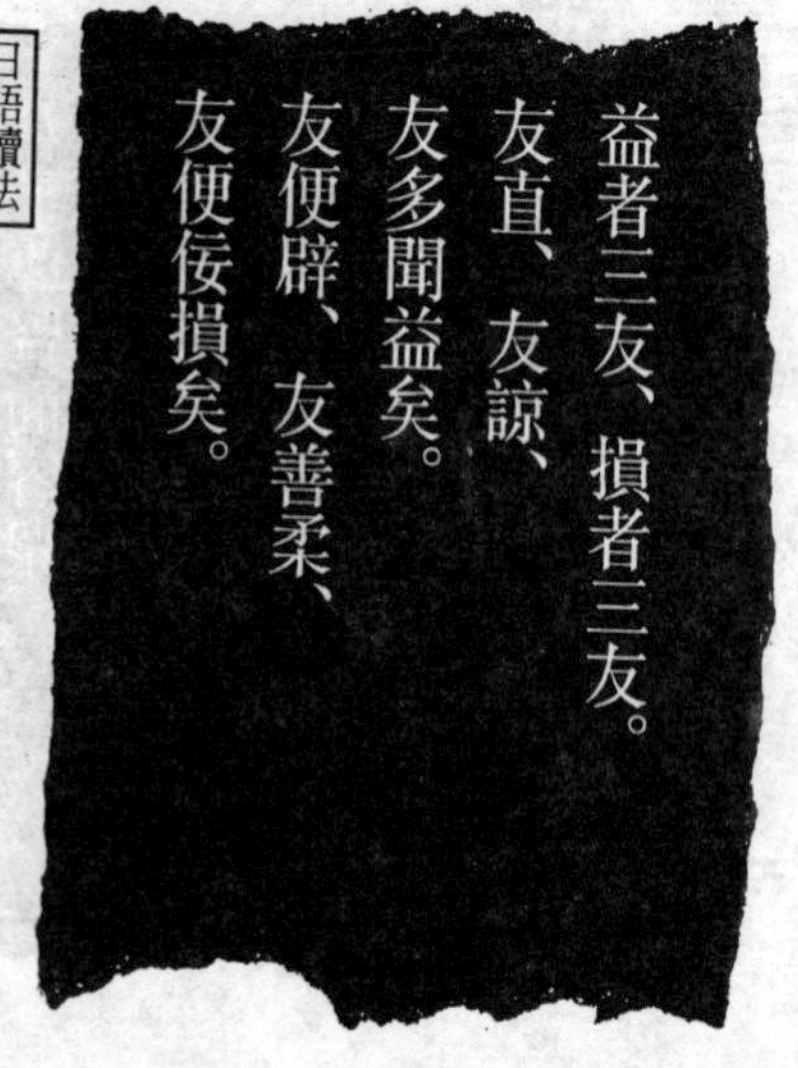
益者三友、損者三友。友直、友諒、友多聞益矣。友便辟、友善柔、友便佞損矣。

日語讀法

益者三友、損者三友。直きを友とし、諒を友とし、多聞を友とするは、益なり。便辟を友とし、善柔を友とし、便佞を友とするは、損なり。

中文語譯　有三種朋友有益，三種朋友有害。正直的朋友，誠實的朋友，有見識的朋友，是有益的；好奉承的朋友，喜讒媚的朋友，花言巧語的朋友，是有害的。

日文語譯　「付き合って有益な友に三種類、有害な友に三種類ある。

正直な友、誠実な友、見識のある友、これらは有益である。

おべっかを使う友、表面的な付き合いをする友、美辞麗句を並べる友、これらは有害である」

友達付き合いをする上で是非参考にしたい言葉である。

できるだけこのような有益な友を選んで付き合うようにし、有害な友からは角の立たないように離れるのが望ましい。

しかし、類は友を呼ぶ、という言葉にもあるとおり、ま

ず自分がそうした有益な友にふさわしい人間になることが先決だ。そうすれば、有害な友も自然に寄ってこなくなるだろう。

英文譯 Three types of friends are beneficial three types of friends are harmful. To befriend the upright, befriend the truthful, and befriend the erudite is beneficial; to befriend the excessively respectful, befriend the obsequious, and befriend the glib-tongued is harmful.

第6章

逆境に左右されない生き方

Leading a happy life under adversity.

不畏逆境　面對人生

第68話

原文

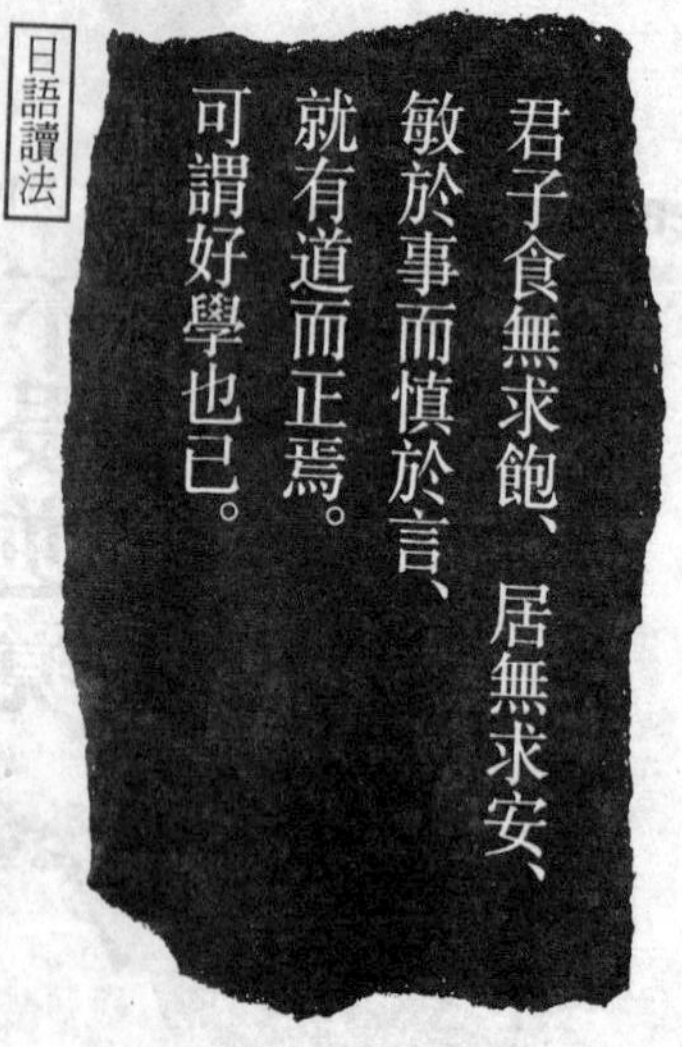

君子食無求飽、居無求安、
敏於事而慎於言、
就有道而正焉。
可謂好學也已。

日語讀法

君子は食飽かんことを求むること無く、居安からんことを求むること無し。事に敏にして言に慎み、有道に就きて正す。学を好むと謂うべきのみ。

中文語譯 一個君子能不以飽食，安居爲人生的目標，敏捷處事而言語謹慎，又能向有道德的人請教，這樣，便可以說是好學了。

日文語譯 「君子は、飽食や快適な住居を求めてはならない。やるべきことはすばやく実行し、言葉を慎み、徳ある人の教えを請い、自分の過ちを改めていく。このようにしてこそ、初めて好学の士といえる」

日頃の食事や暮らしをシンプルに保つことが、逆境に左右されない生き方の一つである。

英文譯 The gentleman, in eating, does not seek satiety, in dwelling, does not seek comfort; He is brisk in action and discreet in speech. He goes to those who possess the Way for rectification. Such a man may be said to love learning indeed.

第69話

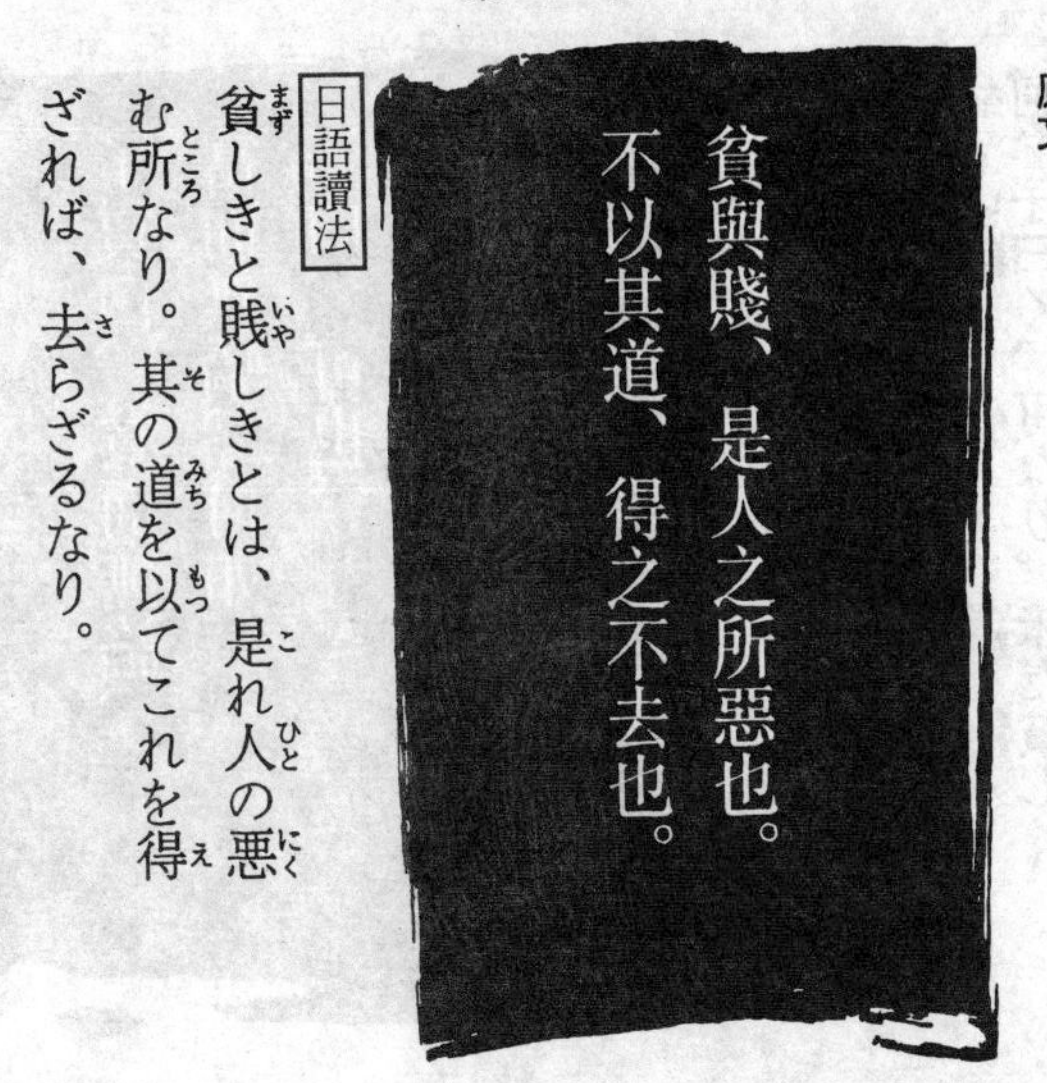
原文

貧與賤、是人之所惡也。
不以其道、得之不去也。

日語讀法

貧しきと賤しきとは、是れ人の悪む所なり。其の道を以てこれを得ざれば、去らざるなり。

中文語譯 貧與賤，是人們厭惡的，不用正當的辦法獲得富貴，君子擺脫不了貧賤。

日文語譯 「貧賤は誰もが嫌うものであるが、道にかなったことをしているのに貧賤となったのなら、無理に抜け出そうとしないものだ」

この前に「富貴は誰でも欲するが、正しい方法で得たのでなければ安んじない」とある。

ある状態になるまでのプロセスが大切なのであって、結果にあまり執着しないことが大切だ。

英文譯 Poverty and lowliness are what men loathe : If you come by them undeservingly, you should not abandon them.

第70話

原文

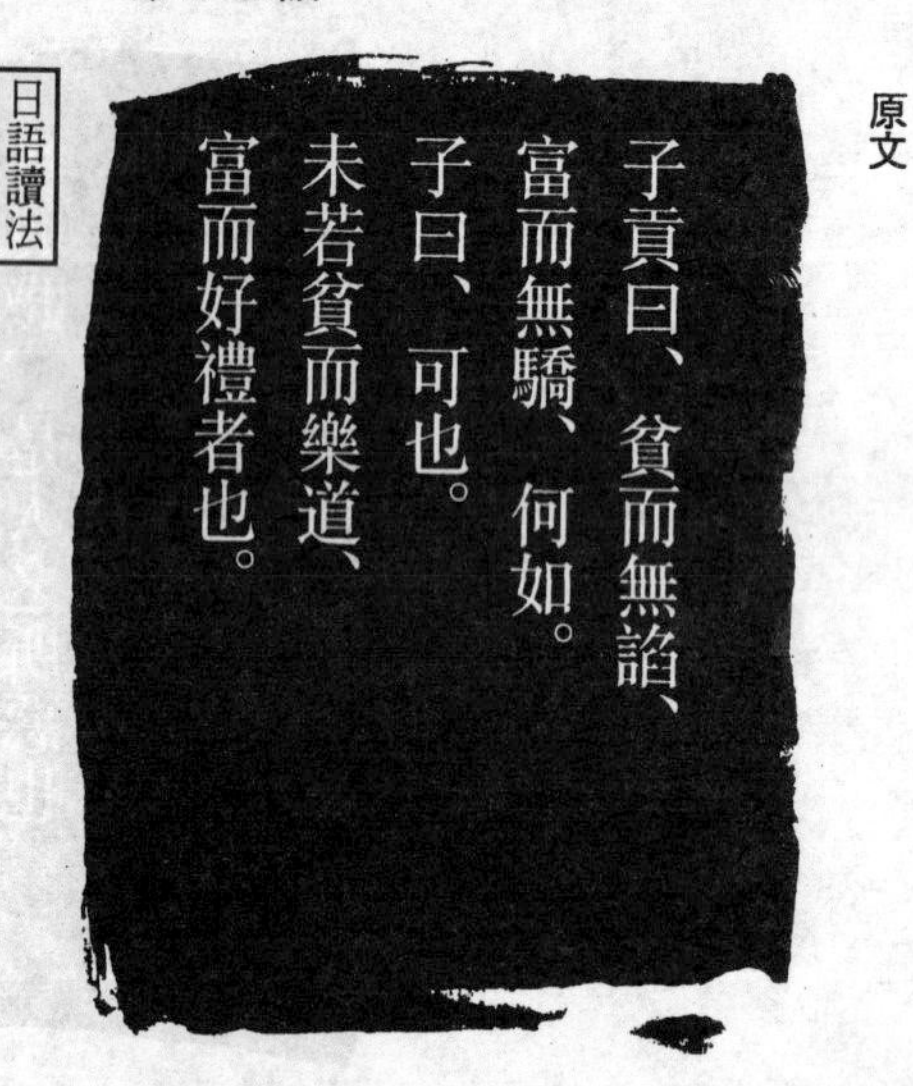
子貢曰、貧而無諂、
富而無驕、何如。
子曰、可也。
未若貧而樂道、
富而好禮者也。

日語讀法

子貢曰く、貧しくして諂うこと無く、富みて驕ること無きは、如何。子曰く、可なり。未だ貧しくして道を楽しみ、富みて礼を好む者には若かざるなり。

日文語譯 子貢說，“貧窮不獻媚，富有不驕橫，怎樣？”孔子說，“可以了，卻不如貧窮反而過得開心，富有而好禮的人呀。”

日文語譯 「子貢が言った。『貧乏であっても卑屈にならず、金持ちになっても驕慢にならない、というのはいかがでしょうか？』

孔子が答えて言われた。『いいだろう。しかし、貧乏であっても道を楽しみ、金持ちになっても礼を好むほうがもっとよい』」

経済的に生活が苦しくなると、人間誰でも余裕を失いがちだ。つい卑屈になってしまうこともあろうし、道を楽しむなど考えられないかもしれない。

しかし、お金では買えない貴重なものが、道であり礼である。

どんな境遇においても、道を楽しみ礼にのっとった生き方を心掛けたいものだ。

英文譯 Zi–gong said, “A man who is poor but does not flatter, or who is rich but does not swagger —— what do you think of him?“
The Master said, “Commendable, but not so good as the one who is poor but delights in the Way, or who is rich but loves the rituals.”

第71話

原文

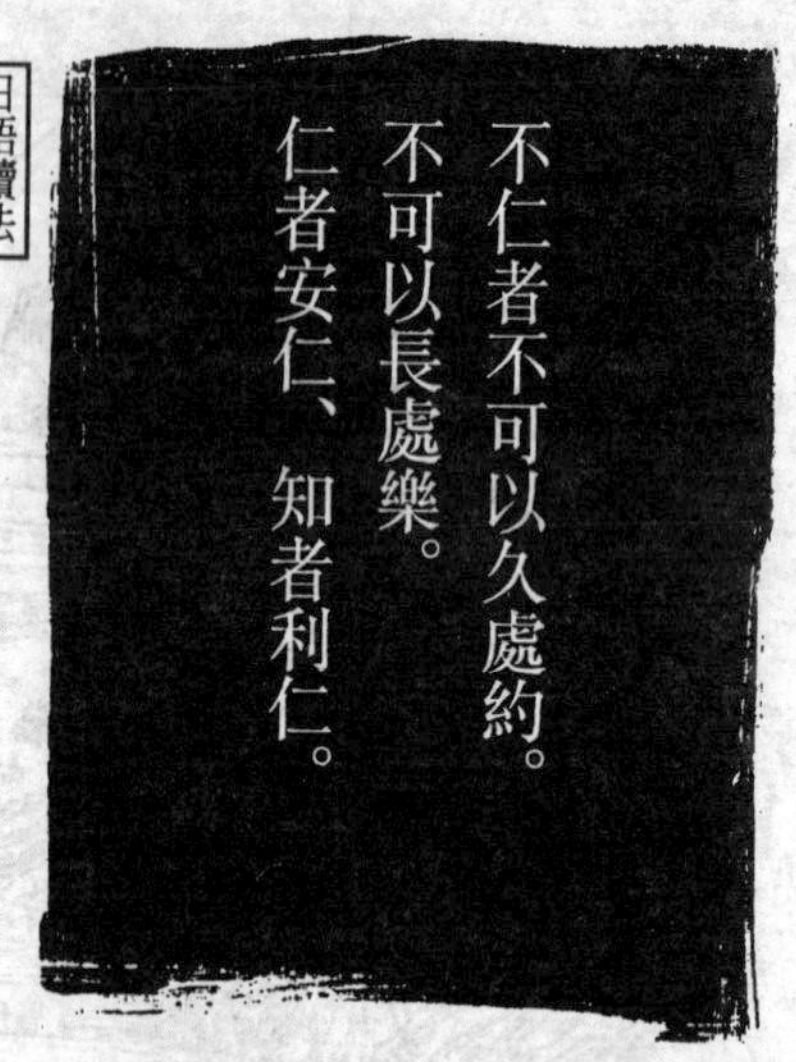
不仁者不可以久處約。
不可以長處樂。
仁者安仁、知者利仁。

日語讀法

不仁者は以て久しく約に処るべからず。以て長く楽しきに処るべからず。仁者は仁に安んじ、知者は仁を利とす。

中文語譯 沒有仁德的人，不可以久處困境，也不可以長處安樂。有仁德的人自然地去行仁德，而聰明的人知道施行仁德的利處。

日文語譯 「仁徳のない人は、長く逆境に耐えることはできない。また、長く順境で安楽を享受することもできない。仁徳のある人は仁の道に安住し、聡明な人は仁の道を利用する」

境遇に左右されないためには、普遍的な仁の道に生きることである。仁から離れた人は、逆境に陥ると不安のあまり無分別な行動に走りかねないし、せっかく順境にあっても慣れからくる麻痺と更なる欲のせいで心安らぐことがない。

人間の本当の心の安らぎは、人間的な本質を発現させることの中にこそある。

仁徳のある人はすでにその中で永遠の安らぎを味わっているし、聡明な人はそこに至らないまでも、仁の道を利用することが安らぎへの鍵であることに気づいている。

英文譯 An inhumane man cannnot long abide in privation, nor can he long abide in comfort. A humane man is at ease with humanity; a wise man benefits from humanity.

第72話

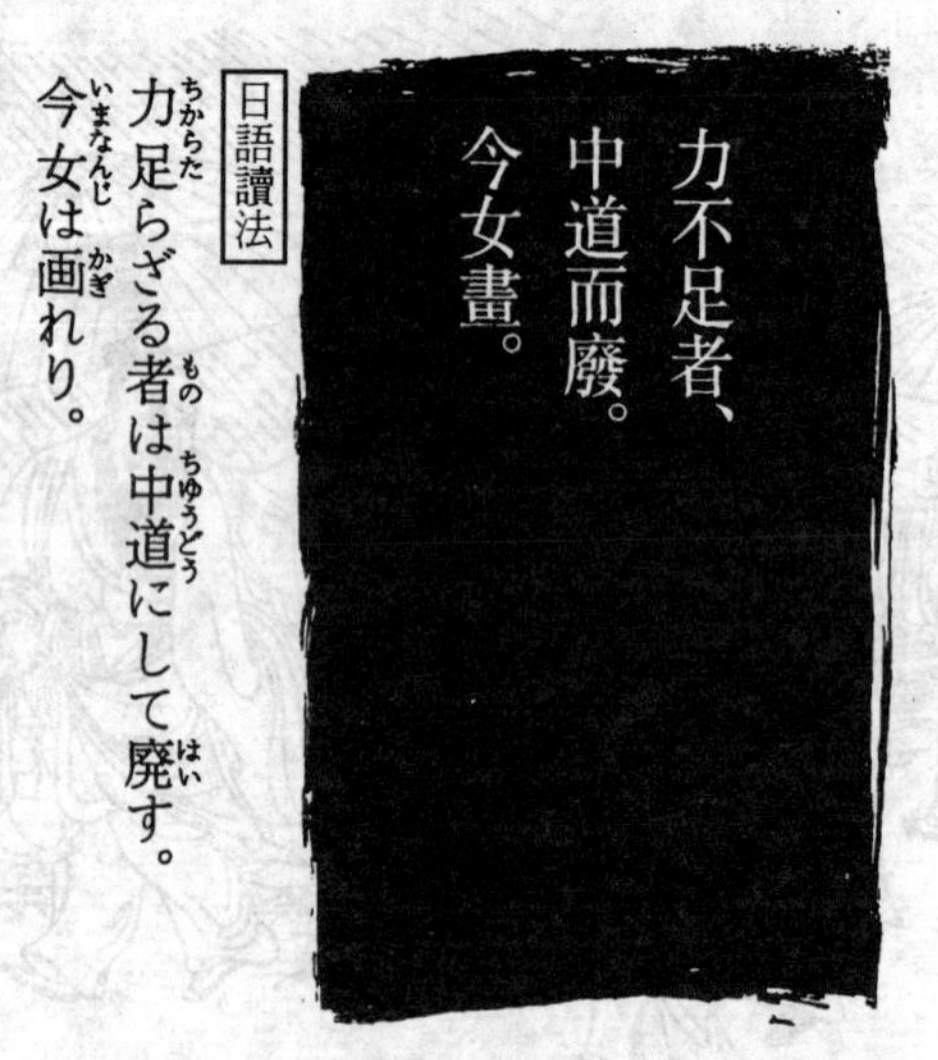

原文

力不足者、
中道而廢。
今女畫。

日語讀法

力(ちから)足らざる者(もの)は中道(ちゅうどう)にして廢(はい)す。
今女(いまなんじ)は画(かぎ)れり。

中文語譯 能力不足者，半途而廢。現今你卻畫地自限，尚未進步。

日文語譯 「力が足りない者は、道の途中で脱落していくものだ。今のお前はまだ踏み出しもせずして見限っているのだ」

冉有が「あなたの学説を嫌うのではありませんが、私には力不足です」と言ったのに対する孔子の言葉。

どんなに大変に思えることでも、やってみもしないで無理だと決めつけてしまってはいけない。

まずは実行、それでダメならその時考えればよい。

英文譯 Those whose ability is insufficient give up halfway. Now you have drawn a halting line.

第73話

原文

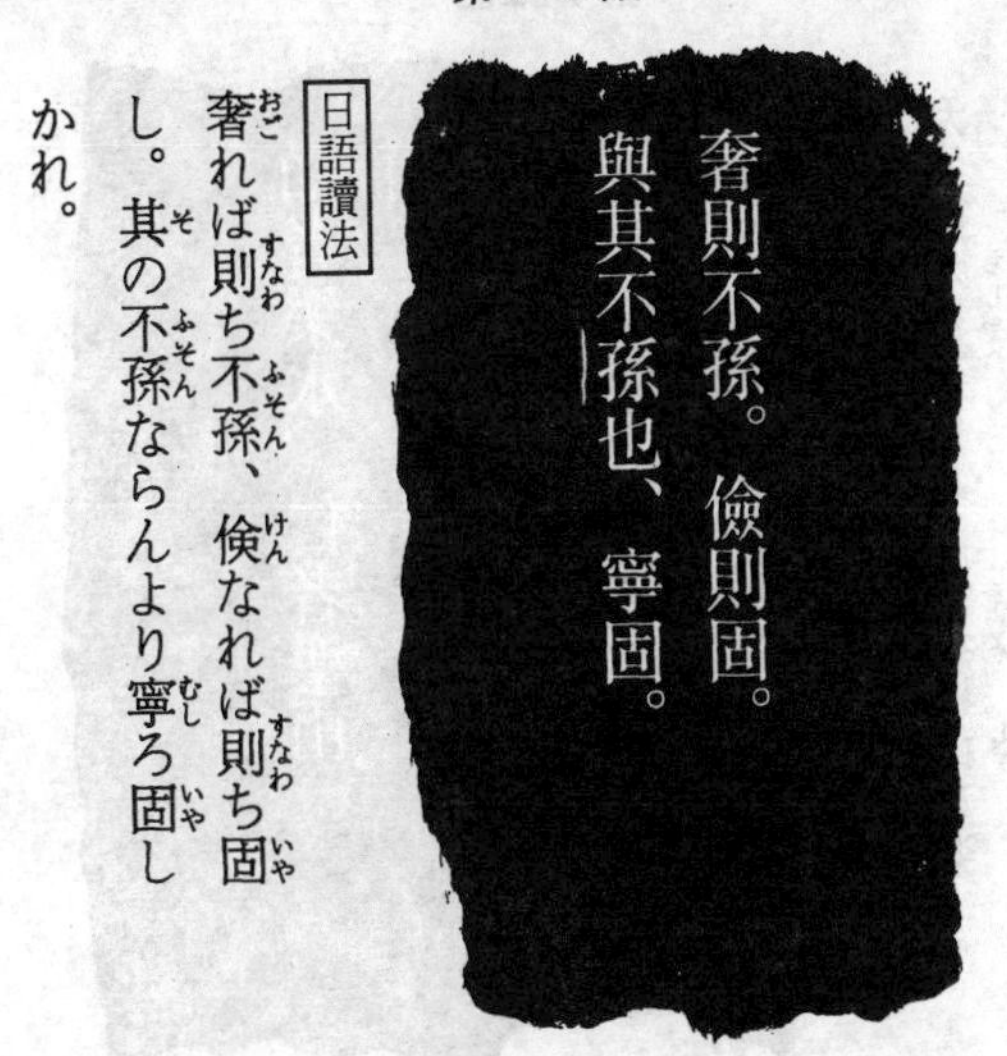

奢則不孫。儉則固。
與其不孫也、寧固。

日語讀法

奢れば則ち不孫、倹なれば則ち固し。其の不孫ならんより寧ろ固しかれ。

中文語譯　奢侈就不恭順，儉樸就簡陋。與其不恭順，寧可簡陋。

日文語譯「ぜいたくをしていると驕慢になり、倹約していると頑固になる。驕慢になるより、まだ頑固のほうがよい」

どちらも望ましくはないのであるが、倹約による頑固のほうが自制心があるため矯正の余地がある。

英文譯　Extravagance leads to presumption; frugality leads to shabbiness. However, shabbiness is preferred to presumption.

第74話

原文

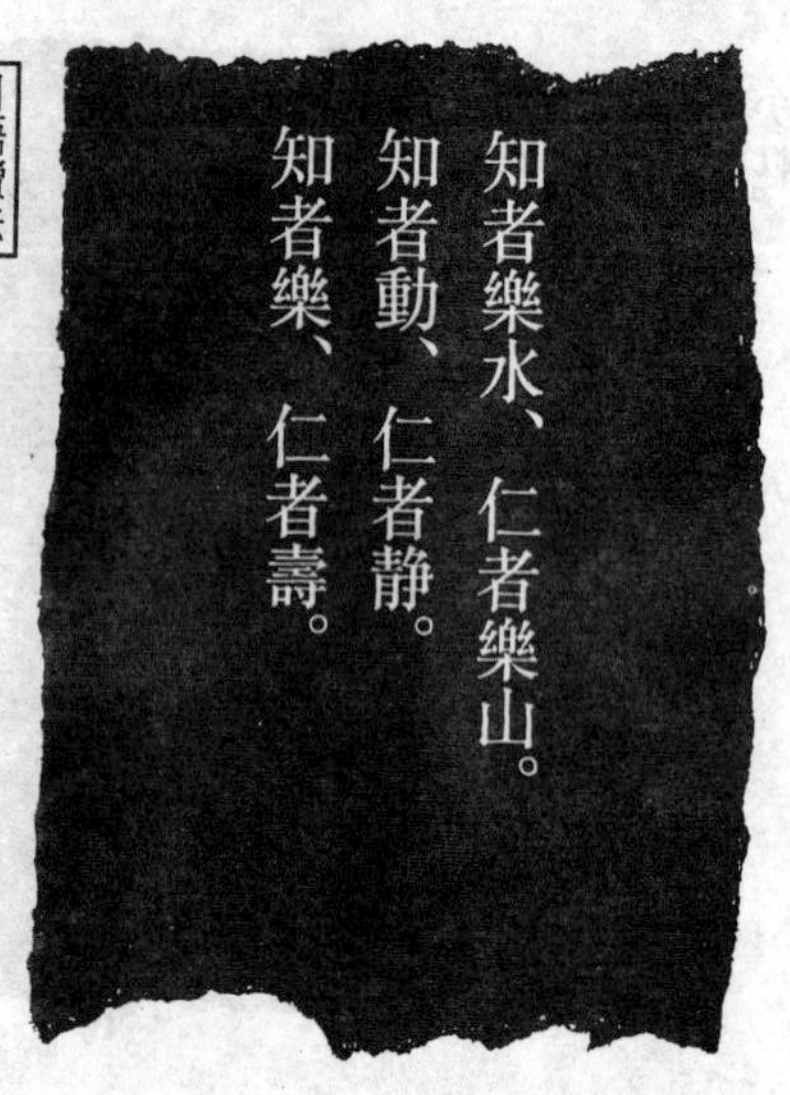

知者樂水、仁者樂山。
知者動、仁者靜。
知者樂、仁者壽。

日語讀法

知者は水を楽しみ、仁者は山を楽しむ。知者は動き、仁者は静かなり。知者は楽しみ、仁者は寿し。

中文語譯　聰明的人愛水，仁德的人愛山；聰明的人好動，仁德的人好靜；聰明的人快樂，仁德的人長壽。

日文語譯　「知者は水を愛し、仁者は山を愛す。知者はよく動き、仁者は静かにじっとしている。知者は人生を楽しみ、仁者は心安らかで長寿である」

知識のある聡明な人と仁徳のある人を対比した言葉だが、大変深い味わいがある。

知者も仁者も、ともに立派であるが、その性質の違いを一言で表すなら、前者が「行動の人」、後者が「存在の人」である。

知者は行動し、試行錯誤を繰り返し、臨機応変に自分の在り方を決めていく。

仁者はすでに仁という在り方以外あり得ないので、不変で、心安らかで、自ずと長寿になる。こうした仁者の境地

を得れば、この世のいかなることにも心乱されることはないだろう。

英文譯 The man of wisdom delights in water; the man of humanity delights in mountains. The man of wisdom is active; the man of humanity is still. The man of wisdom is happy; the man of humanity is long-lived.

第75話

原文

飯疏食飲水、
曲肱而枕之。
樂亦在其中矣。
不義而富且貴、
於我如浮雲。

日語讀法

疏食を飯い水を飲み、肱を曲げてこれを枕とす。楽しみ亦其の中に在り。不義にして富み且つ貴きは、我に於いて浮雲の如し。

中文語譯　吃粗食，飲涼水，彎著胳膊當枕頭，其中自有一番樂趣。以不義得來的富貴，對於我就如同浮雲一樣。

日文語譯　「粗末な食事をし、水を飲んで、腕を枕代わりに寝る。そんなつましい暮らしの中にも、自ずと楽しみがあるものだ。道からはずれたことをして富貴になったとしても、私には浮雲のように軽くはかないものだよ」

どんな境遇にあっても楽しむことができる人こそ、人生の達人である。災害、事故、人間関係のトラブル等、人生にはありがたくないこともいろいろある。しかし、これも貴重な体験と考えて客観視すればよいのである。

一方、不正なやり方で富や名誉といった世俗的成功を手にしても、心からそれを楽しむことはできないだろう。

まず、現在ある自分の境遇を毎日楽しむことを心掛けてみよう。

英文譯 Eating coarse food, drinking plain water, and bending one arm for a pillow —— happiness also lies therein. Wealth and rank acquired through unrighteous means are to me like drifting clouds.

第76話

原文

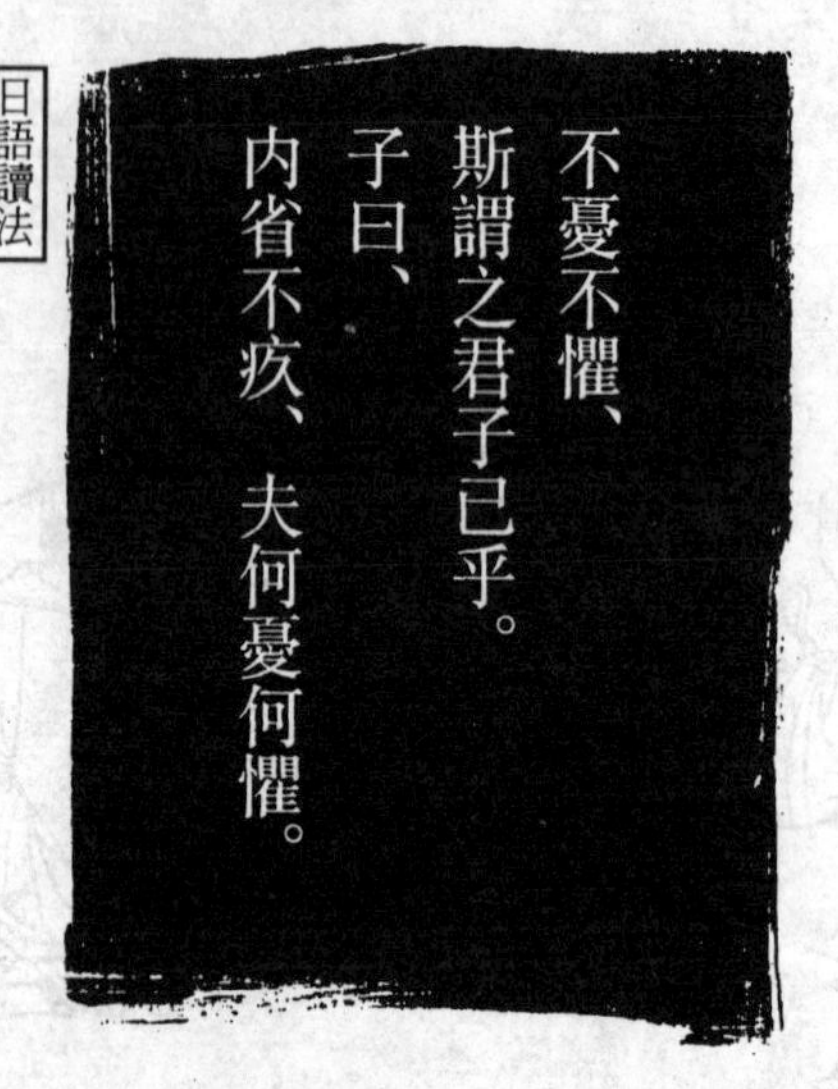

不憂不懼、斯謂之君子已乎。子曰、内省不疚、夫何憂何懼。

日語讀法

憂えず、懼れず、斯れこれを君子と謂うか。子曰く、内に省みて疚しからずんば、夫れ何をか憂え何をか懼れん。

中文語譯　“不憂愁，不恐懼就叫做君子了嗎？”孔子說，“自我反省，內心無愧，還有什麼憂愁，有什麼恐懼呢？”

日文語譯　「『くよくよ心配したりびくびく恐れたりしなければ、それだけで君子と言ってよいのですか？』

孔子が言われた。『自らを省みて心に何の曇りもなければ、何をくよくよ、びくびくすることがあろうか？』」

司馬牛が君子について尋ねたのに対し、孔子は「君子はくよくよしたりびくびくしたりしない」と答えた。それに続く問答がこれである。

司馬牛には孔子の答えがあまりにシンプルで意外だったようだが、この「くよくよ、びくびくしないとい」うのが簡単そうで実はとても難しいことなのである。

不安や恐れは人間の心の産物であり、心にこだわりがな

くならない限り消えることはない。それができてこそ、君子と呼び得る立派な人間である。

英文譯 "To be free from anxiety and fear —— is that enough to be called a gentleman?"
The Master said, "Since, on inward examination, he is not conscience-stricken, what anxiety and fear does he have?"

*司馬牛：孔子的門人，姓司馬，名耕，字子牛，宋國人。
*宋（國）：首都位於現在的河南省商邱的國家。

第77話

原文

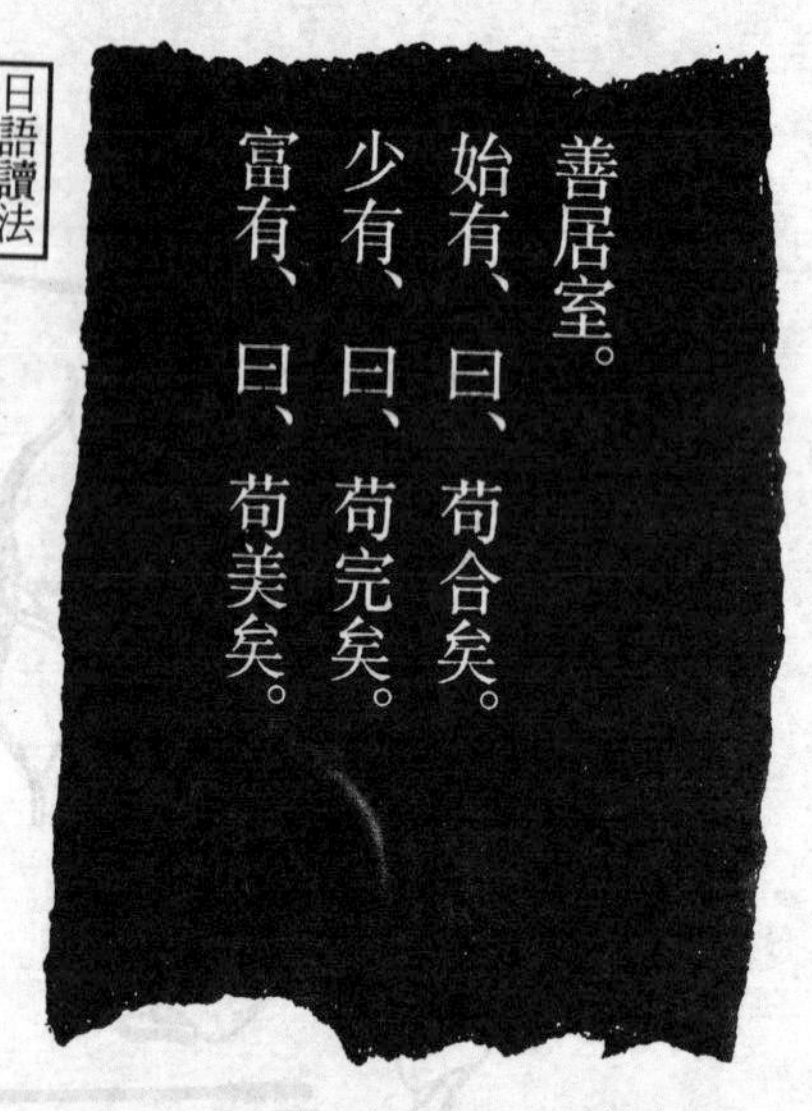

善居室。
始有、曰、苟合矣。
少有、曰、苟完矣。
富有、曰、苟美矣。

日語讀法

善く室を居く。始め有るに曰く、苟か合う。少しく有るに曰く、苟か完し。富に有るに曰く、苟か美し。

中文語譯 善於治理家政。剛寬裕一點，就說‘湊合著用夠了’；稍多一些，就說‘差不多齊備了’；富有時，說‘眞富足完美了’。

日文語譯 「彼（公子荊）は蓄財が上手だ。家財を手に入れたばかりの時、『どうにか間に合う』と言った。少々そろった時、『どうやら調った』と言った。豊かに備わった時、『どうやら立派になった』と言った」

衛の国の大夫である公子荊についての孔子の評価。

公子荊のすばらしさは、常にその時々の状況に満足を見出していることにある。

これが、「いや、まだまだ足りない」という考えだと、分不相応に散財する危険性も出てくる。「まだまだ」という考えにはキリがない。どんなにたくさん財産を手に入れ

ても満足することはできないのだ。

蓄財の上手な人は、公子荊のように現在の境遇に豊かさを見出せる人である。

英文譯 He is good at household management. When he began to have some means, he said, 'Quite enough!' When he had a little more, he said, 'Quite sufficient!' When he had plenty, he said, 'Quite magnificent!'

*公子荊：衛國的大夫，其他均不詳。

第78話

原文

貧而無怨難、
富而無驕易。

日語讀法

貧(まず)しくして怨(うら)むこと無(な)きは難(かた)く、
富(と)みて驕(おご)ること無(な)きは易(やす)し。

中文語譯 貧困而無怨言很難做到，富有而不傲慢卻很容易。

日文語譯 「貧しくても恨み言を言わないのは非常に難しいが、それに比べると裕福でも傲慢にならないのは実に簡単である」

しかし、現実には傲慢な金持ちが多い。それも、生粋の富豪ではなく、成金タイプほど傲慢不遜であるものだ。

現実にお金があってもなくても、心が貧しくては本当に豊かとはいえないのである。

英文譯 To be poor and not resentful is difficult; to be rich and not swaggering is easy.

第79話

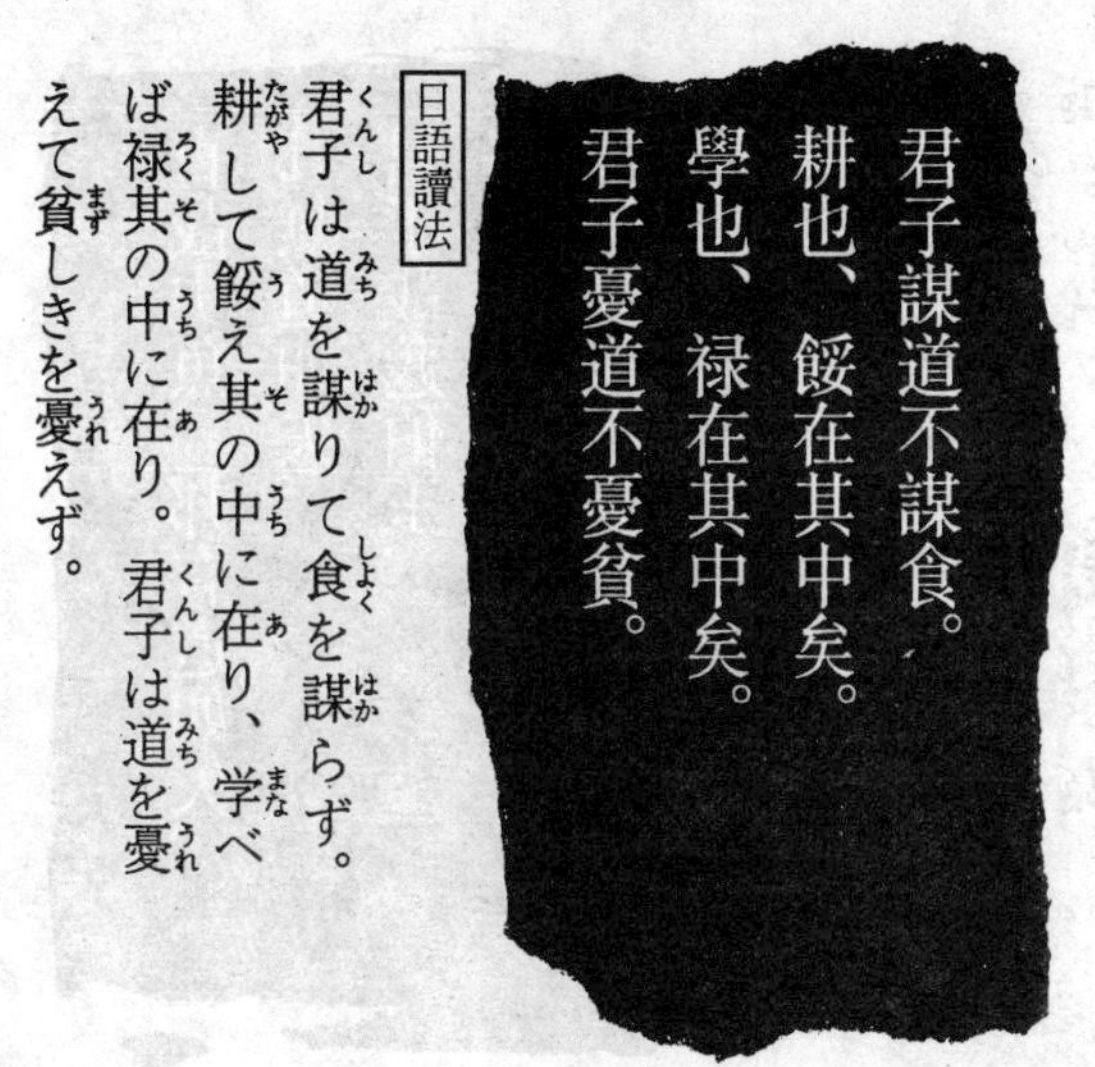

原文
君子謀道不謀食。
耕也、餒在其中矣。
學也、祿在其中矣。
君子憂道不憂貧。
日語讀法
君子は道を謀りて食を謀らず。耕して餒え其の中に在り、学べば禄其の中に在り。君子は道を憂えて貧しきを憂えず。

中文語譯 君子追求的是學問而不是謀求食物。種田的人可能也會挨餓，學習卻可能得到俸祿。君子憂患的是沒有學問而不擔憂貧困。

日文語譯 「君子は熱心に道を探し求めるが、食物を得ることに汲々としない。食を得るために耕作しても飢えることはあるが、学問していれば自然に俸禄もついてくる。君子は道を見出せるかを心配し、貧困を心配したりはしない」

生きるために食は必要だが、食のために生きるのでは本末転倒だ。生活のために生きるのは空しい。

英文譯 What the gentleman seeks is the Way and not food. If he farms, hunger lies therein; if he learns, an official's salary lies therein. What the gentleman worries about is the Way and not poverty.

第80話

原文

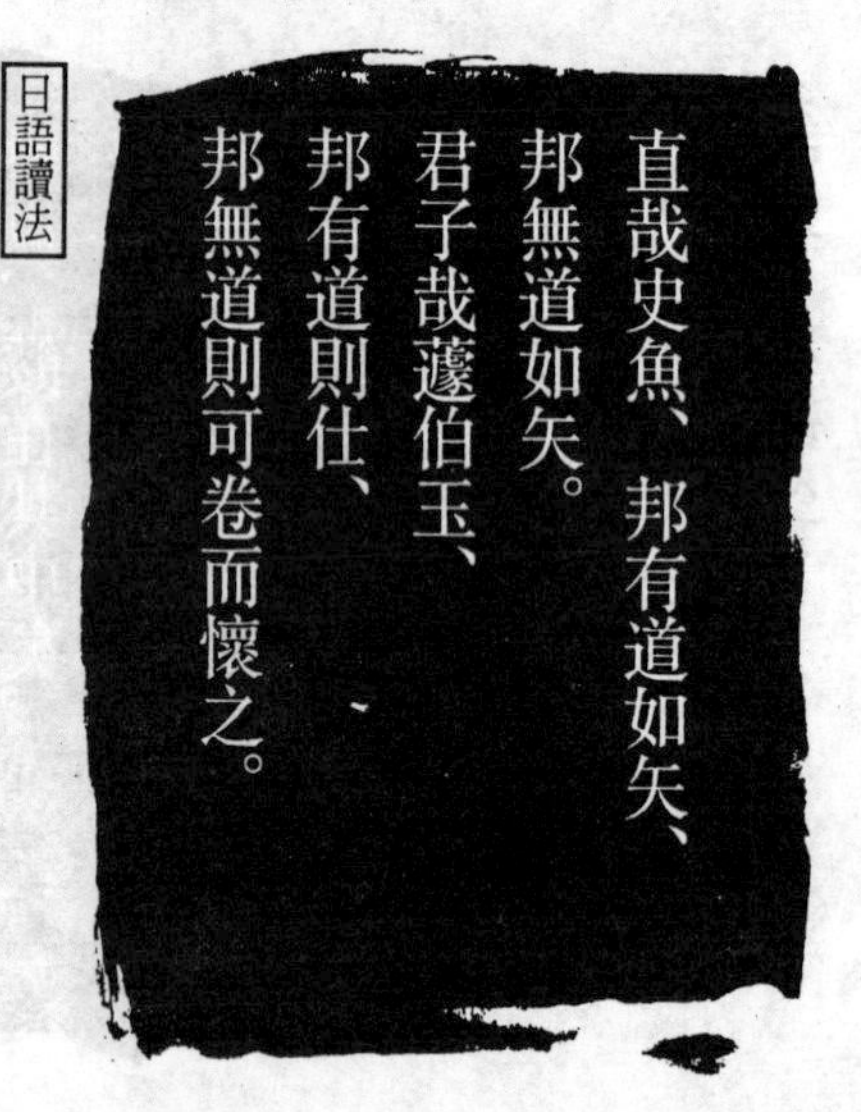

直哉史魚、邦有道如矢、
邦無道如矢。
君子哉蘧伯玉、
邦有道則仕、
邦無道則可卷而懷之。

日語讀法

直なるかな史魚。邦に道あるにも矢の如く、邦に道なきにも矢の如し。君子なるかな蘧伯玉。邦に道あれば則ち仕え、邦に道なければ則ち巻きてこれを懐にすべし。

中文語譯 史魚眞是正直的人啊！國家政治清明時他像箭一樣直，國家政治腐敗時他仍像箭一樣直。蘧伯玉眞是君子啊！國家政治清明時他就出來做官，國家政治腐敗時他又抽身隱退。

日文語譯 「まっすぐな人間だなあ、史魚は！　国の政治がよく治まっている時も腐敗している時も、矢のようにまっすぐで正直だった。

真の君子だなあ、蘧伯玉は！　国の政治が治まっている時は出て官職に就き、国の政治が腐敗している時は身を退いた」

孔子が、衛の国の大夫である二人を評して言った言葉。

史魚のように、どんな状況においても正直さを貫くのもある意味では立派だが、第9話にあるような弊害により、自ら逆境を引き寄せてしまうかもしれない。

一方、蘧伯玉のように、状況をしっかり見極めてふさわしい行動をとれれば時代に翻弄されることもない。大局的な判断が必要である。

英文譯 How straight Shi Yu is! When the state possessed the Way, he was straight like an arrow; when the state lost the Way, he was straight like an arrow. What a gentleman Qu Bo-yu is! When the state possessed the Way, he took title; when the state lost the Way, he retired it.

*史魚：衛國的大夫，名鰌，字魚。史是姓或官名不詳。
*蘧伯玉：衛國的大夫，姓蘧，名媛，伯玉是字。

第7章

志を高く持って生きるには

How to keep being ambitious.

心懷大志 勇渡一生

第81話

原文

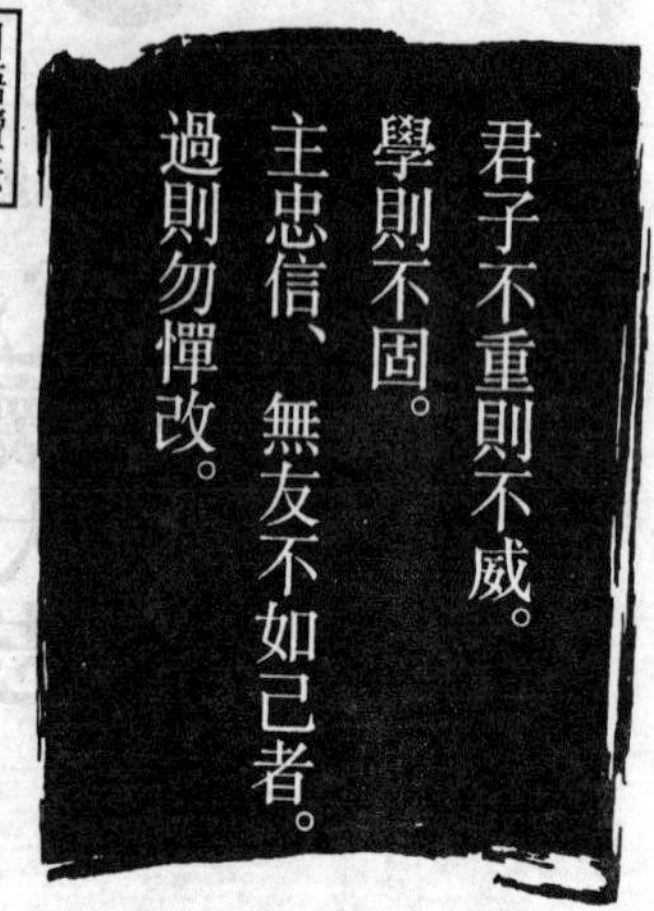

君子不重則不威。
學則不固。
主忠信、無友不如己者。
過則勿憚改。

日語讀法

君子、重からざれば則ち威あらず。学べば則ち固ならず。忠信を主とし、己に如かざる者を友とすること無かれ。過てば則ち改むるに憚ること勿かれ。

中文語譯　君子若不自尊自重，則沒有威望；即使學習，也不會鞏固。要以忠誠守信爲主，切勿結交不如自己的人。有了過錯，就不要怕改正。

日文語譯「君子は軽々しい態度でいると威厳がない。学問をすれば、考えが頑固でなくなる。忠誠と信義を第一とし、自分より劣った者とは決して友達になるな。過ちがあったら、速やかに改めよ」

ここでの君子は統治者のことなので、人の上に立つ者の心得と考えればよい。

英文譯　If a gentleman is not grave, he will not be aweinspiring. If he learns, he will not be benighted. He keeps wholehearted sincerity and truthfulness as his major principles and does not befriend those beneath him. When he makes a mistake, he is not afraid to correct it.

第82話

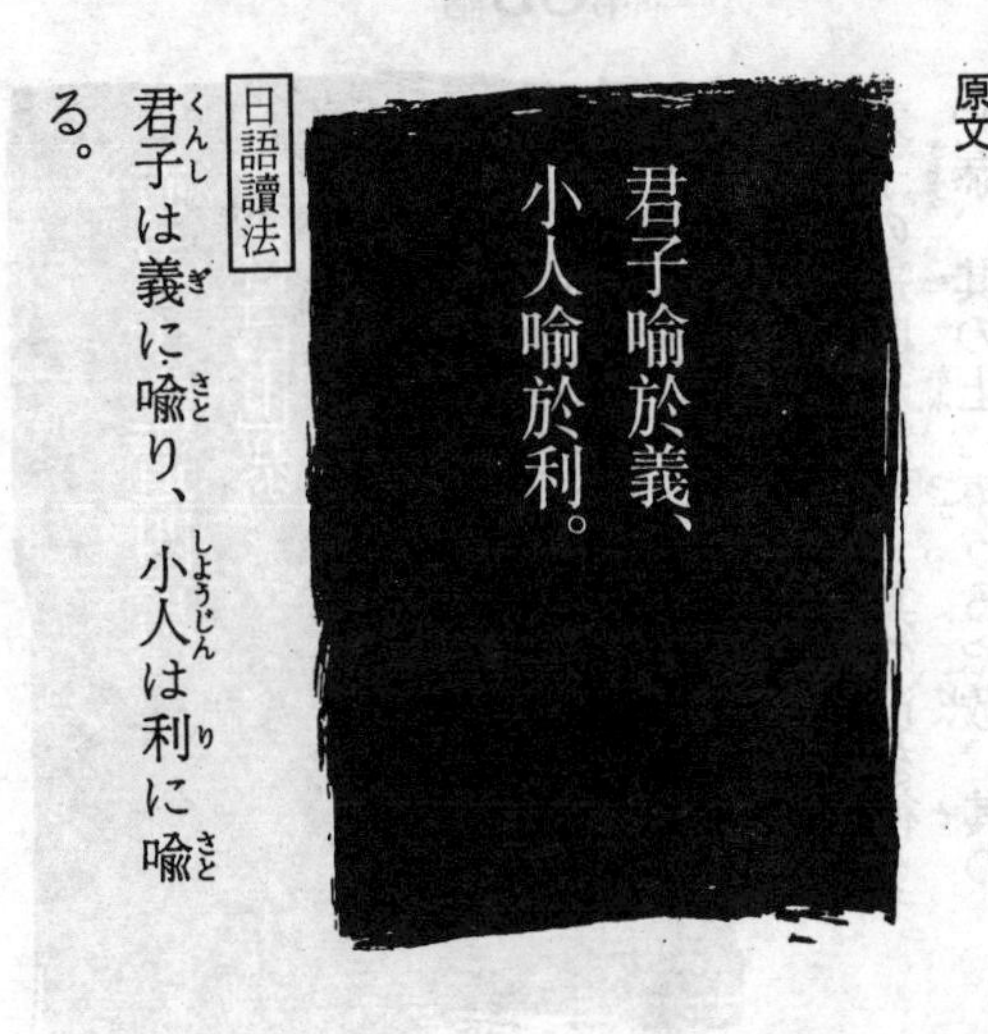

原文
君子喻於義、
小人喻於利。
日語讀法
君子は義に喩り、小人は利に喩る。

中文語譯 君子通曉大義，小人懂得私利。

日文語譯 「君子は何事も、道義にかなっているかという観点で理解するが、小人は自分の利益になるかという観点で理解する」

例えば、道で何か困っている人に出くわした時、どんなに急いでいても心から同情してすぐ助けに行くのが君子であり、そんなことをしても何の得にもならないし時間を損するだけだと考えて無視するのが小人である。

英文譯 The gentleman is conversant with righteousness; the small man is conversant with profit.

第83話

原文

有君子之道四焉。
其行己也恭。
其事上也敬。
其養民也惠。
其使民也義。

日語讀法

君子の道四つ有り。其の己を行うや恭、其の上に事うるや敬、其の民を養うや恵、其の民を使うや義。

中文語譯　他具有四項君子的處事準則：自身行爲謙虚謹愼，侍奉君主恭敬有禮，養育人民恩惠兼施，使役百姓公正合理。

日文語譯　「彼（子産）には君子たるの規範が四つ備わっていた。すなわち、自らの行為は謙虚で慎み深く、君主には敬意をもって仕え、民を養うに恵みをもって施し、人民を使役するのに公正で道理に基づいたやり方を用いた」

孔子が鄭の宰相であった子産を評した言葉。

ここでの君子は政治家のことだが、リーダーとしての条件とも考えられる。つまり、常に謙虚な態度を心掛け、目上の人には敬意を払い、目下には親身にできる限り力にな

ってやり、また人を使うに当たっては節度をわきまえ、適材適所を心掛けるようにすることである。

英文譯 He possessed four virtues of the gentleman's Way: he conducted himself respectfully; he served the sovereign reverently; he provided for the people beneficently; he employed the people reasonably.

*子產：鄭國的大夫，姓公孫，名僑，子產是字，優秀的政治家。

*鄭（國）：位於現在的河南省新鄭縣的國家。

第84話

原文

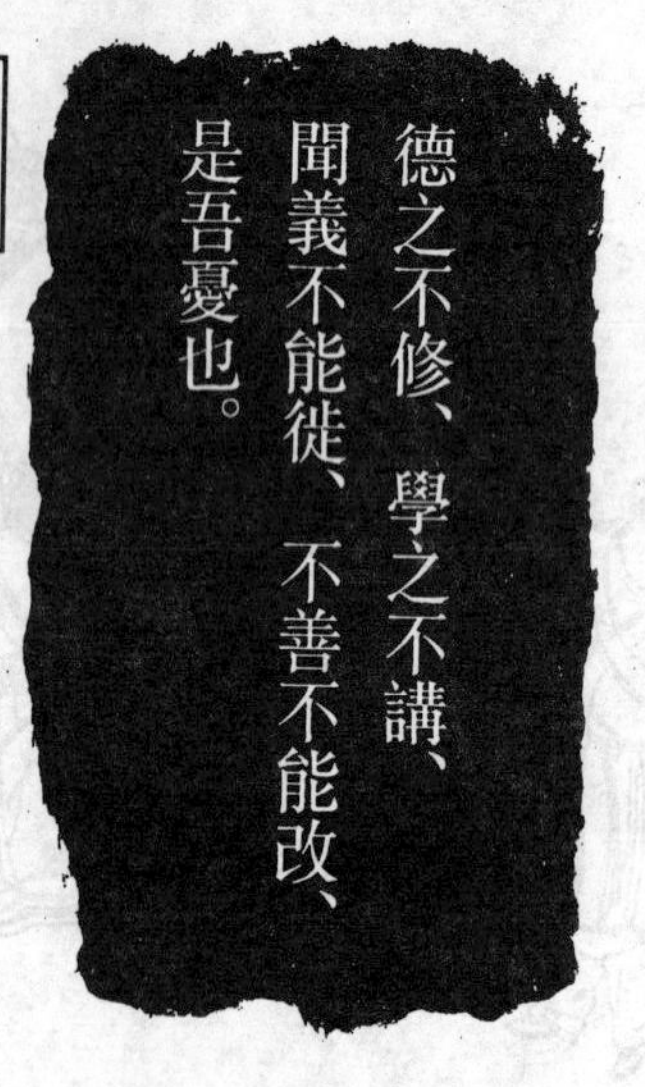

德之不修、學之不講、
聞義不能徙、不善不能改、
是吾憂也。

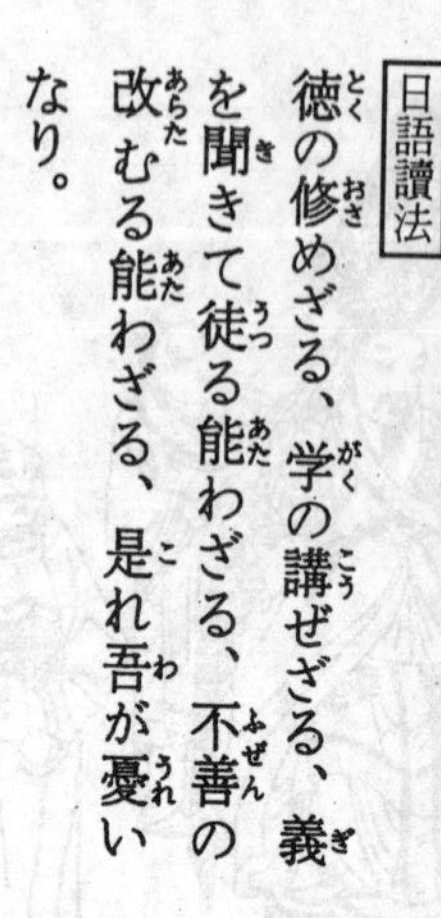

日語讀法

徳(とく)の修(おさ)めざる、学(がく)の講(こう)ぜざる、義(ぎ)を聞(き)きて徙(うつ)る能(あた)わざる、不善(ふぜん)の改(あらた)むる能(あた)わざる、是(こ)れ吾(わ)が憂(うれ)いなり。

中文語譯 道德不去修養，學問不去講求，知曉了義理不去實踐，有缺點不能改正，這些是我所擔憂的。

日文語譯 「道徳の修業が足りないこと、学問の研究が進まないこと、正義を知っても実行に移せないこと、欠点があってもそれを改められないこと、これらが私の心配事である」

孔子のように壮大な目的を持つ人は、日々こうした厳しい自己反省をしているものだ。

英文譯 Virtue uncultiveted, learning unaccomplished, the inability to move toward righteousness after hearing it, and the inability to correct my imperfections —— these are my anxieties.

第85話

原文

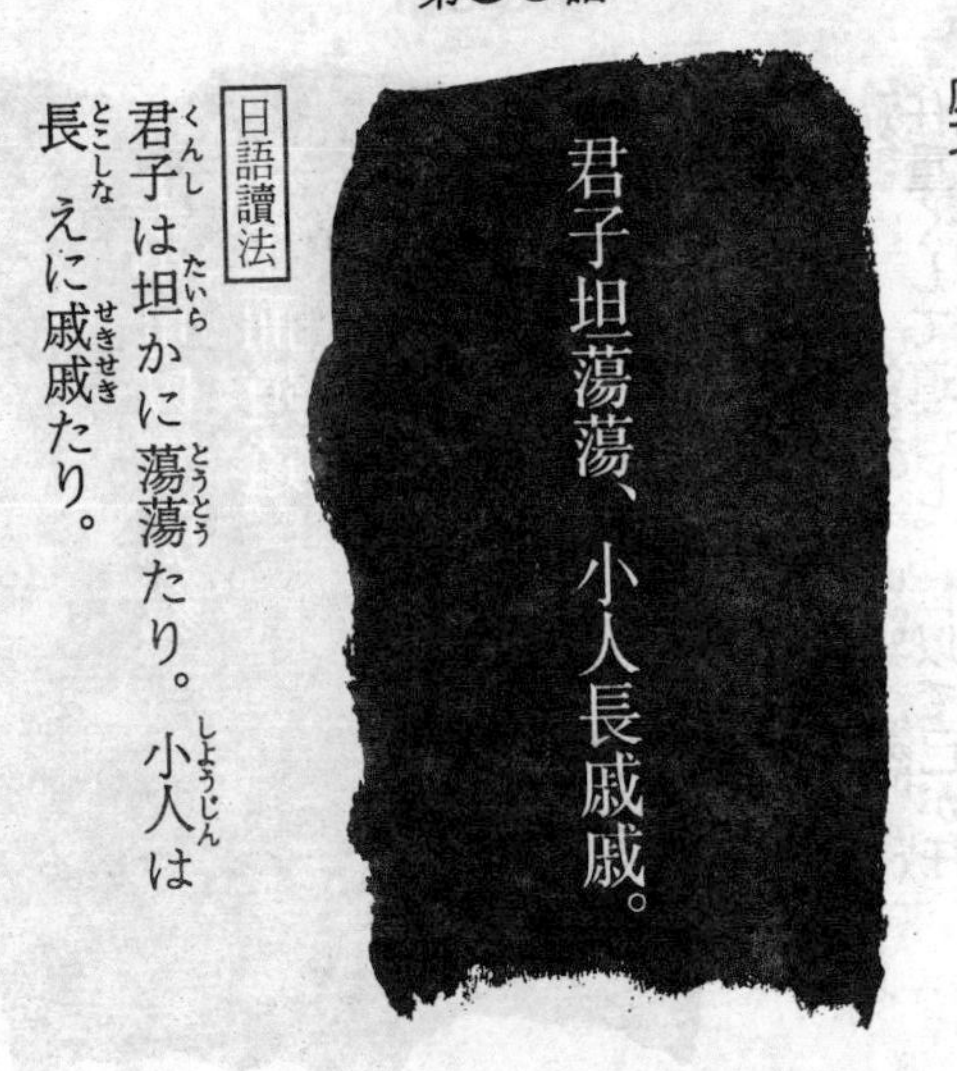

日語讀法

君子(くんし)は坦(たいら)かに蕩蕩(とうとう)たり。小人(しょうじん)は長(とこしな)えに戚戚(せきせき)たり。

中文語譯 君子胸懷寬廣，舒暢和平，小人患得患失，經常憂傷。

日文語譯 「君子は心が安らかで、ゆったりとして温和である。小人はちょっとの損得にもくよくよし、いつも心を悩ませている」

くよくよと心が休まらないのは、損得にこだわるというより、済んでしまったことやこれから先のことに気を取られるからである。

現在に全力投球すれば、後悔や心配とは無縁でいられる。

英文譯 The gentleman is broad-minded, the small man is always narrow-minded.

第86話

原文

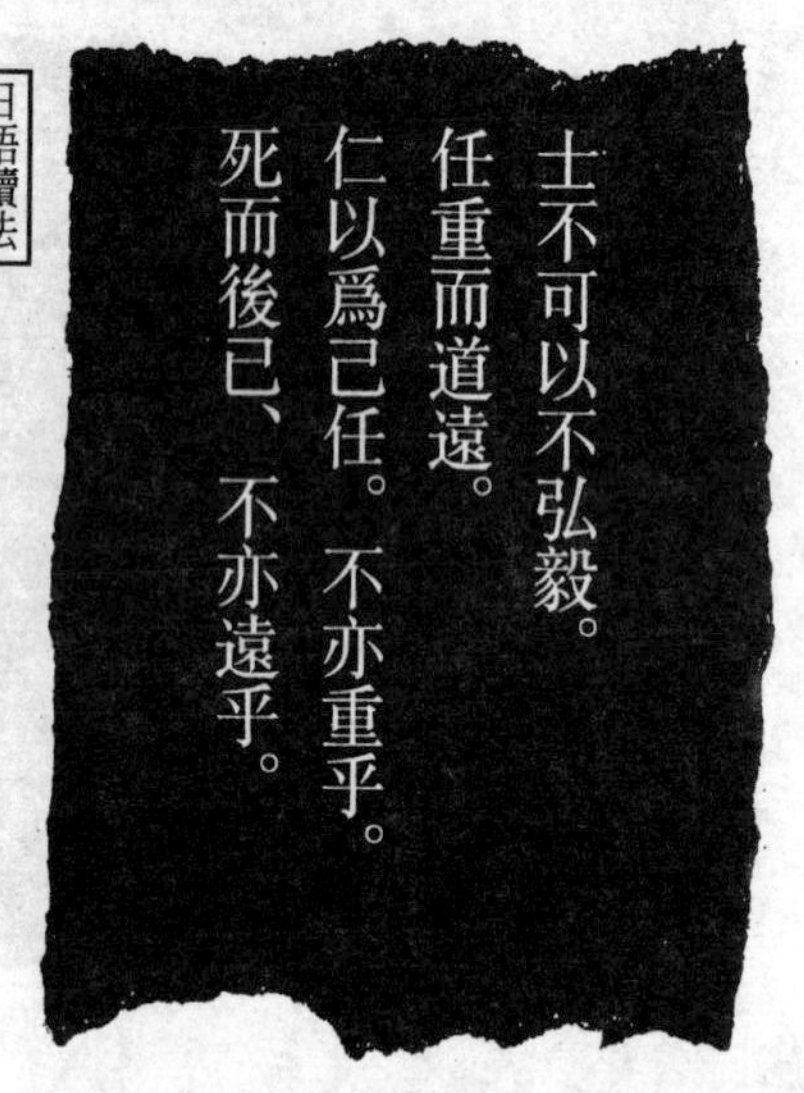

士不可以不弘毅。
任重而道遠。
仁以爲己任。不亦重乎。
死而後已、不亦遠乎。

日語讀法

士は以て弘毅ならざるべからず。任重くして道遠し。仁以て己が任と為す、亦重からずや。死して後已む、亦遠からずや。

中文語譯　士人不能不胸懷寬大而又剛強堅毅，因爲責任重大而道途遙遠。以推行仁道爲自己的職責，這任務不重大嗎？到死方休，不遙遠嗎？

日文語譯「道に志す者は度量が広く、意志が強靱でなければならない。というのは、任務が重大で道のりは遠いからである。仁の道を推し進めるのがその責務であり、この任務は大変に重大である。そして、その任務を死ぬまで負い続けなければならない。何と遠い道のりではないか！」

曾子の言葉。

生涯をかけて仁の道を追究するには、広い度量と強い意志が不可欠である。

とはいえ、人間には弱い部分もある。ついふらふらと横道にそれてしまったり、生活に追われて諦めてしまったりということもある。

しかし、人生に一度や二度のつまずきはつきものであり、何度でも心を入れ替えてやり直せばよいのである。それも一つの意志の強さといえる。

英文譯 A lofty-minded man cannot do without strength and stamina, for the burden is heavy and the journey long. He takes up humanity as his burden —— is it not heavy? He will not stop until death —— is it not long?

*士：志在道，相當於有學識之人。

第87話

原文

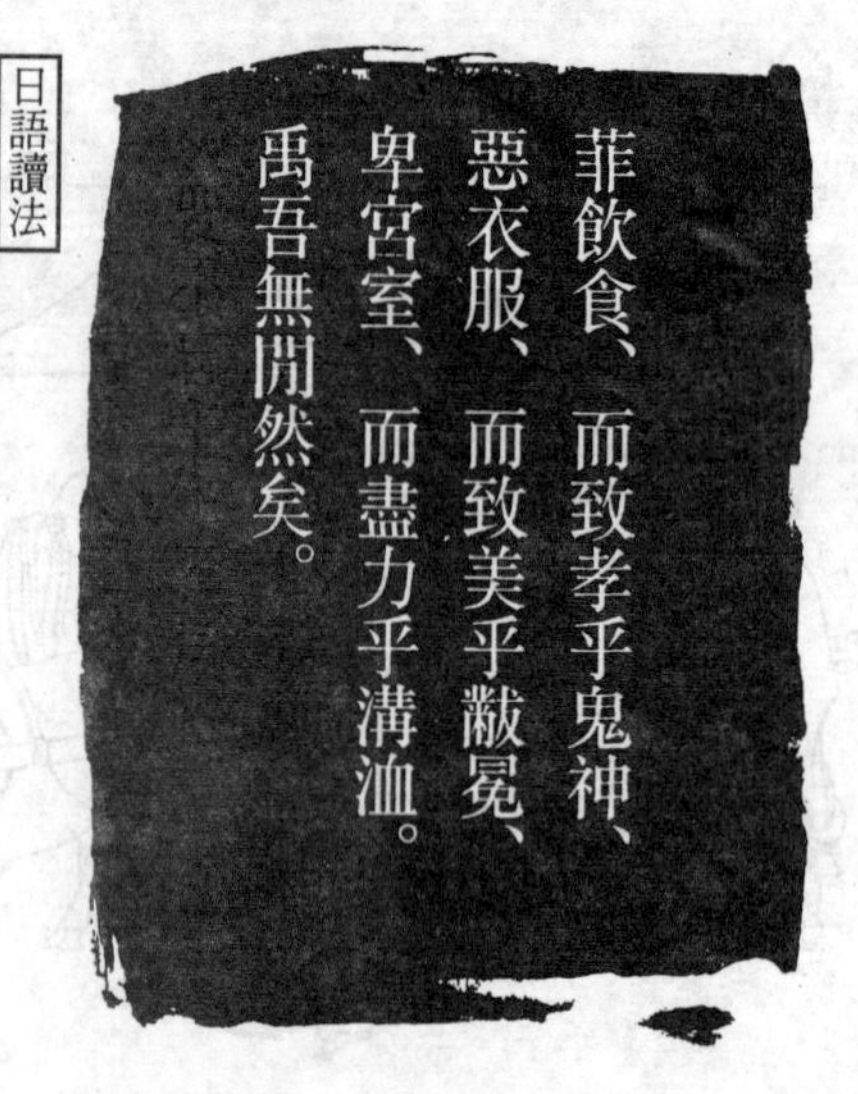

菲飲食、而致孝乎鬼神、
惡衣服、而致美乎黻冕、
卑宮室、而盡力乎溝洫。
禹吾無閒然矣。

日語讀法

飲食を菲くして孝を鬼神に致し、衣服を悪しくして美を黻冕に致し、宮室を卑くして力を溝洫に尽くす。禹は吾間然すること無し。

中文語譯 飲食菲薄，卻對祭祀極其虔誠；衣著破舊，而禮服卻很華麗；居室簡陋，而盡力爲人民挖溝渠。對於禹，我無可非議。

日文語譯 「自分の飲食は粗末でも祖先を祭るのに実に敬虔で豊かに供え物を供し、普段の衣服は質素でも祭祀用の礼服は立派にし、住まいは簡素でも人民のためには財を投じて用水路を掘っている。私の見たところ、禹には一点の非の打ち所もない」

禹は、夏王朝の君主。

禹王は、自分の衣食住を切りつめて先祖や人民のために尽くしたので、孔子は心から賛美している。

実際、統治者ではなくとも、自分の衣食住を簡素にする

ことは誰でもできる。その結果、余裕が生まれる。その余裕をよりよい目的のために使う。

一人一人がそうなれば、世の中は変わるだろう。

英文譯 Simple in drink and food, he was exceedingly filial to the spirits and gods. Shabby in clothes, he had the most beautiful sacrificial robe and crown. Humble in palace and chamber, he exerted all his efforts on ditches and canals. Of Yu, I have nothing to censure indeed.

*鬼神：鬼是人之靈，亦即先祖之靈，神是天地之神。

*黻冕：祭祀時穿在身上的禮服。黻是以皮革製成的圍裙，冕是冠，把這種禮服製作得很精美來對聖人表達敬意。

*禹：夏朝的始祖。最初做爲舜的家臣，對黃河的治水事業有所貢獻，以聖君聞名。

*夏（國）：位於現在的山西省夏縣的國家，被殷滅亡。

第88話

原文

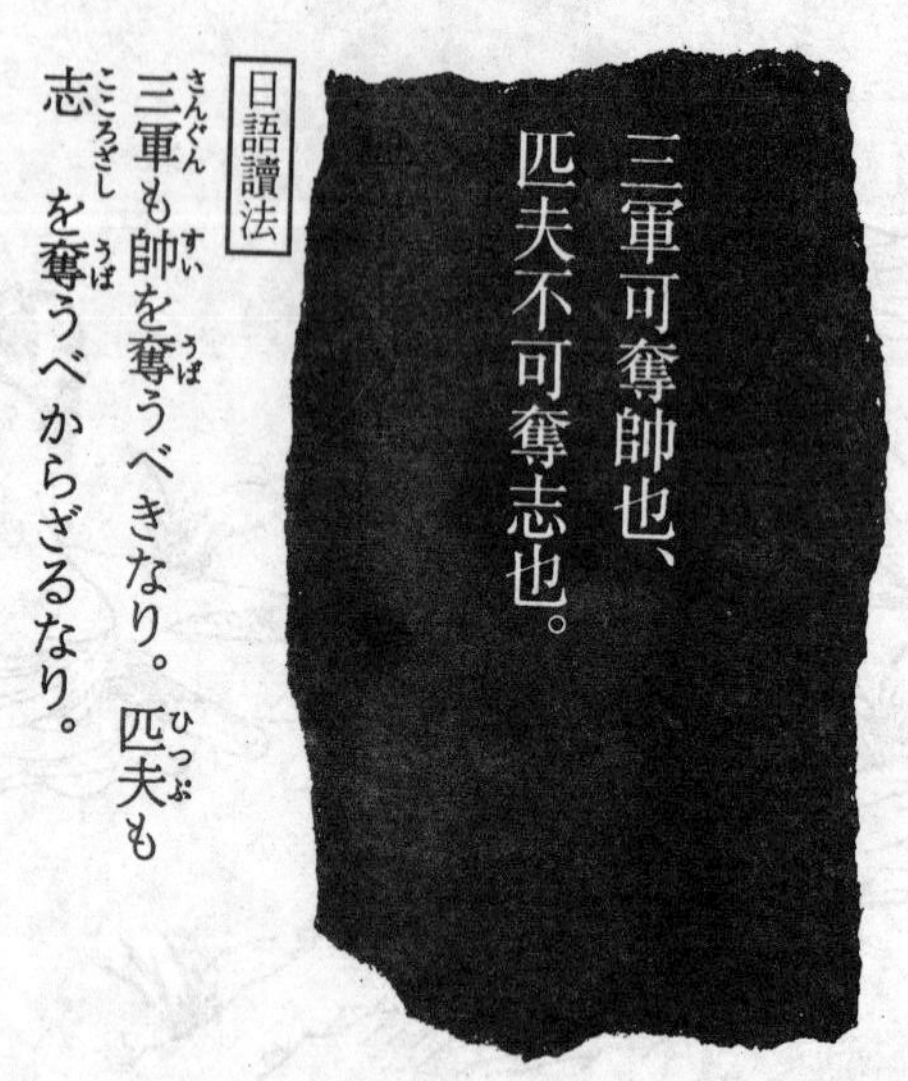

日語讀法

三軍(さんぐん)も帥(すい)を奪(うば)うべきなり。匹夫(ひっぷ)も志(こころざし)を奪(うば)うべからざるなり。

中文語譯 三軍雖眾，可以奪去它的主帥，一介匹夫，卻不能改變其志向。

日文語譯 「三軍という大軍でも、その大将を奪うことはできる。しかし普通の一人の男といえども、その志を奪い変えさせることはできない」

人間の内面にあるものは外部の力の及ばないところにある。

金銀を積もうと拷問をしようと、志や信念というものは変えられるものではない。

英文譯 The three armies may be robbed of their supreme commander: but even a common man cannot be robbed of his will.

第89話

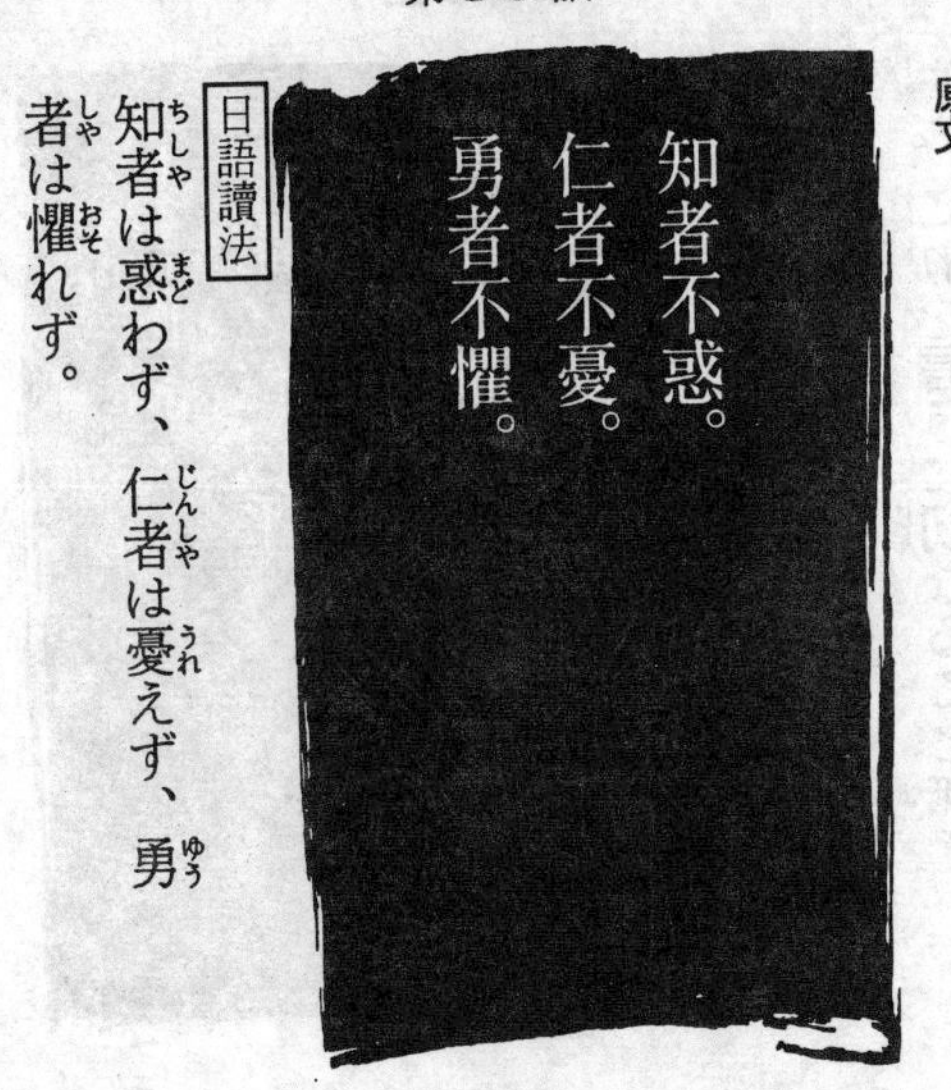

原文

知者不惑。仁者不憂。勇者不懼。

日語讀法

知者(ちしゃ)は惑(まど)わず、仁者(じんしゃ)は憂(うれ)えず、勇者(ゆうしゃ)は懼(おそ)れず。

中文語譯 聰明的人毫無疑惑，仁德的人無憂無愁，勇敢的人無所畏懼。

日文語譯 「知者は少しも迷わない。仁者はくよくよ心配しない。勇者は恐れることがない」

知識、仁徳、勇気の三つを併せ持てば、バランスのよい立派な人間といえるだろう。

三つのうちどれか一つ欠けてもダメなのである。

英文譯 The man of wisdom is free from delusion; the man of humanity is free from anxiety; the man of courage is free from fear.

第90話

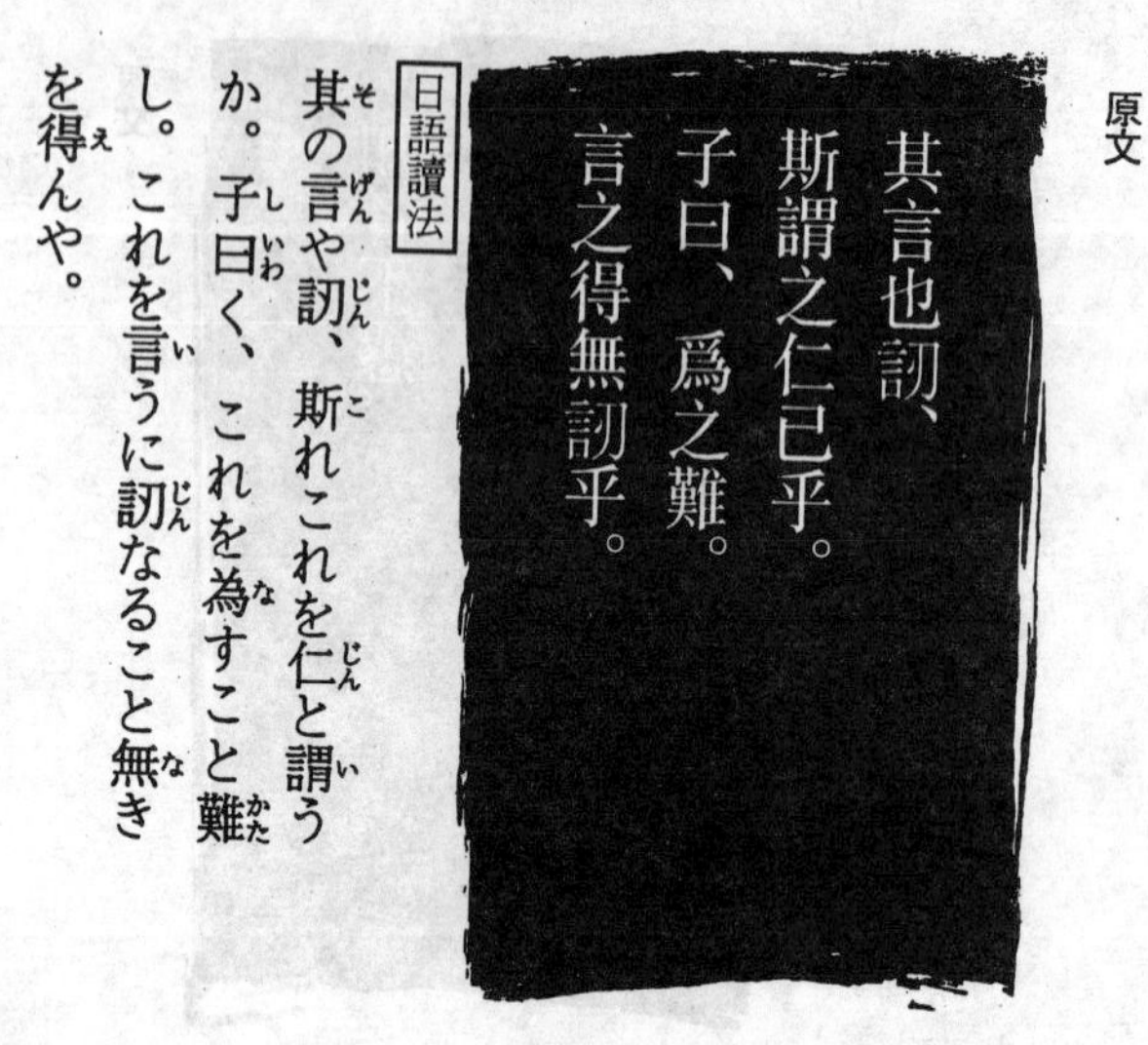

原文

其言也訒、
斯謂之仁已乎。
子曰、爲之難。
言之得無訒乎。

日語讀法

其の言や訒、斯れこれを仁と謂うか。子曰く、これを為すこと難し。これを言うに訒なること無きを得んや。

中文語譯 “他說話遲緩而愼重，這就叫仁嗎？” 孔子說，“仁做起來很難，說話能不遲緩愼重嗎？”

日文語譯 「『言葉が慎重で控えめであれば、仁といってよいのでしょうか？』孔子が言われた。『何事も実行するのは難しいものであるから、どうしても言葉は慎重で控えめにならざるを得ない』」

司馬牛が仁について尋ねたのに対し、孔子は「言葉が慎重で控えめであることだ」と答え、それに続く問答である。

言うは易く行うは難し、である。

英文譯 “To speak with hesitation —— is that enough to be called humanity?”
The Master said, “Since to do something is difficult, can one speak about it without hesitation?”

第91話

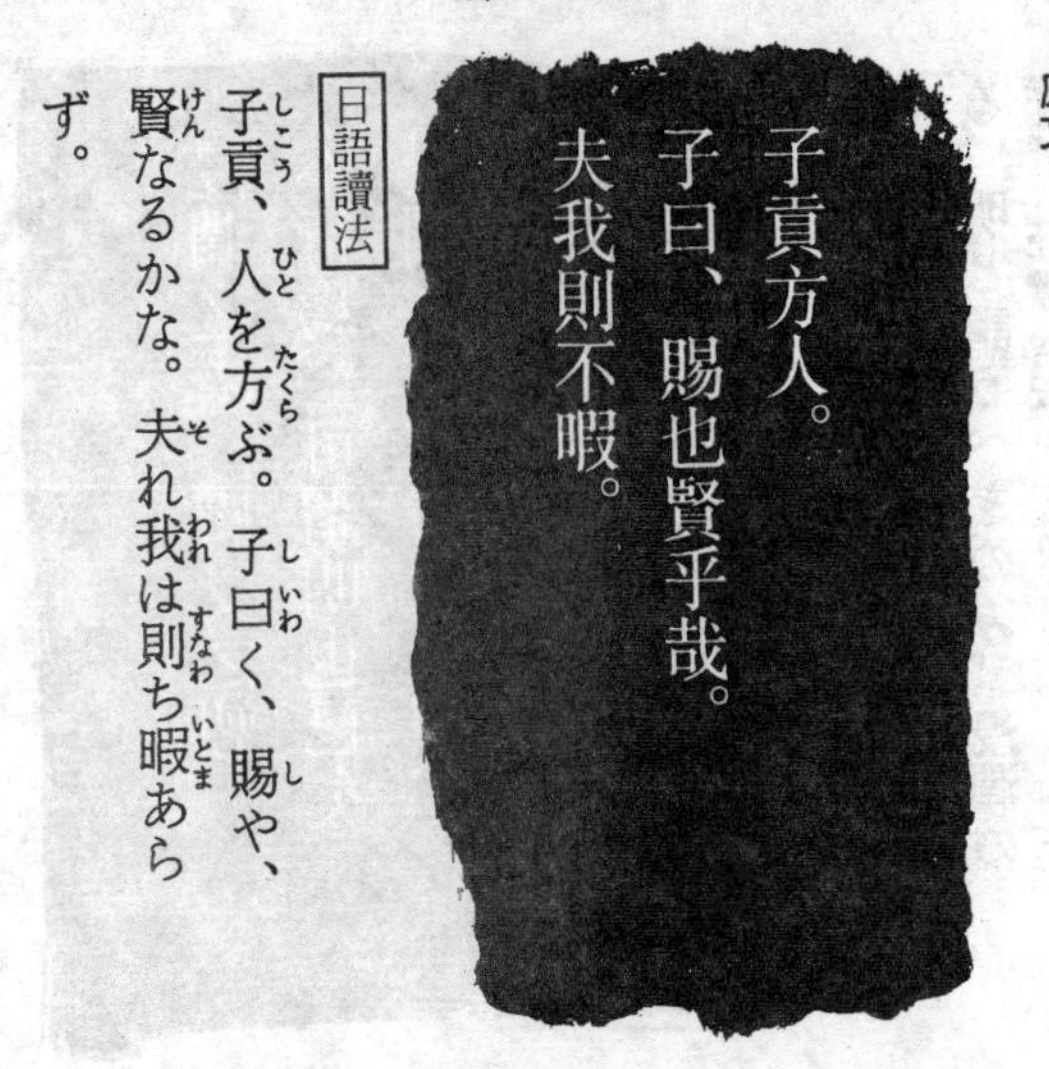

原文
子貢方人。
子曰、賜也賢乎哉。
夫我則不暇。
日語讀法
子貢、人を方ぶ。子曰く、賜や、賢なるかな。夫れ我は則ち暇あらず。

中文語譯 子貢好議論別人。孔子說，“端木賜，你自己夠好了嗎？ 我卻沒這閒工夫。”

日文語譯 「子貢は人をあれこれ批判した。孔子が言われた。『子貢よ、お前は立派なものだね。私にはそんな暇はないよ』」

人の批判ばかりしている暇があったら自己の修養に励め、という戒めである。

時間を大切にしよう。

英文譯 When Zi-gong was criticizing others, the Master said, “Zi-gong, you seem to be good enough now. As for me, I do not have the leisure as such.”

第92話

原文

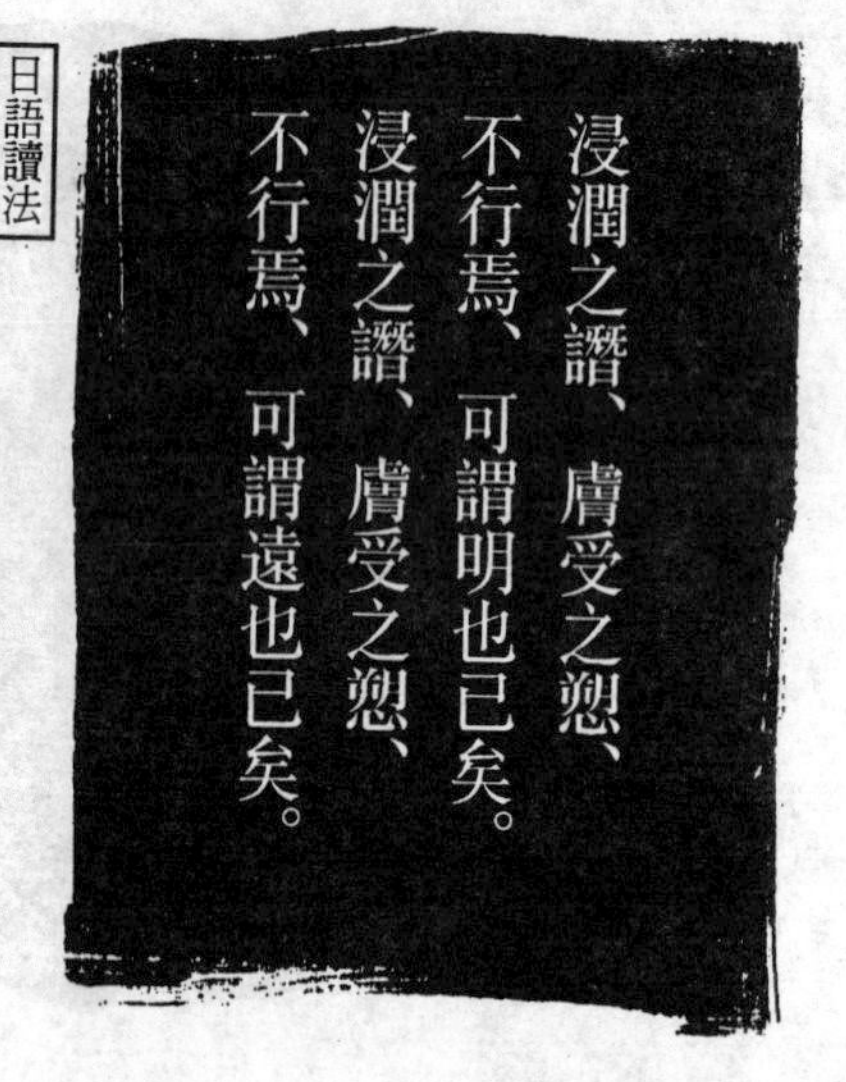
浸潤之譖、膚受之愬、不行焉、可謂明也已矣。浸潤之譖、膚受之愬、不行焉、可謂遠也已矣。

日語讀法

浸潤の譖、膚受の愬、行われざる、明と謂うべきのみ。浸潤の譖、膚受の愬、行われざる、遠しと謂うべきのみ。

中文語譯　對於那些不知不覺像水一樣慢慢滲透進來的讒言，親身所受的誣告，在你那裡不能進行，可以說是明白了。對於那些不知不覺像水一樣慢慢滲透進來的讒言，親身所受到的誣告，在你那裡全不放在心上，可以說是境界高遠了。

日文語譯「知らず知らず水のようにじわじわと心にしみ込んでくる中傷や、自らの肌に切りつけるような切迫した訴えに対して、お前のところで通用しなければ、それは明智といえる。そうした中傷や訴えも、お前のところで全く気に留めなければ、先を見通すことができる」

子張が明智について尋ねたのに対する答え。

陰湿な中傷や切迫した訴えに動じないでいるのは、なかなか難しい。ショックを受けたり、気が動転してしまった

りするものだ。

しかし、そうした外部の雑音に気を取られている限り、心の平穏は得られない。

何事も、泰然と受け止めたいものである。

英文譯 When seeping slanders and skin-pricking accusations fail to prevail on you, you may be said to be clear-sighted. When seeping slanders and skin-pricking accusations fail to prevail on you, you may even be said to be far-sighted.

第93話

原文

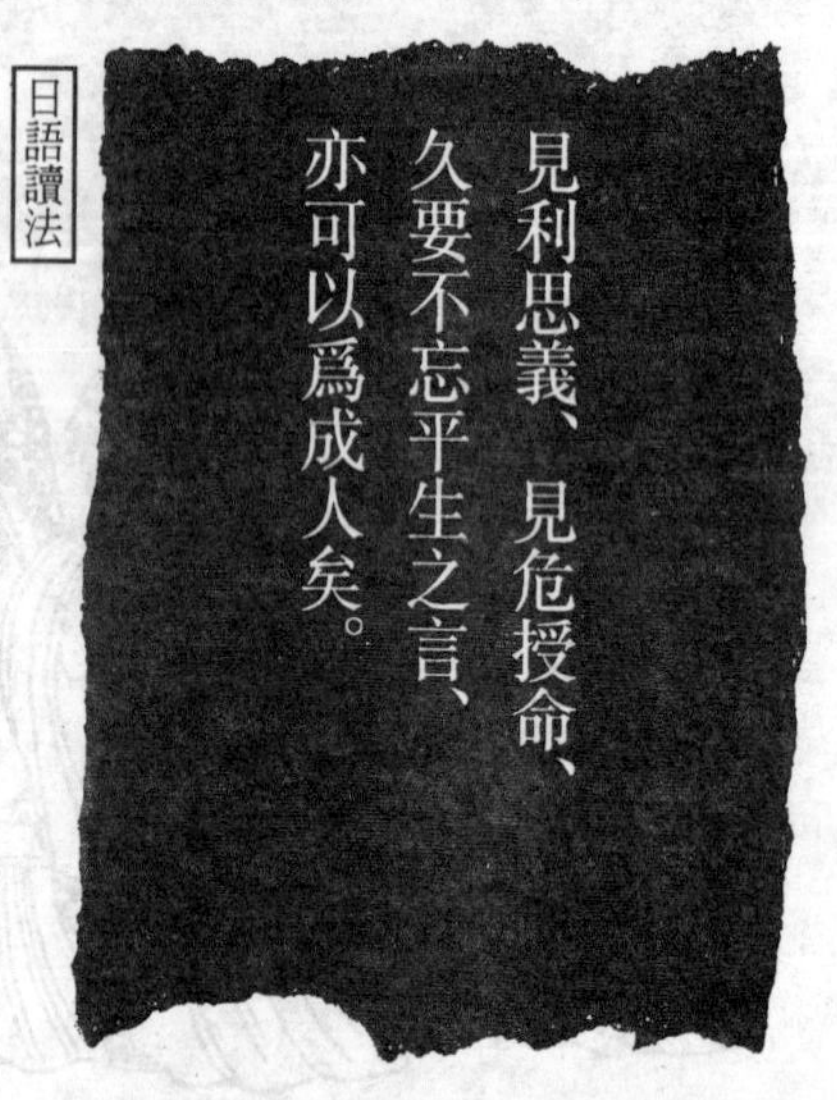

見利思義、見危授命、
久要不忘平生之言、
亦可以爲成人矣。

日語讀法

利を見ては義を思い、危うきを見ては命を授く、久要、平生の言を忘れざる、亦以て成人と為すべし。

中文語譯 見到利益能想到大義，遇到危難敢挺身而出，長期貧困不忘記過去的諾言，也能算是德才兼備的完人了。

日文語譯 「利益を目の前にして大義を考え、災難に出くわしたら一命を投げ出して人を助け、古い約束であっても日頃の自分の言葉を忘れないで実行する、このような人こそ完成された人間といえよう」

子路が完成された人間について尋ねたのに対し、孔子は歴史上の人物を挙げてその理想を答えたが、今の世においては必ずしもそうである必要はない、と続けた言葉。

しかし、この三つも決して簡単ではない。つい人間は自分の都合のいいように考えてしまうが、それでは三つのう

ちどれもできないだろう。

常に責任を忘れないことである。

英文譯 One who, on seeing profit, thinks of righteousness; on seeing danger, is ready to give his life; and, even with an old agreement, does not forget his former promise may yet be considered a perfect man.

第94話

原文

志士仁人、
無求生以害仁。
有殺身以成仁。

日語讀法

志士仁人は、生を求めて以て仁を害すること無し。身を殺して以て仁を成すこと有り。

中文語譯　志士仁人沒有爲了貪生怕死而損害仁的，只有犧牲自身以成就仁德。

日文語譯　「志士・仁人といった、志や仁徳を備えた人間は、自分の命惜しさに仁を損なうことはない。それどころか、自らを犠牲にしても仁を成し遂げるものだ」

仁のためには自分の命を投げ打つほどの覚悟が必要だ。

英文譯　Lofty-minded men and humane men do not seek to preserve their lives at the expense of humanity; rather, they give their lives to attain humanity.

第95話

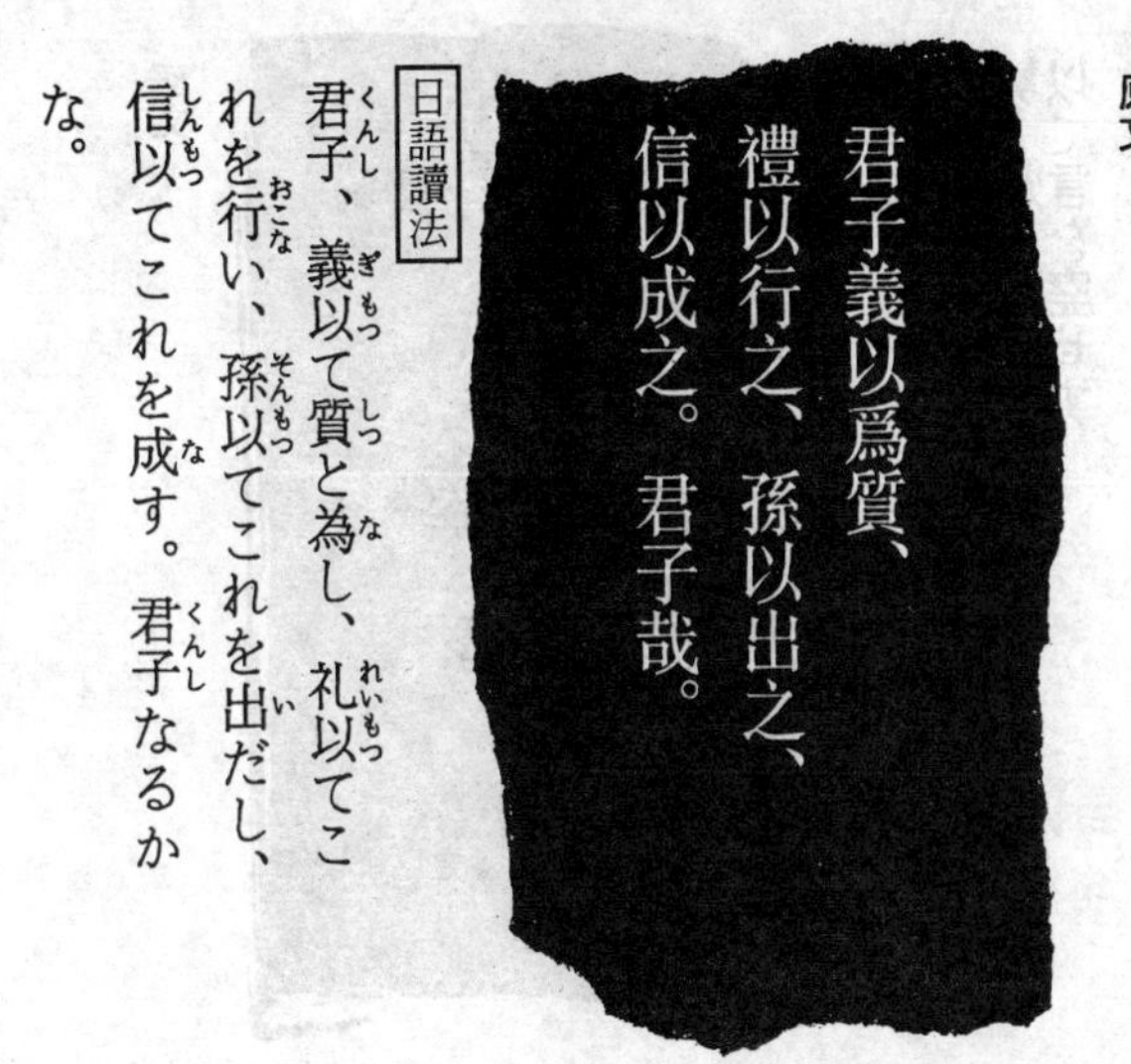

原文

君子義以爲質、禮以行之、孫以出之、信以成之。君子哉。

日語讀法

君子(くんし)、義(ぎ)以(もっ)て質(しつ)と為(な)し、礼(れい)以(もっ)てこれを行(おこな)い、孫(そん)以(もっ)てこれを出(い)だし、信(しん)以(もっ)てこれを成(な)す。君子(くんし)なるかな。

中文語譯 君子以正義作爲根本，用禮儀來實行它，以謙遜的言語來表現它，依誠實來完成它。這就是君子啊！

日文語譯 「君子は道義を根幹とし、礼儀によってそれを行い、謙遜の態度でそれを言い表し、誠実さによってそれを完成させる。これこそ君子というものだ！」

道義を貫くには、礼儀と謙虚さと誠実さが要件となる。

英文譯 A gentleman consider righteousness his major principle: he practices it in accordance with the rituals, utters it in modest terms, and fulfils it with truthfulness. A gentleman indeed!

第96話

原文

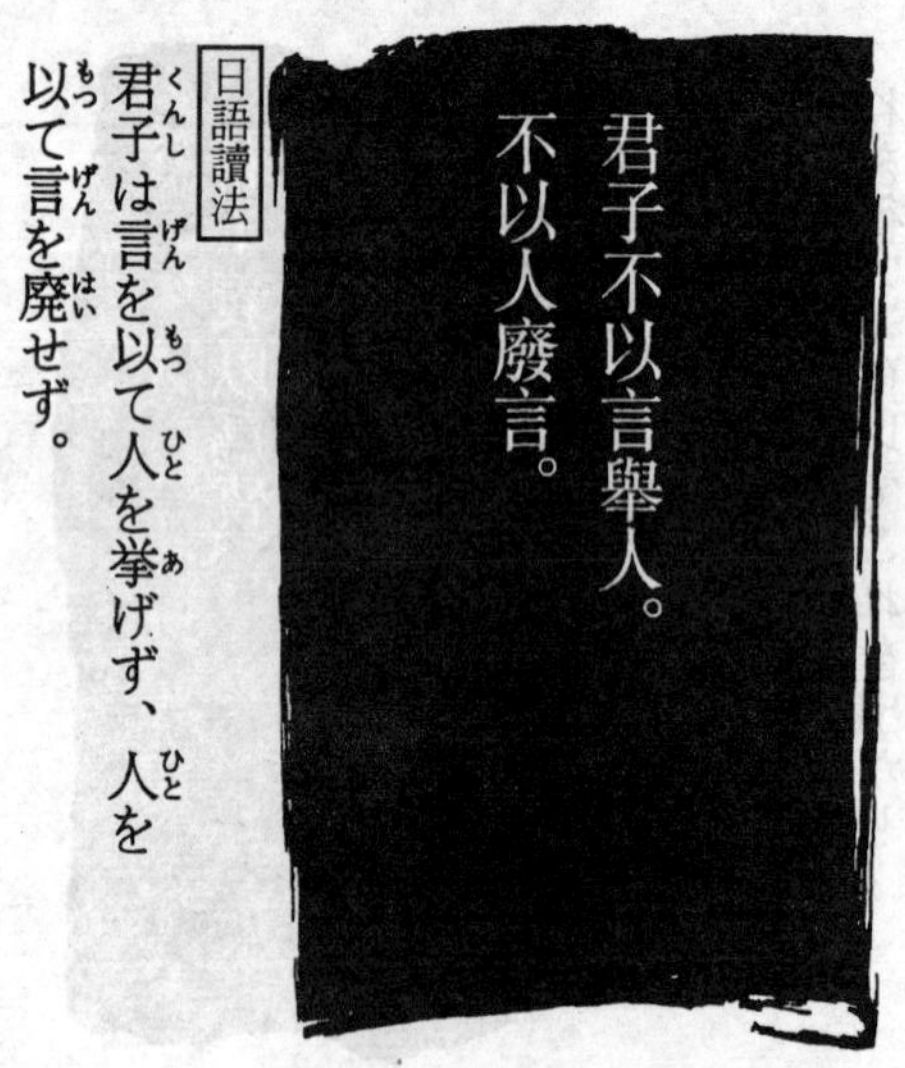

日語讀法

君子(くんし)は言(げん)を以(もっ)て人(ひと)を挙(あ)げず、人(ひと)を以(もっ)て言(げん)を廃(はい)せず。

中文語譯 君子不因一個人能說善道就重用他，也不因爲一個人品德不好而排斥他的意見。

日文語譯 「君子は、よい意見を言うからというだけで人を重用しないし、人間が未熟だというだけでその人のよい意見まで退けることはしないものだ」

人は人、意見は意見、と偏見を排して公平に考えるべきだ。

英文譯 The gentleman does not recommend a man on account of his sayings; he does not reject a man's sayings on account of the man.

第97話

原文

當仁、不讓於師。

日語讀法

仁に当たりては、師にも譲らず。

中文語譯　面對仁德的事，就是對自己的老師也不要謙讓。

日文語譯　「仁徳に関することに直面したら、自分の恩師に対しても遠慮することはない」

孔子の思想は、常に師や親といった目上を敬うことを基盤としている。

そんな中、例外中の例外が仁に関してのこの記述である。仁を実践する際は、師にも率先して行動すること、それが本当の意味で恩義に報いることになるのである。

英文譯　Confronting an act of humanity, do not yield the precedence even to your teacher.

第98話

原文

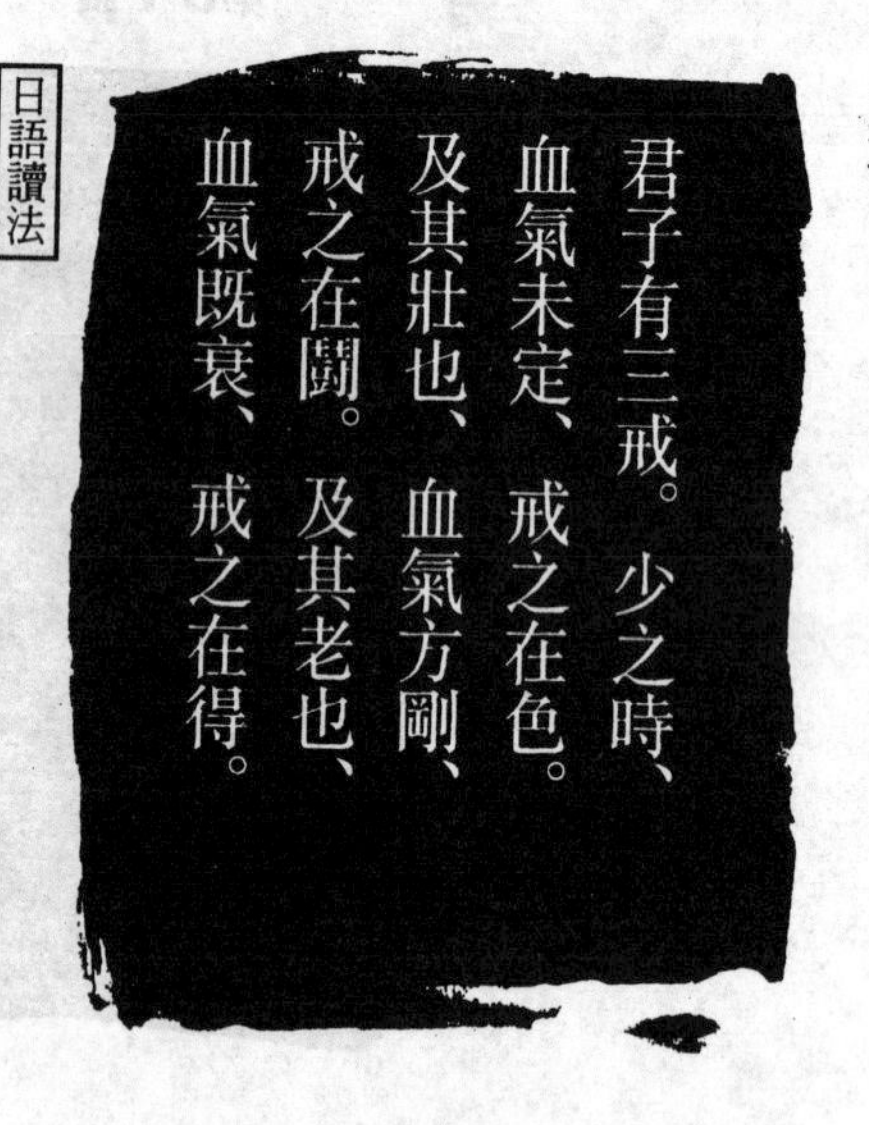
君子有三戒。少之時、血氣未定、戒之在色。及其壯也、血氣方剛、戒之在鬬。及其老也、血氣既衰、戒之在得。

日語讀法

君子に三戒あり。少き時は血気未だ定まらず、これを戒むること色に在り。其の荘なるに及んでは血気方に剛なり、これを戒むること闘に在り。其の老いたるに及んでは血気既に衰う、これを戒むること得るに在り。

中文語譯　君子要警戒三種事，年輕時，血氣尚未穩定，要警戒迷戀女色；到了壯年，血氣方剛，要警戒爭強好勝；到了老年，血氣衰弱，要警戒貪得無厭。

日文語譯　「君子には三つの戒めがある。若い時には、血気がまだ安定していないから、女色に溺れないように戒める。壮年になると、血気盛んとなるので、むやみに他人と争わないよう戒める。老年になると、血気は弱まるので、貪欲にならないように戒めることだ」

人生を三つの時期に分け、血気の性質の違いによる注意点を挙げているのが面白い。

具体的な年齢でいうと、壮年は三十ぐらいから、老年は五十ぐらいから上を指すようだが、現代の平均寿命を考慮すると、壮年が四十以上、老年が七十以上といったところであろうか…。

いずれにせよ、何かを成し遂げようとする人は、若い時は性欲に、壮年期は闘争欲に、老年期は物欲に気をつけねばならない。

英文譯 The gentleman has three abstentions: in adolescence when his sap has not settled, he abstains from sex; in the prime of life when his sap is exuberant, he abstains from belligerence; in old age when his sap has waned, he abstains from greed.

第99話

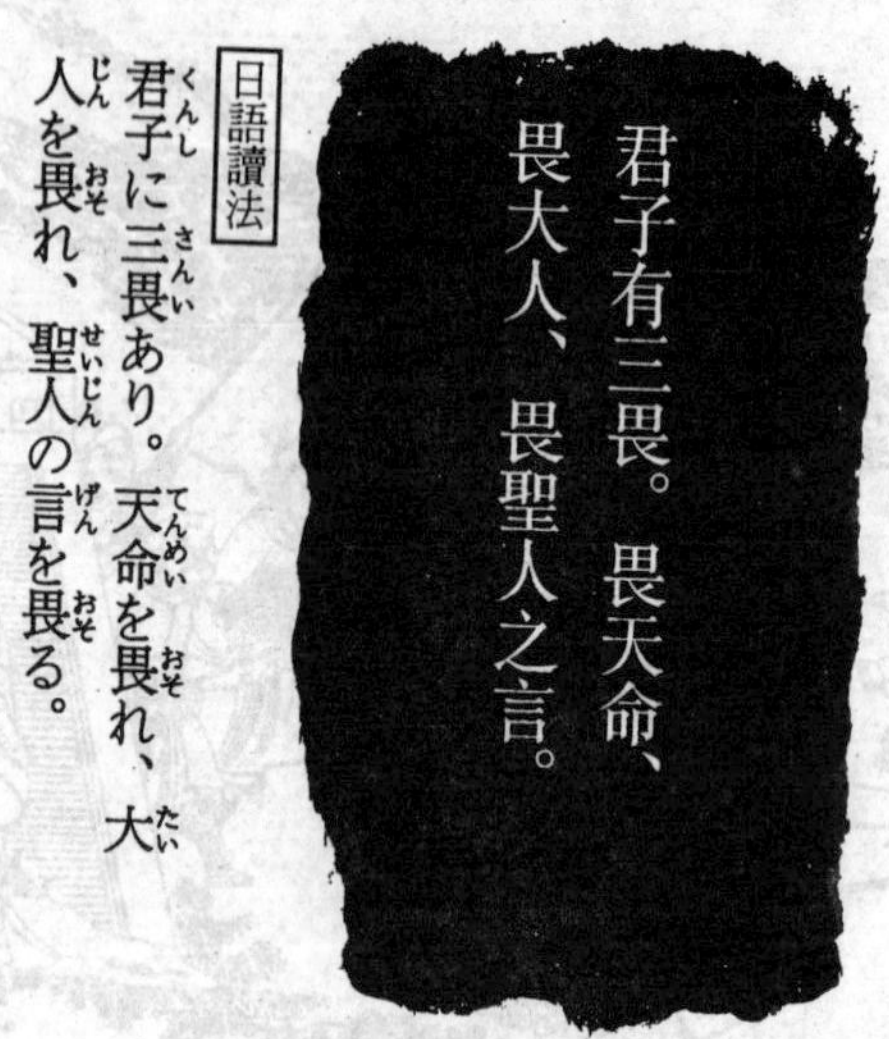

原文

君子有三畏。畏天命、畏大人、畏聖人之言。

日語讀法

君子に三畏あり。天命を畏れ、大人を畏れ、聖人の言を畏る。

中文語譯　君子敬畏三件事，敬畏天命，敬畏有德行的人，敬畏聖人的話。

日文語譯　「君子には畏敬するものが三つある。天命を畏敬し、徳行のある人を畏敬し、昔の聖人の言葉を畏敬する」

これに続けて、これとは正反対の小人に関する記述がある。

天から与えられた使命を敬虔に受け止め、徳ある人を敬い、聖人の言葉を時代錯誤などと決めつけず素直に受け入れる、そうした畏敬の心が大切である。

英文譯　The gentleman has three fears: he fears the decree of Heaven; he fears great men; he fears the sage men's words.

*大人：德行或地位比自己高尚之人。

第100話

原文

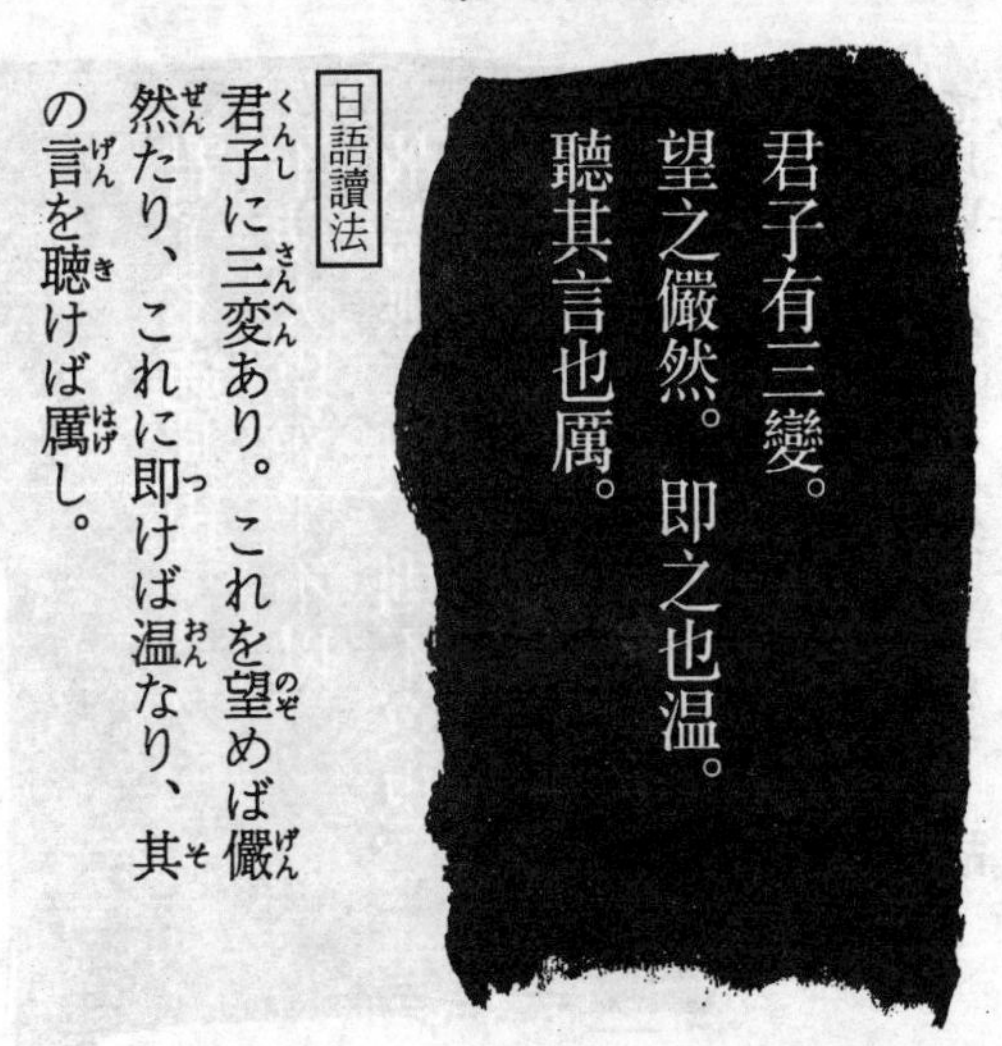

君子有三變。
望之儼然。即之也温。
聽其言也厲。
日語讀法
君子(くんし)に三変(さんへん)あり。これを望(のぞ)めば儼(げん)
然(ぜん)たり、これに即(つ)けば温(おん)なり、其(そ)
の言(げん)を聴(き)けば厲(はげ)し。

中文語譯　君子有三種變化：遠望他威嚴可畏；接近他，溫和可親；聽他說話，嚴厲不苟。

日文語譯　「君子の印象には三つの変化がある。遠くから望むと、威厳があって恐れ多い。近づいてみると、温和で親しみやすい。言葉を聞くと、厳しく、いい加減なところがない」

子夏の言葉。

立派な人間の持つ三つの特徴である。

英文譯　The gentleman has three changes: when gazed at, he looks awesome; when approached, he is gentle; when listened to, he sounds austere.

第101話

原文

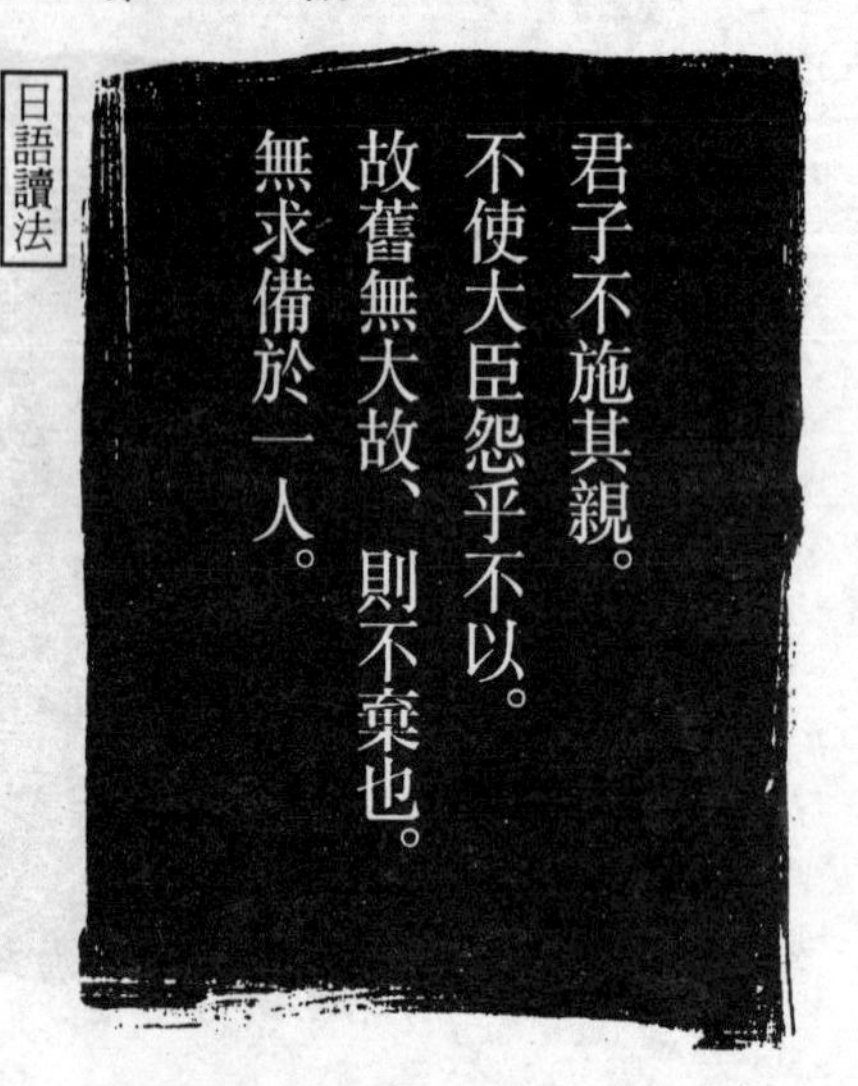

君子不施其親。
不使大臣怨乎不以。
故舊無大故、則不棄也。
無求備於一人。

日語讀法

君子は其の親を施てず、大臣をして以いられざるを怨ましめず、故旧、大故なければ、則ち棄てず。備わるを一人に求むること無かれ。

中文語譯　君子不怠慢他的親族，不讓大臣抱怨自己未被任用，老臣舊友沒有大的過錯就不要拋棄他們。對一個人不要求全責備。

日文語譯「君主は自分の親族を粗略にしてはならない。また、大臣にうまく任用されていないといって怨まれるようなことがあってはならない。更に、老臣や旧友はよほどの過ちがない限り見捨ててはいけない。そして、一人の人間にすべてを要求してはならない」

周公が魯の君主として政治をすることとなった息子に言い含めた言葉。

君子はここでは君主を指すが、上に立つ者の心得としても参考になる。

身内を大事にし、下の者の能力を存分に発揮させてや

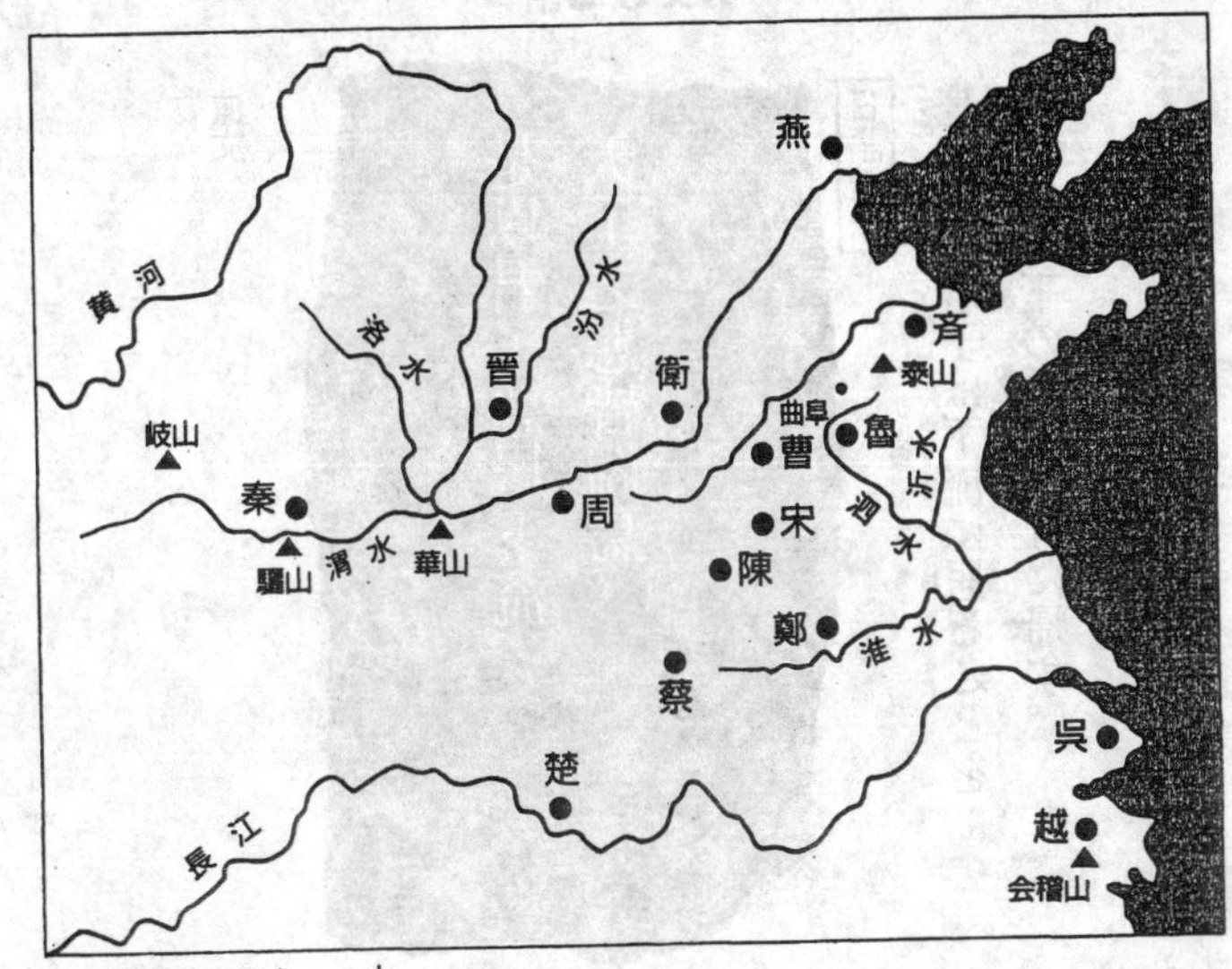

り、長い付き合いの者のミスには大過以外は目をつむり、誰もが完璧だなどと思わないこと、こうすれば人から慕われる人間となるだろう。

英文譯 The gentleman does not neglect his kin or give his great ministers cause to complain that their advices are not adopted. His old acquaintances, except for major offences, he does not abandon. He does not demand perfection in one man.

*魯（參照上圖）：位於現在的山東省曲阜縣的國家。周公之子柏勤代周室政務繁忙的父親治理魯國，而被稱爲魯公。

第102話

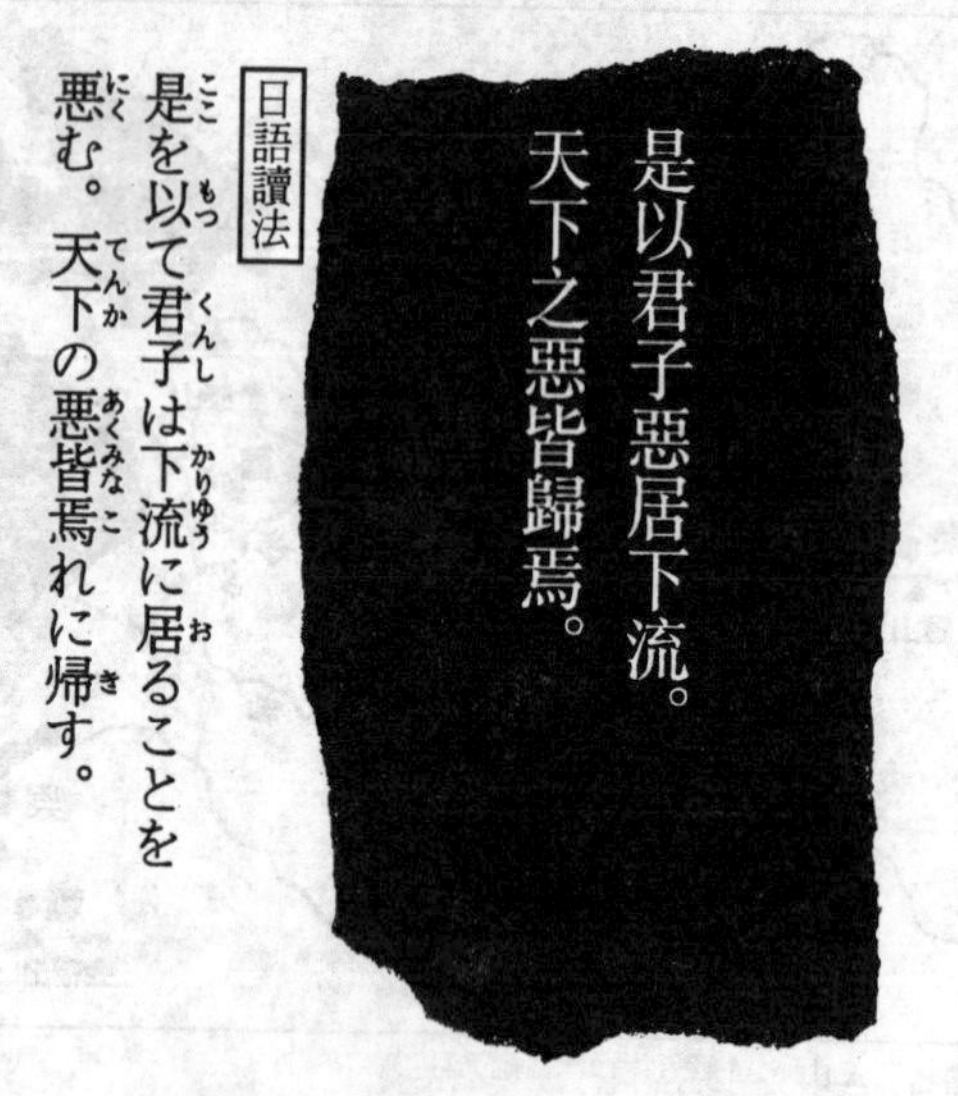

原文
是以君子惡居下流。
天下之惡皆歸焉。
日語讀法
是(ここ)を以(もっ)て君子(くんし)は下流(かりゅう)に居(お)ることを
悪(にく)む。天下(てんか)の悪(あく)皆(みな)焉(こ)れに帰(き)す。

中文語譯 君子最厭嚴處在道德水準之下，一旦沾上惡名，便把天下的壞事都加諸到他身上了。

日文語訳 「君子は河の下流ともいうべき、道徳の水準の低いところに身を置くのを最も嫌がる。なぜなら、いったん悪評が立つと、天下の悪がすべて自分の身にふりかかってくるからだ」

子貢が、紂(ちゅうおう)王の悪行は実際は評判ほどひどくなかったのに、関係ない汚名まで着せられたことを例に挙げて続けた言葉。

悪にはむやみに近づかないことである。

英文譯 The gentleman hates to find himself in the lower stream, for all the evils under Heaven flow there.

*紂：殷朝最後的君王，名辛，以暴君惡名昭彰，終被周武王所滅。

第8章

仕事で心掛けたいポイント

Useful words in doing business.

工作要點 銘記在心

第103話

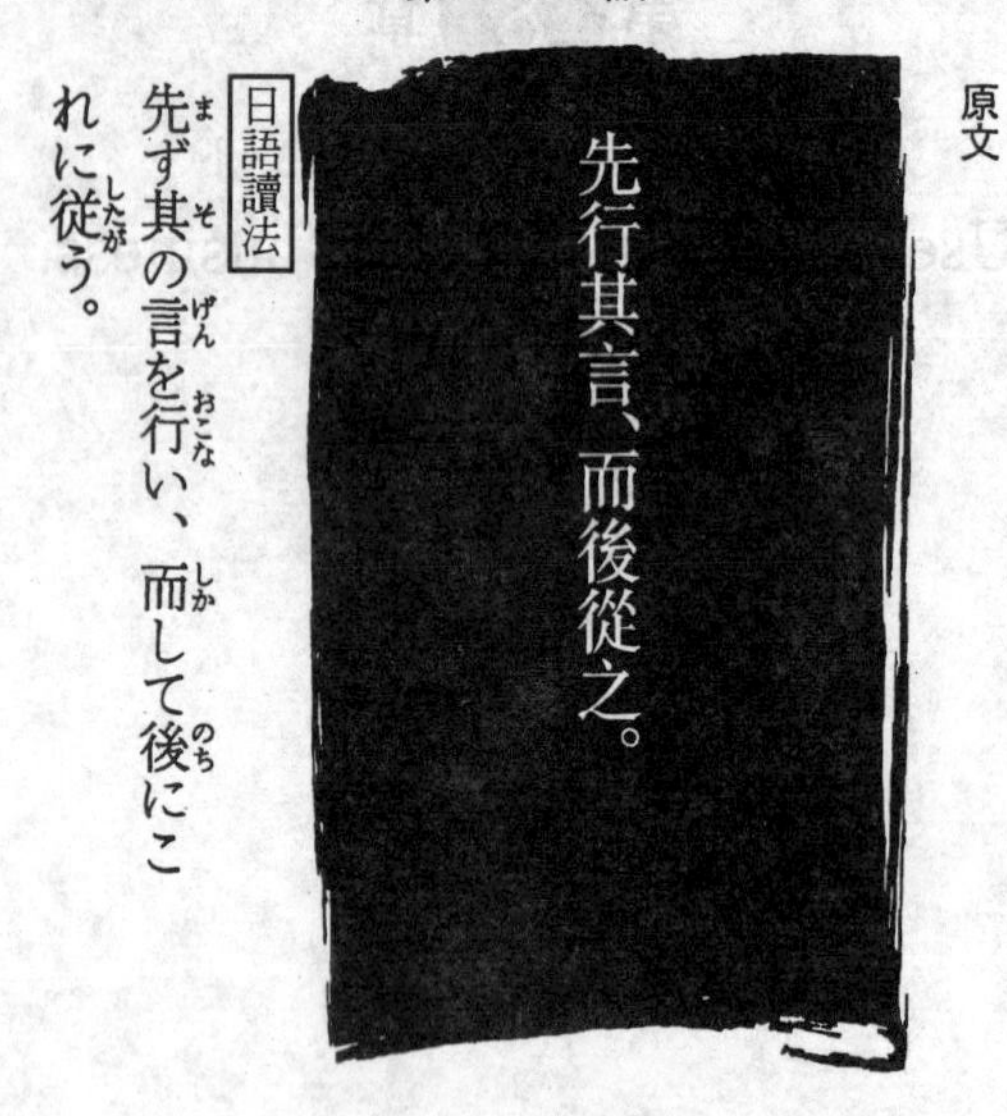

原文

先行其言、而後從之。

日語讀法

先ず其の言を行い、而して後にこれに従う。

中文語譯　先做，然後再說，並貫徹到底。

日文語譯「何事もまず言う前に実行することで、その後で初めて口にすることだ」

子貢が君子について尋ねたのに対する答え。

立派な人間は不言実行でなければならない。先に口に出したほうが責任を感じて実行しやすい、という人もあるかもしれない。

しかし百パーセント言行を一致させるには、不言実行に徹することである。

英文譯　The gentleman's action goes first; his words then follow it.

第104話

原文

不患無位、患所以立。

日語讀法

位なきことを患えず、立つ所以を患う。

中文語譯 不愁沒有職位，只愁沒有任職的本領。

日文語譯 「地位のないのを憂えず、そうした地位に適した実力があるかどうかを心配すべきだ」

会社社会では肩書が非常に重視されるが、たとえ肩書がなくとも悲観せずにふさわしい実力を養い続けることが大切である。

景気や運などに左右されることもあろうが、その地位にふさわしいだけの実力があれば、いずれは認められるはずである。そう信じて、日々精進に励むことだ。

英文譯 Do not worry about having no title; rather, worry about whether you deserve to stand in that title.

第105話

原文

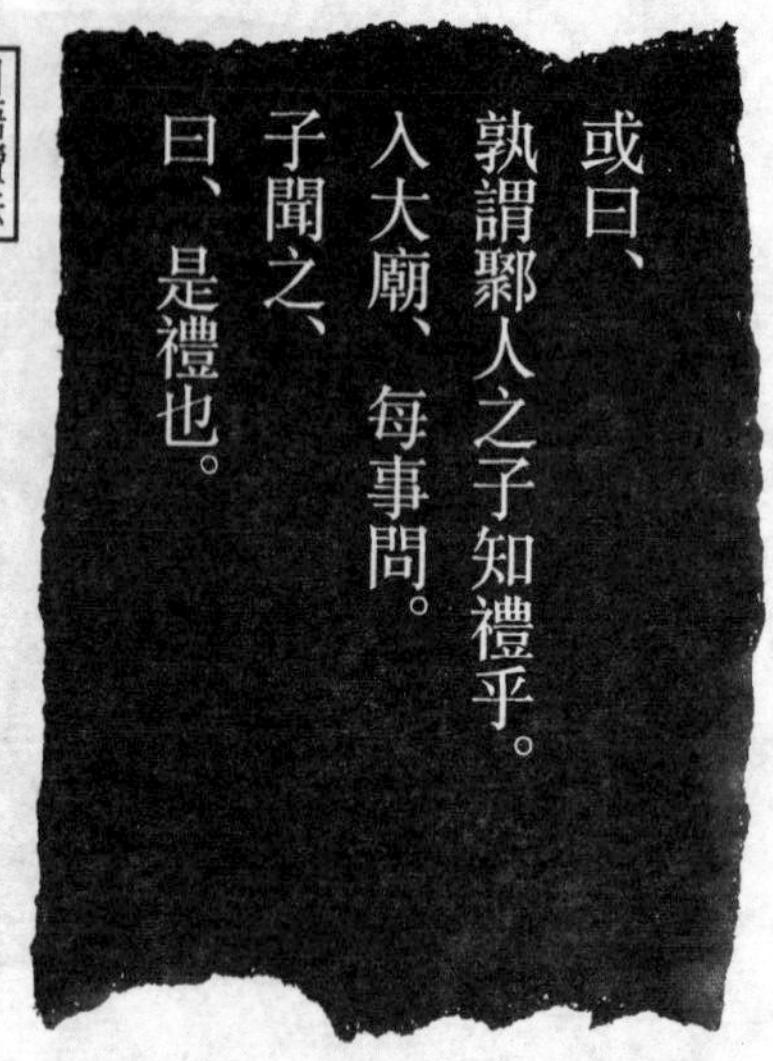
或曰、
孰謂鄹人之子知禮乎。
入大廟、每事問。
子聞之、
曰、是禮也。

日語讀法

或る人の曰く、孰か鄹人の子を礼を知ると謂うや、大廟に入りて、事ごとに問う。子これを聞きて曰く、是れ礼なり。

中文語譯 有人便說，“誰說叔梁紇的兒子懂禮呢？ 他進了太廟，事事都向別人請教。”孔子聽到這番話後卻說，“這正是知禮呀！”

日文語譯 「ある人が言った。『誰があの田舎者の息子（孔子）が礼儀に明るいなどと言ったのかね。大廟に入っていちいち人に聞いているではないか』

孔子はこれを聞いて言われた。『これこそが礼儀なのです』」

魯の国の周公を祀った廟で孔子が祭祀の介添えをした時のことである。

この祭祀たるや大変重大な儀式で、礼の限りを尽くさねばならないのであり、少しのミスも許されない。

当然孔子も、もともと礼への心得があるとはいえ下調べ

もしていようし、万全を期しているはずである。

しかし、その上で更に謙虚に一つ一つ聞いて確認を怠らない、というのが本当に礼にかなったやり方なのである。

英文譯 Somenone said, "Who says the son of the man of Zou County knows the rituals? When he entered the Founding Father's Temple, he inquired about everything."
The Master, on hearing this, said, "Such are the rituals."

*鄹人：鄹是魯國的一個地方，孔子之父叔梁紇在此做官，因此用來指鄉下人之意。

*大廟：祭祀魯國先祖周公的特別的廟，上圖是孔子在大廟請教他人的場面。

第106話

原文

日語讀法

其の位に在らざれば、其の政を謀らず。

中文語譯　一個人不在那個職位上，便不考慮它的政務。

日文語譯　「その職務上の地位にいなければ、その職務に口出ししてはならない」

同じ会社の中でも、違う部署の仕事にはそれぞれ独自のやり方や考え方があるのだから、みだりに干渉すべきではない。

また、他部署の仕事に抵触することは相談なしに決して処理しないことである。

そうしないと秩序が乱れ、後で無用なトラブルを招きかねない。

英文譯　If you are not in a certain position, do not concern yourself with its affairs.

第107話

原文

過猶不及。

日語讀法

過ぎたるは猶及ばざるがごとし。

中文語譯 做得過頭和不足，兩者不相上下。

日文語譯 「やり過ぎるのは不十分なのと同じことだ」

ある時子貢が、子張と子夏ではどちらがすぐれているかを尋ねた。孔子は「子張はやり過ぎだし、子夏は十分ではない」と答えた。

そこで子貢が「では子張のほうがすぐれているのですか？」と尋ねたのに対する答えがこれである。

不足も超過もよくない。中庸が肝心なのである。

英文譯 To go beyond is the same as to fall short.

*中庸：沒有過與不足，不偏不倚的正中。

第108話

原文

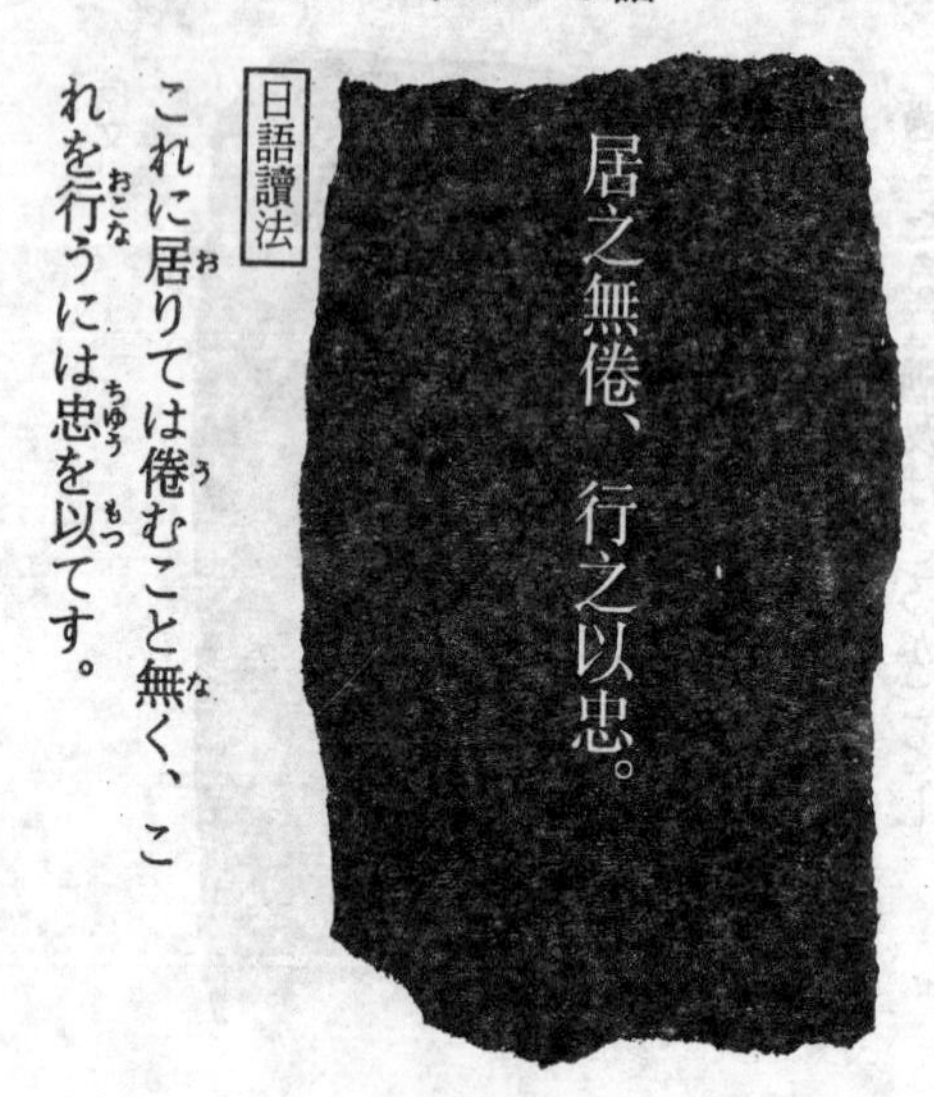

日語讀法

これに居りては倦むこと無く、これを行うには忠を以てす。

中文語譯 任職不懈怠，辦事講忠心。

日文語譯 「その地位に就いたら飽きることなく情熱を持って、任務を果たすには誠心誠意尽くすことである」

子貢が政治について尋ねたのに対する答えだが、どんな仕事についてもいえることである。

最初の頃は誰でも難なくできることだが、歳月とともにマンネリや惰性に陥り、これが難しくなる。

時には初心に立ち返ることが大切である。

英文譯 Hold it without weariness; execute it with loyalty.

第109話

原文

舉直錯諸枉、能使枉者直。

日語讀法

直(なお)きを挙(あ)げて諸(こ)れを枉(まが)れるに錯(お)けば、能(よ)く枉(まが)れる者(もの)をして直(なお)からしめん。

中文語譯　提拔那些正直的人，罷黜那些邪惡的人，這樣就能使邪曲的人也正直起來。

日文語譯　「正直な者を抜擢して邪悪な者の上に置けば、邪悪な者をもまっすぐな正直な人間にすることができる」

問題のある人間、問題のある部署の幹部には信頼できる人物を配属したほうがよい。

少し時間はかかっても、上の人間の誠実な行動がいずれは部下達に影響を及ぼすようになるだろう。

それが問題解決のために最も有効な方法である。

英文譯　Promote the upright, place them above the crooked, and you shall make the crooked upright.

第110話

原文

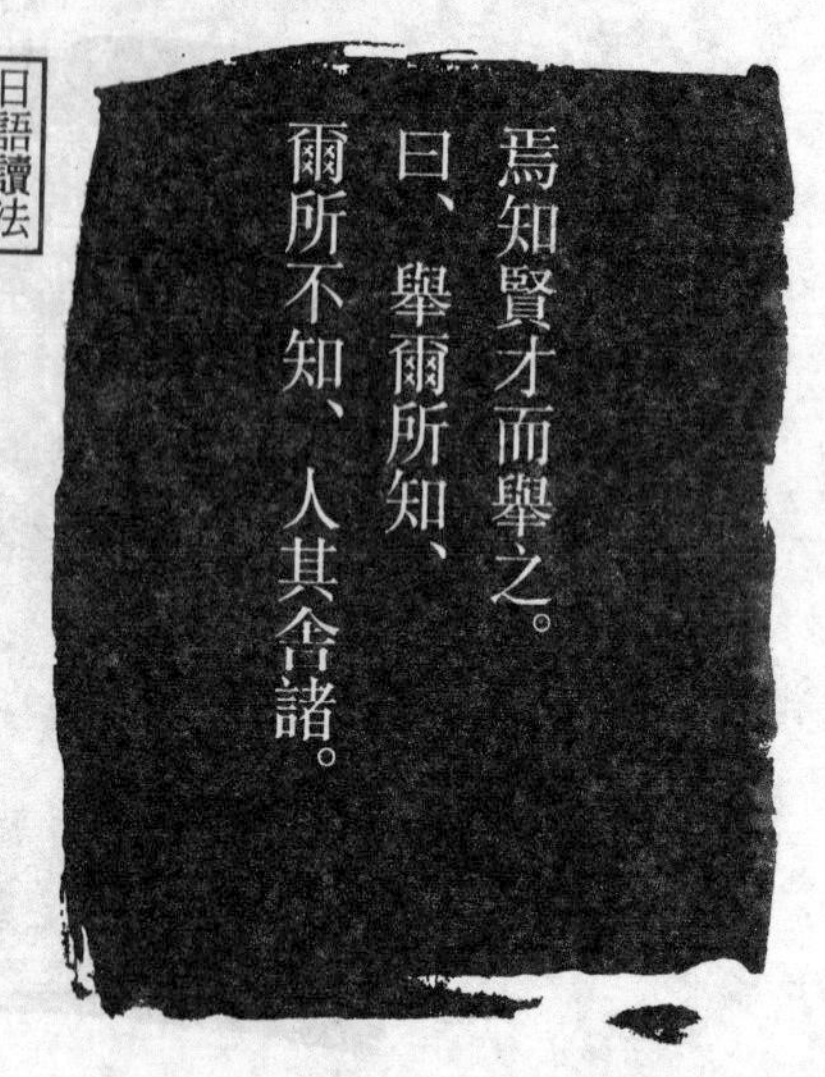

焉知賢才而舉之。
曰、舉爾所知、
爾所不知、人其舍諸。

日語讀法

焉んぞ賢才を知りてこれを挙げん。曰く、爾の知る所を挙げよ。爾の知らざる所、人其れ諸れを舎てんや。

中文語譯 “怎樣發現和提拔賢才呢？”孔子回答，“那就提拔你所熟悉的人吧。至於那些你所不知道的賢才，別人難道會埋沒他們嗎？”

日文語譯 「『優秀な人材をどのようにして見つけ抜擢したらよいでしょう？』孔子が答えて言われた。『お前がよく知っている者の中から選べばよい。そうすれば、お前の知らない人材も、他の人たちが捨てては置かないよ』」

弟子の仲弓が政治について尋ねると、孔子は答えの一つに、優秀な人材を抜擢せよと言った。それに続く問答がこれである。

自分一人で優秀な人材を全部抜擢しようとしても、見つけるのに時間も手間もコストもかかる。

そこでまず、自分がよく知っている人材を抜擢するので

ある。これが人材登用の意志表示となり、自分の知らない人材についてもどんどん推薦者が現れるようになる。

大変合理的なやり方といえよう。

英文譯 "How do you get to know worth and talented men to promote them?"
The Master said, "Promote those you know. As for those you do not know, will other men abandon them?"

*仲弓（參照上圖）：孔子的門人，姓冉，名雍，仲弓是字，魯國人，比孔子小十九歲，是重要的門人，以忠厚寡言、有德行之人而聞名。

第111話

原文

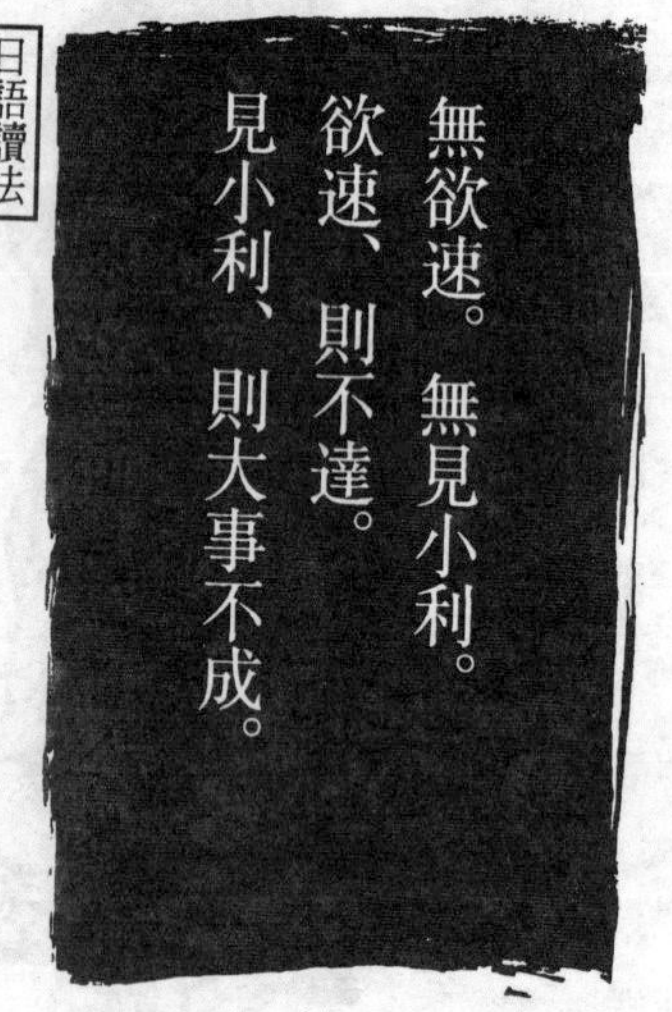

無欲速。無見小利。
欲速、則不達。
見小利、則大事不成。

日語讀法

速かならんと欲する無かれ。小利を見ること無かれ。速かならんと欲すれば則ち達せず。小利を見れば則ち大事成らず。

中文語譯　不要過於圖快，不要只貪求小利。求快就達不到目的，只看到小利就不能成就大事。

日文語譯　「急ぎ過ぎてはならない。また、目先の小さな利益だけを見てはならない。急ぎ過ぎると、かえって目的は達せられないし、目先の小さな利益だけを見ていると大事を達成することはできない」

子夏が政治について尋ねた時の言葉。

仕事をするにも、焦りは禁物だし、常に大局的に考えることが必要だ。

英文譯　Do not crave for speed; do not covet petty gains. If you crave for speed, you will not reach your destination; if you covet petty gains, great undertakings will not be accomplished.

第112話

原文

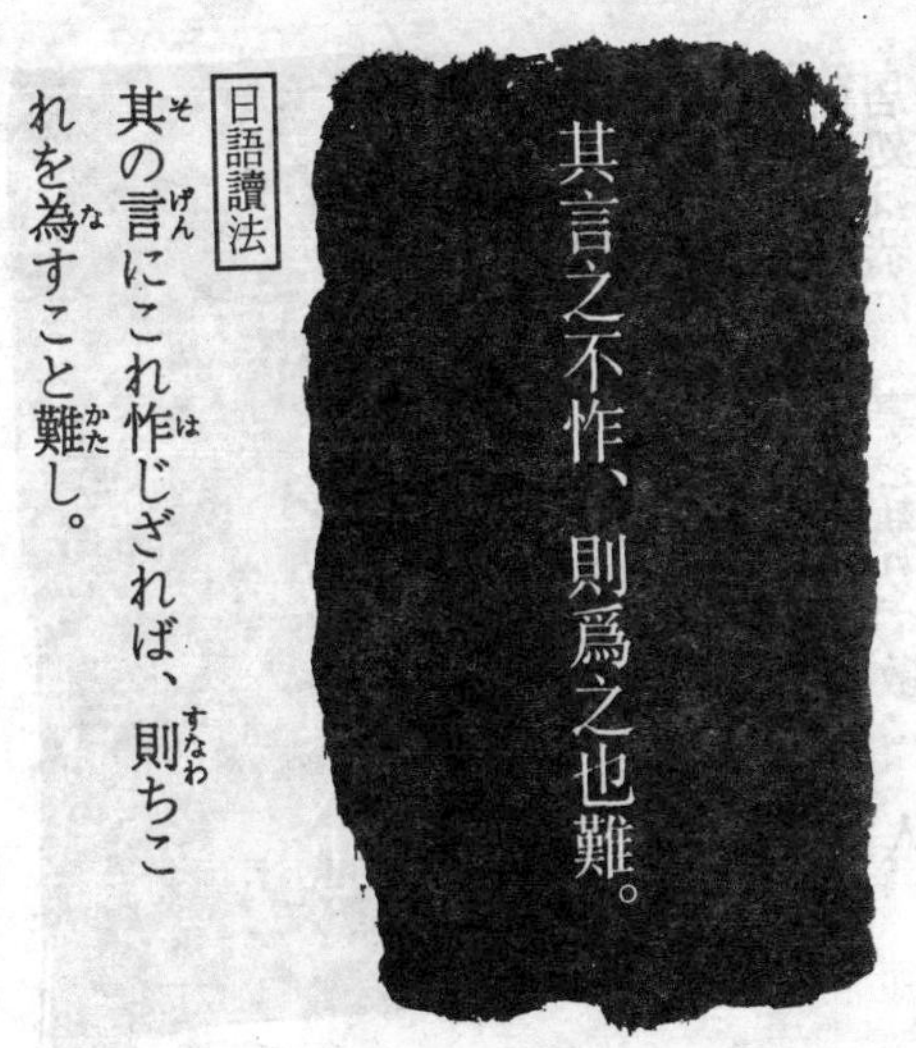

日語讀法

其(そ)の言(げん)にこれ怍(は)じざれば、則(すなわ)ちこれを為(な)すこと難(かた)し。

中文語譯 一個人說起話來大言不慚，實際做起來就很困難了。

日文語譯 「自分の実力とはかけ離れた大きなことを恥ずかしげもなく言う人は、実際にそれを実行するのは非常に難しいものだ」

できもしない大きなことを口にすると、自分の品位を落とし、人にはよからぬ期待を抱かせ、責任と能力不足とから自分で自分の首を絞めることになる。

たとえ酒が入って気が緩んだ時でも、安請け合いは禁物である。

英文譯 If one speaks unabashedly, he will find it difficult to practice.

第113話

原文

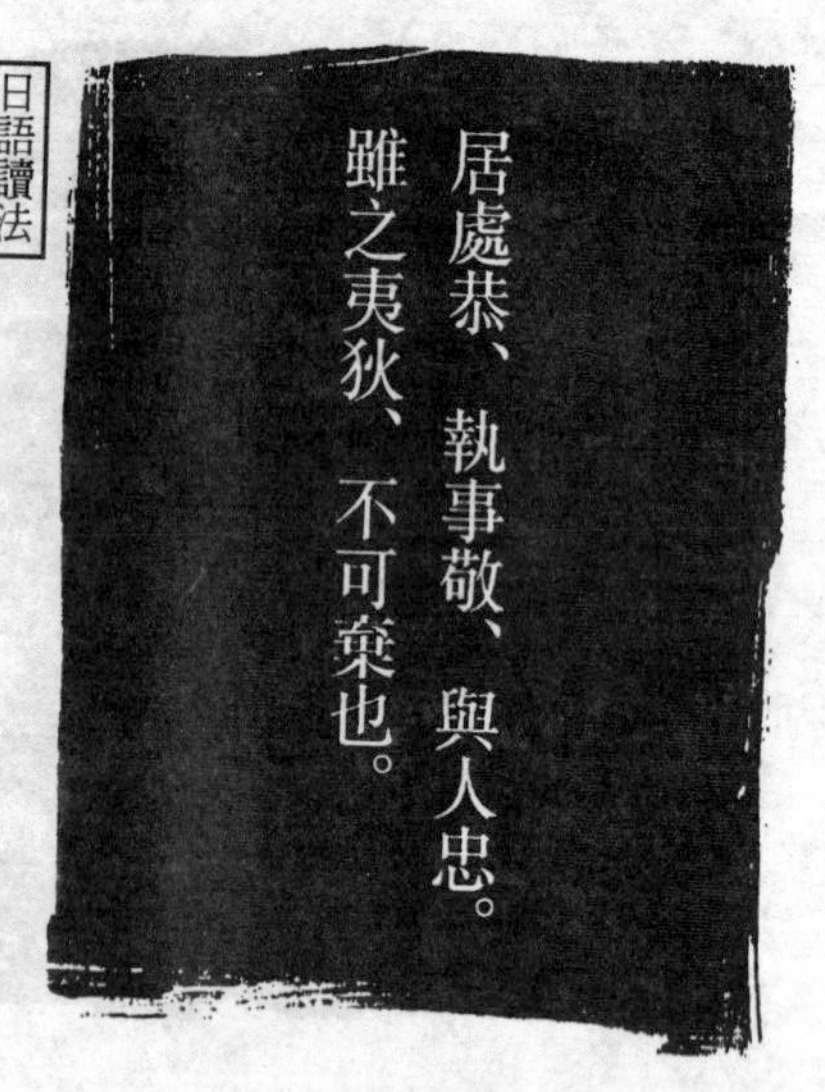

居處恭、執事敬、與人忠。
雖之夷狄、不可棄也。

日語讀法

居処は恭に、事を執りて敬に、人に与りて忠なること、夷狄に之くと雖も、棄つるべからざるなり。

中文語譯　生活要嚴謹，辦事要認眞，待人要眞誠。即使到了邊區落後的地方，這些原則也不可放棄，也不能丟棄這幾條。

日文語譯　「生活すべてを慎み深くきちんとし、仕事は何でもまじめで誠実に、どんな人に対しても真心を持って接すること。どんな未開の地へ行っても、この三つの原則は守らなければならない」

弟子の樊遅が仁について尋ねた時の答え。

恭・敬・忠を守ること、それも時、場所、人を選ばず守り通すことが仁だという。

仕事で未知の国や地方に出張したり赴任したりすることはあるだろう。そんな時も、やはり平素から慎み深く、どんなに面倒で理不尽と思えることにも誠意を持って取り組み、会う人すべてに誠心誠意接することを心掛ければ、言

葉や文化の壁を乗り越えて立派な信頼関係を築くことができるはずだ。

英文譯 Conduct yourself with respect; perform your duties with reverence; treat others with wholehearted sincerity. Even if you should journey to other countries, you cannot abandon these.

第114話

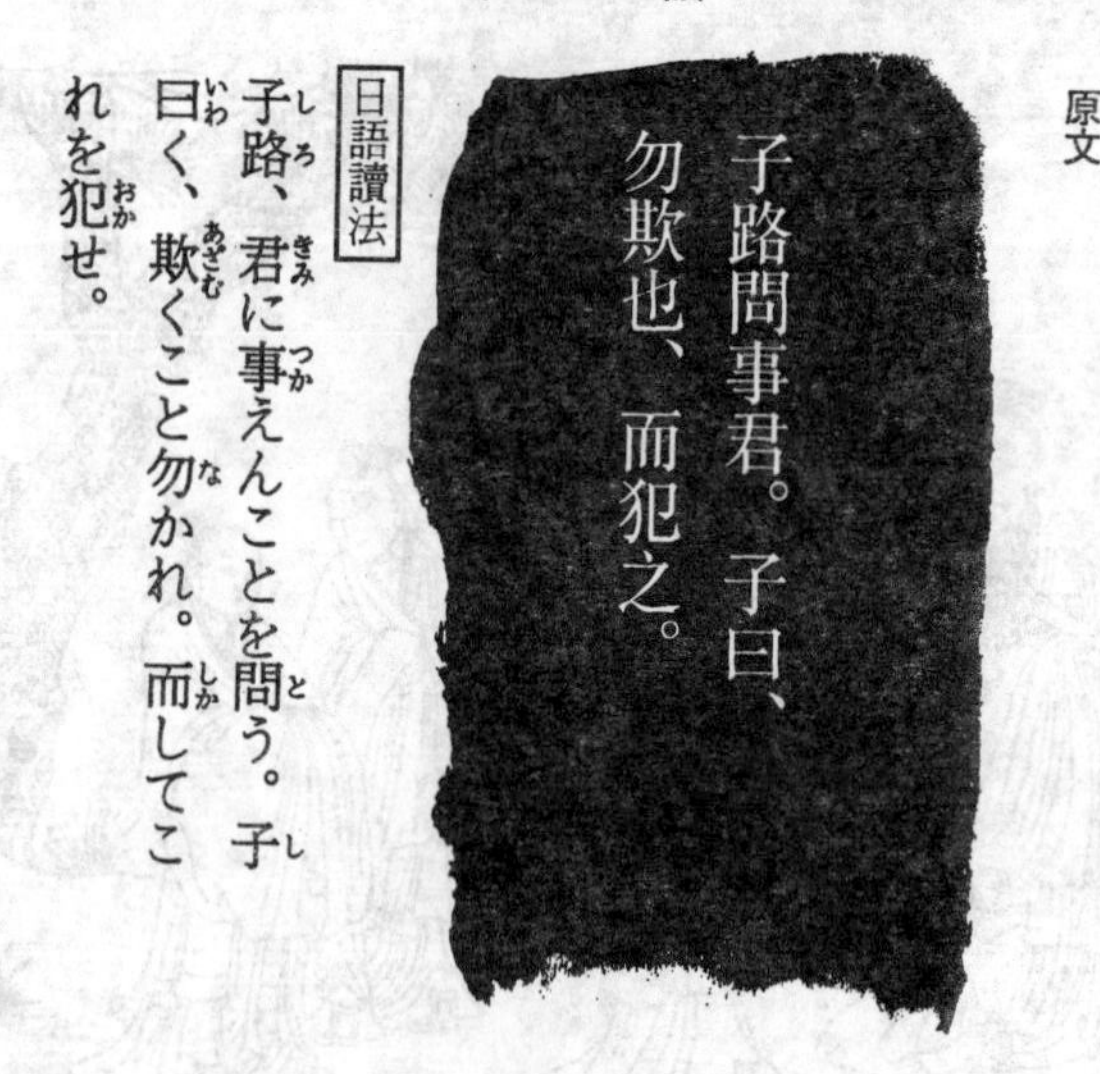

原文

子路問事君。子曰、勿欺也、而犯之。

日語讀法

子路、君に事えんことを問う。子曰く、欺くこと勿かれ。而してこれを犯せ。

中文語譯　子路詢問如何服侍君主。孔子說，“不要欺騙他，但要犯顏諫諍。”

日文語譯「子路が主君にどのように仕えたらよいか尋ねた。孔子が言われた。『決して欺くことなく、誠実でなければならない。しかし、必要な場合には顔色をうかがうことなく強く諫めることである』」

上司とは日頃の信頼関係が大切だが、必要とあらば、対立を辞さない覚悟で忠告することも大切である。

英文譯　When Zi-lu asked how to serve the sovereign, the Master said, “Do not deceive him, but you may confront him.”

第115話

原文

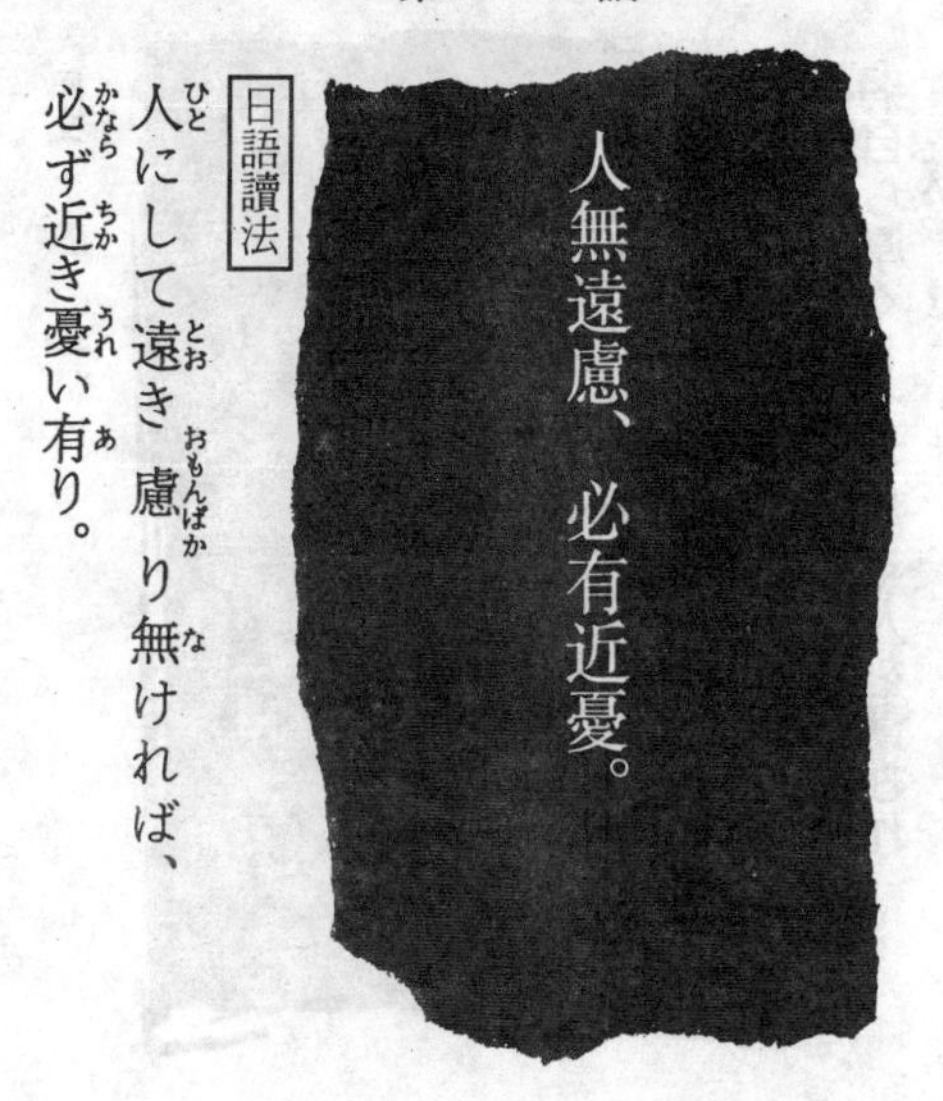

日語讀法

人(ひと)にして遠(とお)き慮(おもんぱか)り無(な)ければ、
必(かなら)ず近(ちか)き憂(うれ)い有(あ)り。

中文語譯 人沒有長遠的謀慮，必定會有眼前的憂患。

日文語譯 「人は先の先まで見越して考えておかないと、必ず目の届くところに問題が起きてくるものだ」

誰しも目先のことに追われていると視野が狭くなり、当然予測できた問題も突発事態のように感じるものだ。

時には立ち止まって遠い将来のことを考え、人生においても仕事においても日頃からしかるべき危機管理をしておくことが大切である。

英文譯 If a man does not have long-range considerations, he will surely incur imminent afflictions.

第116話

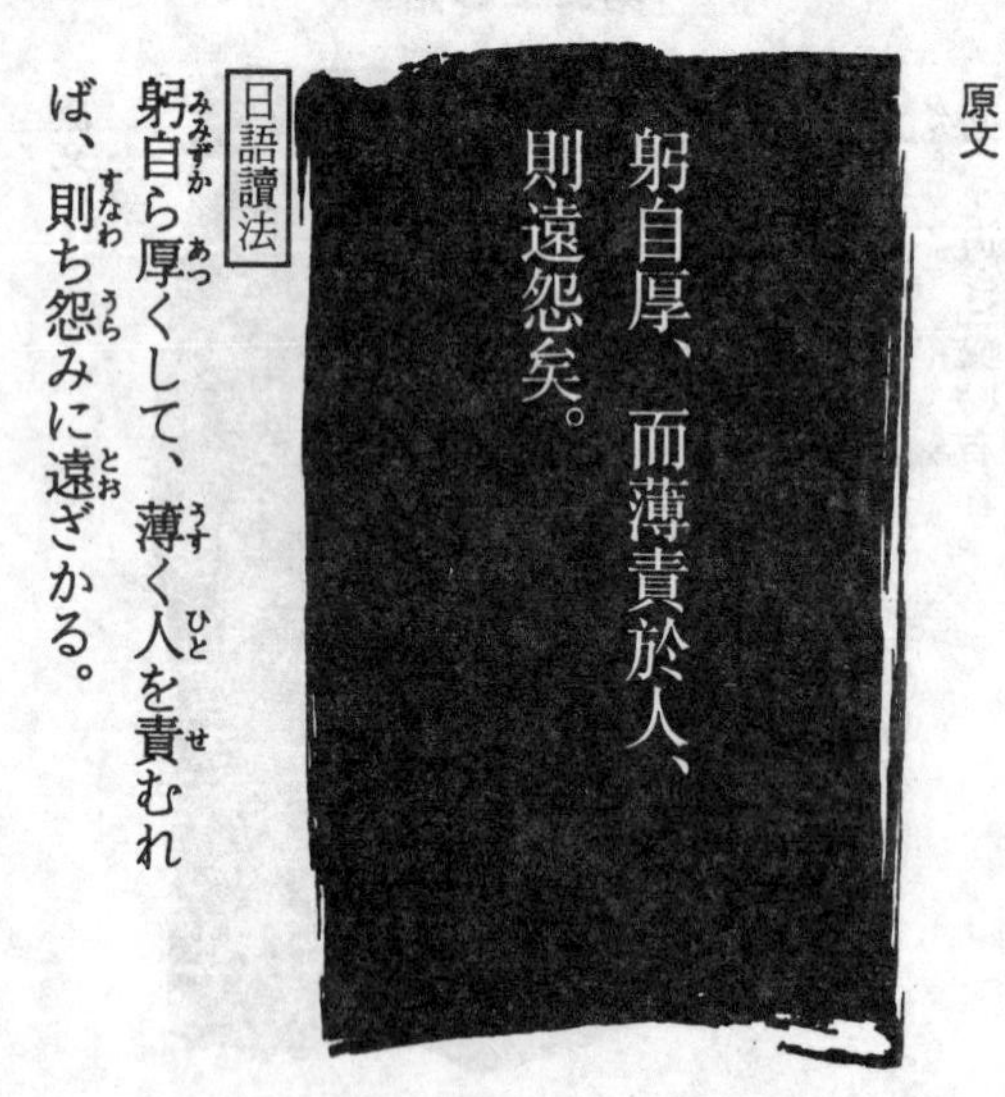

原文

躬自厚、而薄責於人、
則遠怨矣。

日語讀法

躬自ら厚くして、薄く人を責むれば、則ち怨みに遠ざかる。

中文語譯 嚴以律己，寛以待人，就不會招來怨恨了。

日文語譯 「自分の欠点や過ちは厳しく責め、人の欠点や過ちに寛大であれば、怨みを買うことはないだろう」

自分に厳しく他人にやさしく、というのは難しい。

実際、自分に厳しいだけでなく他人にも同じように厳しい人、他人にやさしいのはいいが自分にも甘い人、更には他人に厳しく自分に甘い人までいるのが世の常であるが、いずれも人の怨みを買うことになる。

英文譯 Be more demanding with yourself and less so with others and you shall keep resentment away.

第117話

原文
君子貞而不諒。
日語讀法
君子(くんし)は貞(てい)にして諒(りょう)ならず。

中文語譯 君子堅守正道而不必拘於小信。

日文語譯 「君子は正道を固く守るものだが、小さな信義にかたくなにこだわることはない」

道義のように重要なことは第一であるが、小さなことにこだわりすぎると大きな判断ミスとなることもある。

例えば、納期の迫った仕事があっても、会社の存亡に関わる事態が発生したら、当然そちらが優先である。こんな時に納期にこだわってみても仕方がない。

英文譯 The gentleman is firmly upright but not obstinately truthful.

第118話

原文

侍於君子、有三愆。
言未及之而言、謂之躁。
言及之而不言、謂之隱。
未見顏色而言、謂之瞽。

日語讀法

君子に侍するに三愆あり。言未だこれに及ばずして言う、これを躁と謂う。言これに及びて言わざる、これを隱と謂う。未だ顏色を見ずして言う、これを瞽と謂う。

中文語譯　侍奉君子有三種易犯的過失，不該說的先說了叫做急躁，該說的卻不說叫做隱晦，不先察顏觀色就說話叫做盲目。

日文語譯　「目上の人に仕える場合、犯しやすい過ちが三つある。それは、まだ相手から話しかけられてもいないのに言ってしまう'軽率'であり、意見を求められているのに言わない'隠し立て'であり、相手の顔色もうかがわずに言ってしまう'盲目'の三つである」

常に状況をわきまえて発言することが大切である。

英文譯　Those who attend on the gentleman are susceptible to three faults: to speak when not spoken to, which is called rashness; not to speak when spoken to, which is called concealing; to speak without first looking at his facial expression, which is called blindness.

第119話

原文

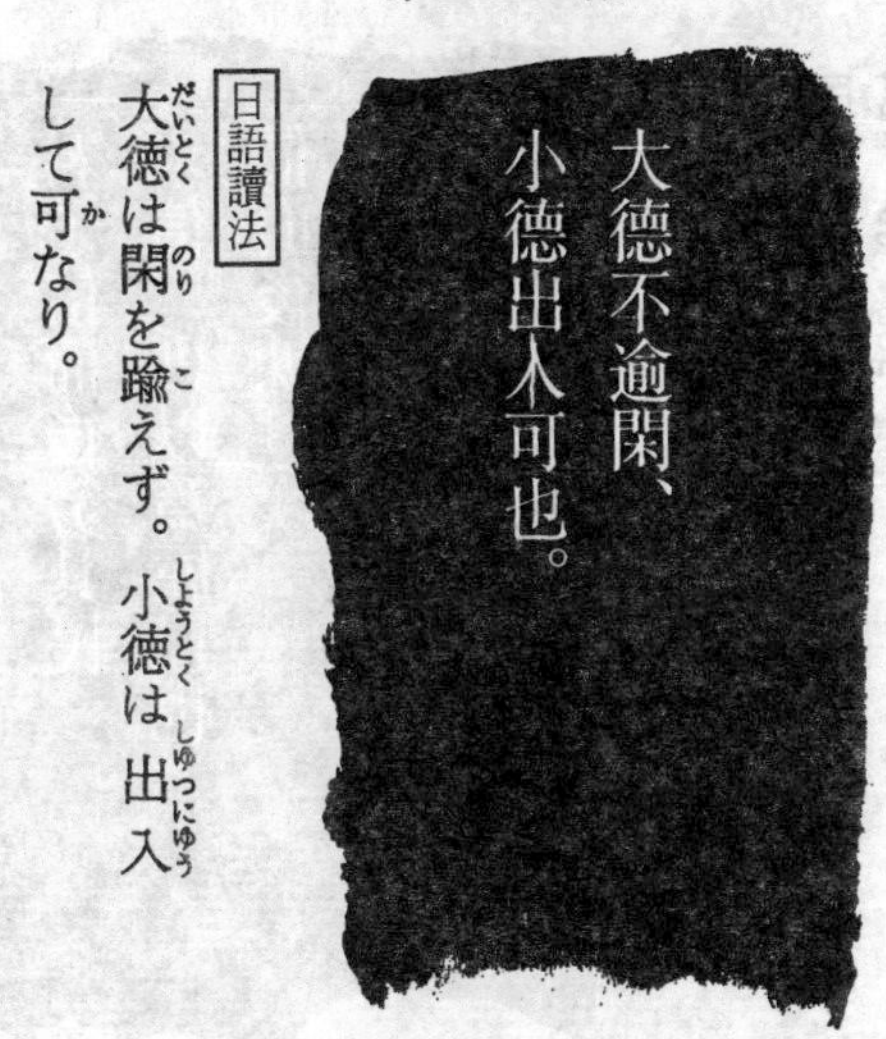

日語讀法

大徳は閑を踰えず。小徳は出入して可なり。

中文語譯 在大節問題上不能超越界限，在小節上有些出入則是可以的。

日文語譯 「仁や礼といった大きな徳に関しては、少しの踏み外しもあってはならない。日常生活における応対のような比較的小さな徳に関しては、多少の出入りがあってもかまわない」

大徳は根本的なものであり、例外はない。

これに対して小徳は、大徳の精神を損なわない程度に臨機応変に扱ってもよいのである。

英文譯 In major virtues, one may not overstep the threshold; in minor virtues, some leeway is permissible.

第120話

原文

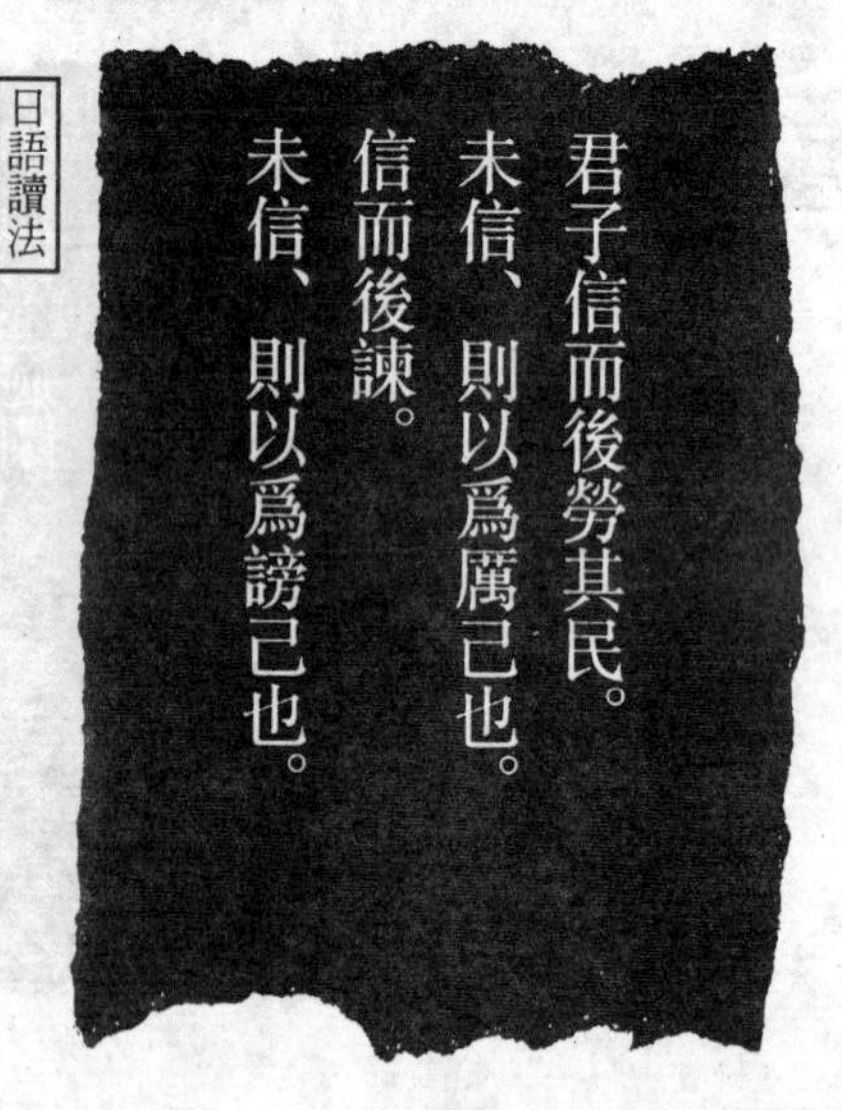

君子信而後勞其民。
未信、則以爲厲己也。
信而後諫。
未信、則以爲謗己也。

日語讀法

君子、信ぜられて而して後に其の民を労す。未だ信ぜられざれば則ち以て己を厲ましむと為す。信ぜられて而して後に諫む。未だ信ぜられざれば則ち以て己を謗ると為す。

中文語譯　君子要先取得老百姓的信任，然後再使喚他們；未取得信任，老百姓則認爲是坑害自己。君子先取得君主信任以後再去規勸，不然他會認爲你是對他毀謗，攻擊。

日文語譯　「君子はまず人民の信頼を得てから、彼らを使役する。信頼が得られていないと、人民は自分たちを苦しめるものと思い込む。

君子はまず主君の信頼を得てから諫める。そうでないと主君は自分を誹謗・中傷していると思い込む」

子夏の言葉。

上司や部下との接し方にも当てはまる。

信頼関係がまずなければ、部下に仕事を頼んでも、ハードな仕事であるほど怨まれることになる。上司との間にも信頼関係がなければ、忠告や助言をしても生意気だと思わ

れ、心象を害するだけである。

まだ信頼が築かれていないと思う時は、適度な加減が必要である。

英文譯 The gentleman must be trusted before making the people toil. If he is not trusted, they will consider themselves tyrannized. He must be trusted before remonstrating. If he is not trusted, the sovereign will consider himself slandered.

毎日の生活態度を見直そう

Check your daily life.

改變每日的生活態度

第121話

原文

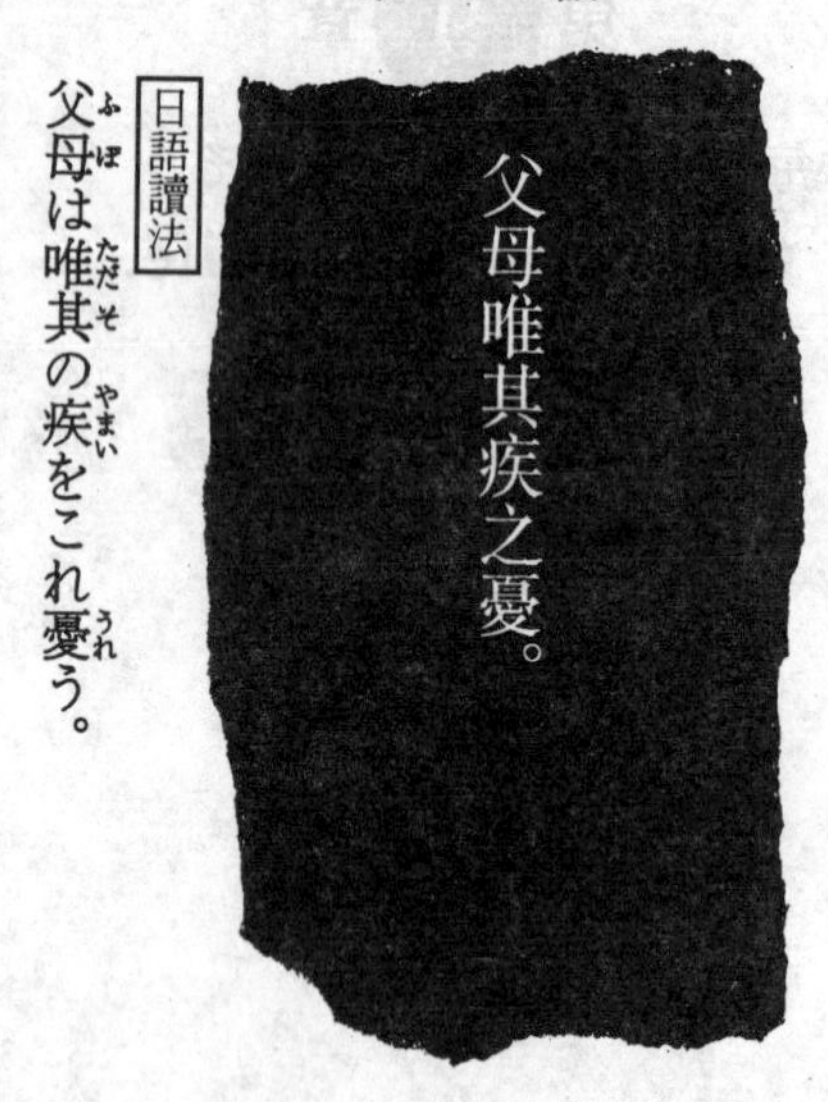

日語讀法

父母（ふぼ）は唯（ただ）其（そ）の疾（やまい）をこれ憂（うれ）う。

中文語譯　一個人，如果能使他的父母親只擔心他的疾病，那就可以算作孝了。

日文語譯　「親というのは子供の病気を何より心配するものだ。（だから、身体に気をつけて健康であることが孝行である）」

魯の大夫である孟武伯（もうぶはく）が孝行について尋ねたのに対する言葉。

親孝行は何よりもまず、健康であることである。親から授かった唯一無二の身体を大切にし、常日頃から健康管理に努めたいものである。

英文譯　As for your parents, waht they should worry about most is your illness.

＊孟武伯：魯國的大夫，名彘，武是諡號，伯是字，繼承父親的衣缽，年輕就當大夫。

第122話

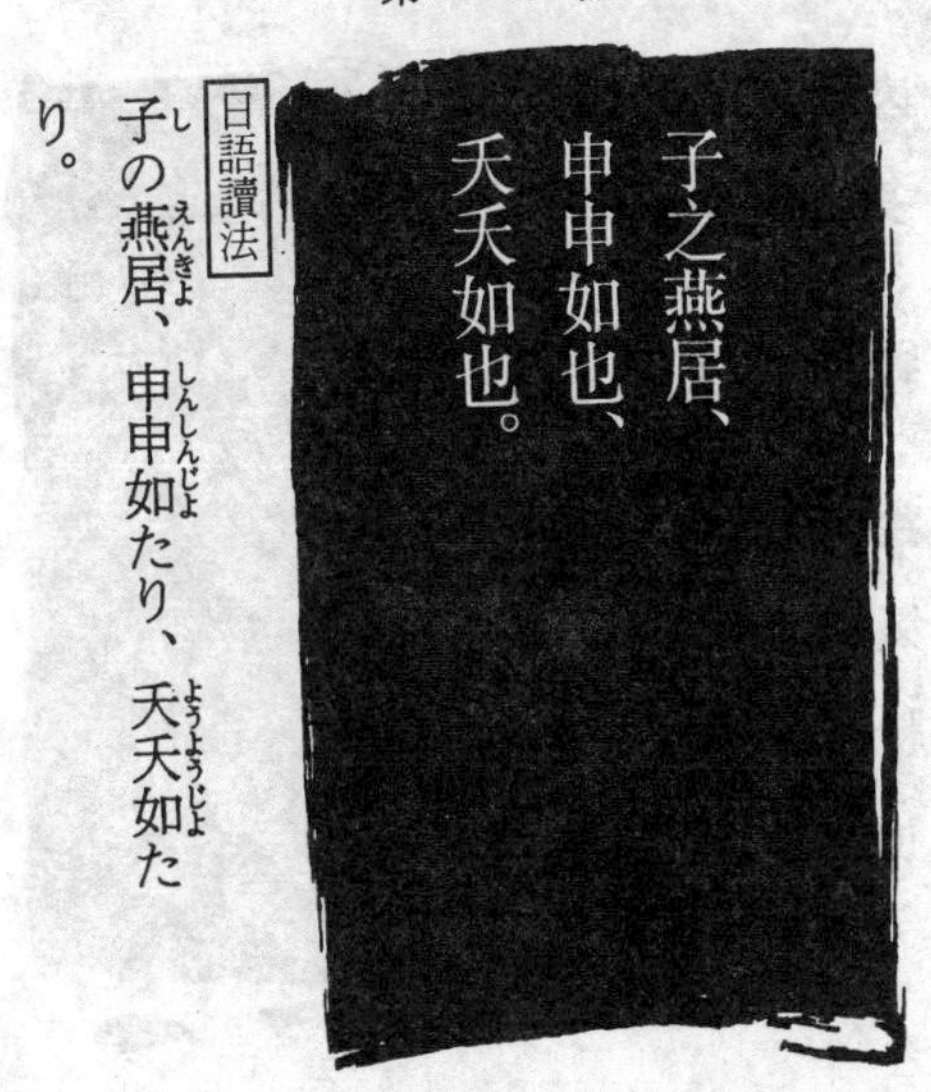

原文

子之燕居、申申如也、夭夭如也。

日語讀法

子(し)の燕居(えんきょ)、申申如(しんしんじょ)たり、夭夭如(ようようじょ)たり。

中文語譯 孔子閒居時，儀態舒緩，神色和悅。

日文語譯 「孔子は家でくつろいでいる時は、のびのびとして、にこやかであった」

朝廷から帰った後の孔子の過ごし方であるが、現代のサラリーマンにも通ずるものがある。

家では昼間の緊張を忘れて心ゆくまでくつろぎ、ストレスをすっかり解消することが大切である。

家にいる時も悩んだりけんかをしたりして心休まる暇がないと、なかなかいい仕事はできないものだ。

英文譯 When the Master was at leisure, he looked contended and relaxed.

第123話

原文

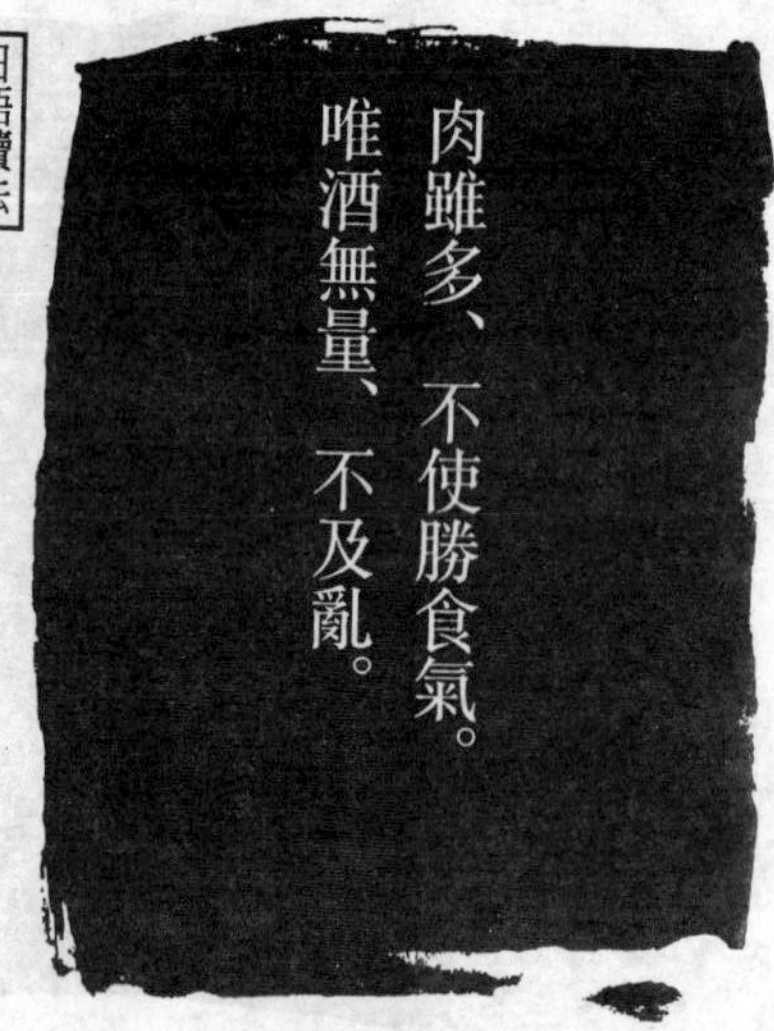

日語讀法

肉は多しと雖も、食の気に勝たしめず。唯酒は量なく、乱に及ばず。

中文語譯 席上肉雖豐盛，食用時不使它超過主食。唯有酒不限量，但不喝到醉。

日文語譯 「肉はたくさんあっても、主食を越えるほどは食べない。酒だけは制限を設けないが、酔っ払うほどには飲まない」

孔子の食養生について述べた長文の一節である。孔子はかなり細かいところまで食に気を使っていたようだ。

肉の摂取量を主食以下に抑えるとか、酒は酔わない程度に、というのは現代にも通じる心掛けである。酒の量に制限を設けないというのは、その日の体調や諸条件によって酔い方が変わってくるからだろう。

他にも、時季外れのものは食べない、料理のツマに生姜

がついていたら必ず食べる、とか、食中毒予防の心得に至るまで細かく記されていて面白い。

英文譯 Even though there was plenty of meat, he would not allow himself to eat more of it than rice. Only with wine, there was no limit to quantity; but he would not drink to distraction.

第124話

原文

寢不尸。居不容。

日語讀法

寝ぬるに尸せず。居るに容づくらず。

中文語譯　孔子睡覺不像死屍那樣僵臥，家居不像做客那樣端坐。

日文語譯「孔子は、寝る時は死骸のように硬直した悪い寝方はされず、家にいる時はお客さんのようにかしこまった座り方はされなかった」

これも孔子の普段の過ごし方であるが、やはりくつろぐ時は徹底的にくつろげ、ということだろう。

どこかに緊張や心配事があると、寝る時も座っている時も身体に力が入ったままで、本当にはくつろげず、疲れはとれないものだ。

英文譯　He would not sleep like a corpse, nor sit like a guest.

第125話

原文

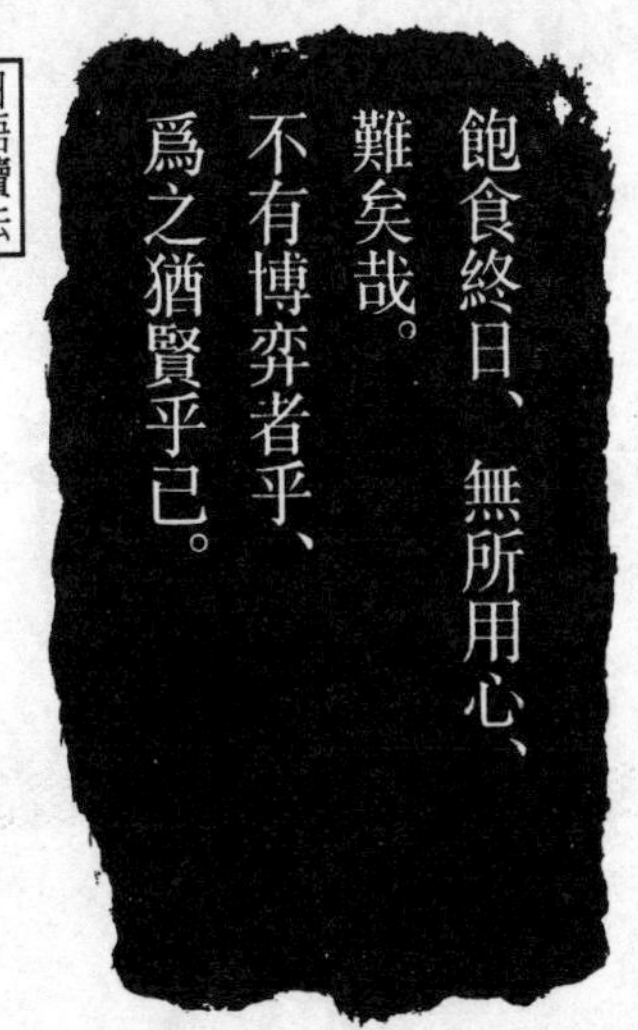
飽食終日、無所用心、難矣哉。不有博弈者乎、爲之猶賢乎已。

日語讀法

飽くまで食いて日を終え、心を用うる所なし、難いかな。博弈なる者あらずや。これを為すは猶已むに賢れり。

中文語譯　整天吃飽了飯，無所事事，這樣是不行的呀！　不是有弈棋的遊戲嗎？　做些那個也比閒著好。

日文語譯「腹一杯食べて、一日中頭も使わず何もしないでいるのは、まったくだめなことだ！　碁や将棋といったものもあるじゃないか？　あんな遊びでも、何もしないでいるよりはまだましだよ」

何でもよいから頭を使うことである。頭を使わず食べて寝るだけの生活では、人間としての意義がない。

英文譯 Those who are sated with food all day without applying their minds to anything at all are difficult indeed! Are there no people who play chess and *go*? Even doing these would be better than to stop thinking altogether.

整天吃飽了飯，無所事事，這樣是不行的呀！不是有弈棋的遊戲嗎？做些那個也比閒著好。

腹一杯食べて、一日中頭も使わず何もしないでいるのは、まったく困ったことだ！　碁や将棋というものもあるじゃないか？　あんな遊びでも、何もしないでいるよりはましだよ。

何でもよいから頭を使うことである。頭を使わず食べて寝るだけの生活では、人間としての意義がない。

Those who are sated with food all day without applying their minds to anything at all are difficult indeed! Are there no people who play chess and go? Even doing these would be better than to stop thinking altogether.

第10章

政治の要諦は道徳と礼にあり

The politics must adhere to the morals and the rituals.

德與禮爲政治的眞諦

第126話

原文

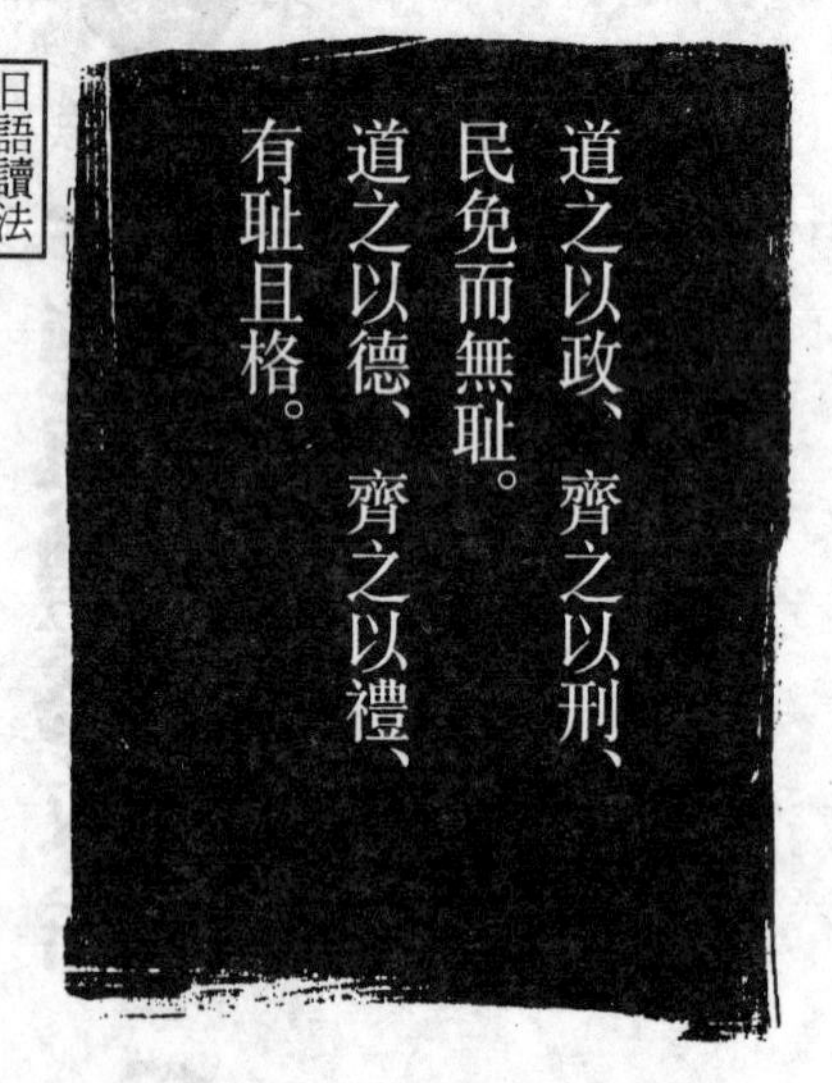

道之以政、齊之以刑、
民免而無恥。
道之以德、齊之以禮、
有恥且格。

日語讀法

これを道（みちび）くに政（まつりごと）を以（もっ）てし、これを斉（ととの）うるに刑（けい）を以（もっ）てすれば、民（たみ）免（まぬが）れて恥（は）ずること無（な）し。これを道（みちび）くに徳（とく）を以（もっ）てし、これを斉（ととの）うるに礼（れい）を以（もっ）てすれば、恥（はじ）ありて且（か）つ格（ただ）し。

中文語譯 用法律政令來引導人民；用刑罰來整頓人民，這樣，他們可以苟免刑罰而沒有廉恥之心。用道德來教化民眾；用禮教來統一民眾，這樣他們不但懂得羞恥而且能使人心歸順。

日文語譯「法律や政令によって人民を導き、守らない者は刑罰によって取り締まる。このようにすれば、彼らは刑罰を免れることだけを考え、悪いことをしても恥とは思わなくなる。

一方、道徳によって人民を導き、礼によって取り仕切ると、彼らは自然に恥を知るようになり、悪いことをしなくなるものだ」

悪事を取り締まるのに法律は確かに有効だが、法律による規制は、あたかも伸びた雑草を機械で刈り取るようなも

のだ。根は残っているので、すぐまた生えてくる。

人間の心に直接訴えかける道徳を広め、礼の精神を教えていけば、雑草を一本一本根こそぎ抜いていくようなもので、そのうち雑草は自然に育たなくなる。

英文譯 If you govern them with decrees and regulate them with punishments, the people will evade them but will have no sense of shame. If you govern them with the morals and regulate them with the rituals, they will have a sense of shame and flock to you.

第127話

原文

恭而無禮則勞。
慎而無禮則葸。
勇而無禮則亂。
直而無禮則絞。

日語讀法

恭にして礼なければ則ち労す。慎にして礼なければ則ち葸す。勇にして礼なければ則ち乱る。直にして礼なければ則ち絞す。

中文語譯 恭順而無禮就徒勞累，謹慎而無禮就是懦弱，勇敢而無禮就是莽撞，直爽而無禮就是尖刻。

日文語譯 「うやうやしい態度でいても礼にかなっていなければ徒労に過ぎず、慎み深くても礼にかなっていなければ意気地がないことになり、勇敢であっても礼にかなっていなければ無鉄砲なだけであり、正直であっても礼にかなっていなければ角が立つことになる」

第８話と第９話に、仁や知といった六つの美徳にも、学問をしないことによる弊害がある、とあった。

ここでは、うやうやしさ、慎み深さ、勇敢さ、正直さの四つを挙げ、どれも礼によって節度をわきまえなければ、せっかくの美徳も欠点になりかねないことを指摘してい

る。

何事においても礼を忘れないことである。

英文譯 Respectfulness without the rituals becomes laboriousness; discretion without the rituals becomes apprehensiveness; courage without the rituals becomes rebelliousness; straightforwardness without the rituals becomes impetuosity.

第128話

原文

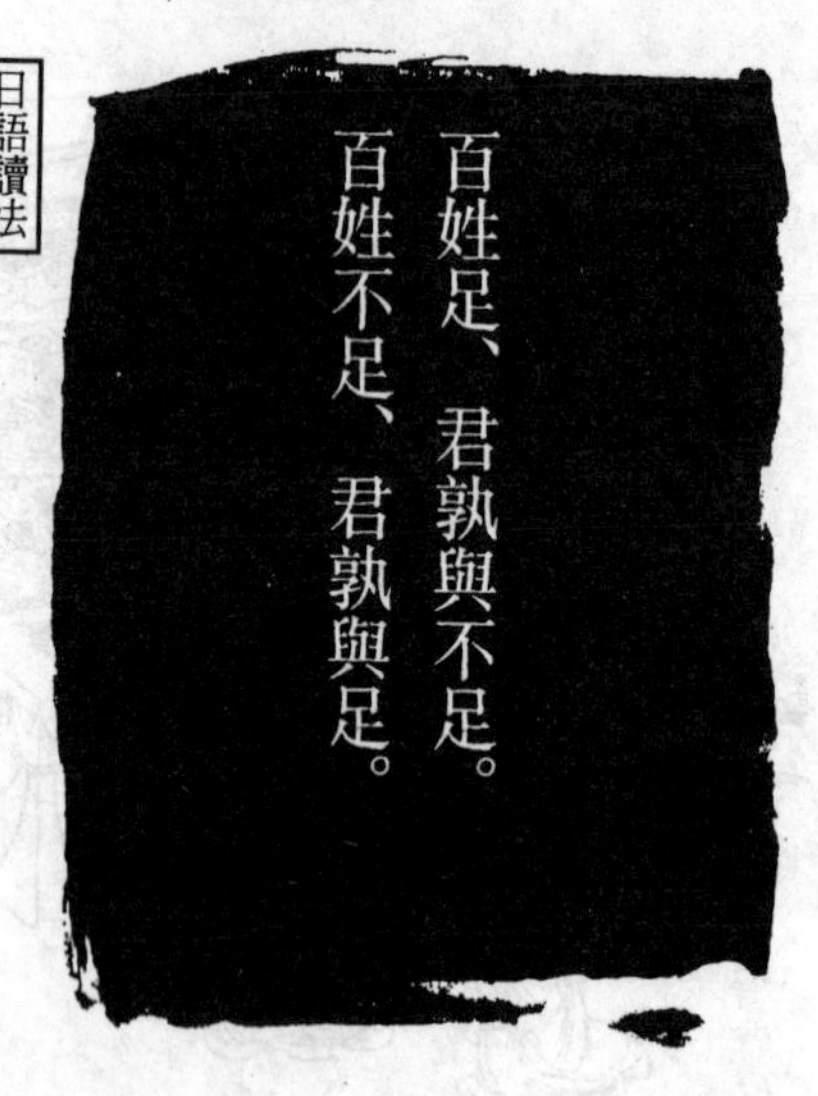

百姓足、君孰與不足。
百姓不足、君孰與足。

日語讀法

百姓足らば、君孰と与にか足らざらん。百姓足らずば、君孰と与にか足らん。

中文語譯 百姓富有，國君怎麼會不足呢？　百姓不足，國君怎麼會富有呢？

日文語譯 「人民が満ち足りていれば、主君は誰と一緒になって不足していると言われるでしょうか。人民が生活に不足していれば、主君は誰と一緒になって満ち足りていると言われるでしょうか」

魯の哀公が、孔子の弟子である有若に財政難を訴えたのに対し、有若は減税を勧めた。それで哀公が、その二倍の税収でも足りないのに、どうしてそんな減税ができるものか、と言ったのに対する言葉。

これは、現代の日本にもそのまま当てはまるようだ。国内の景気が悪い時は、様々な形で減税を実施するほうが、経済の刺激につながる。

政治をする人は常に国民の現状を把握し、そこからかけ離れてはいけない。

英文譯 If the hundred family names have enough, how can the sovereign not have enough? If the hundred family names do not have enough, how can the sovereign have enough?

*哀公：魯國的君主，名蔣，哀是諡號。當時的魯國是由大夫掌握政權，極爲專橫，哀公企圖阻止卻失敗，因而亡命楚國。

*有若：姓有，名若，字子有，魯國人，比孔子小十三歲，據說其容貌及言行舉止和孔子相似。

第129話

原文

苟子之不欲、
雖賞之不竊。

日語讀法

苟(いやしく)も子(し)の不欲(ふよく)ならば、これを賞(しょう)すと雖(いえど)も窃(ぬす)まざらん。

中文語譯 假使你不貪求太多財貨，哪怕是獎勵偷盜，他們也不會去做的。

日文語譯 「もしあなた自身が貪欲にならなければ、たとえ盗みを奨励しても人民は盗まなくなるでしょう」

魯の大夫である季康子が、自国に盗賊が多いのに困って孔子に相談した時の答え。

治安のよしあしは政治家に左右される。政治家が貪欲で自分の利権にこだわり続けると世の中には不公平がはびこり、国民の不満が高まって治安が乱れるのである。

英文譯 If you are not lustful, even though you should reward them, they would not steal.

*季康子：魯國的大夫，名肥，康是諡號。是當時在魯國掌握政治實權的三大家族之一的第七代。

第130話

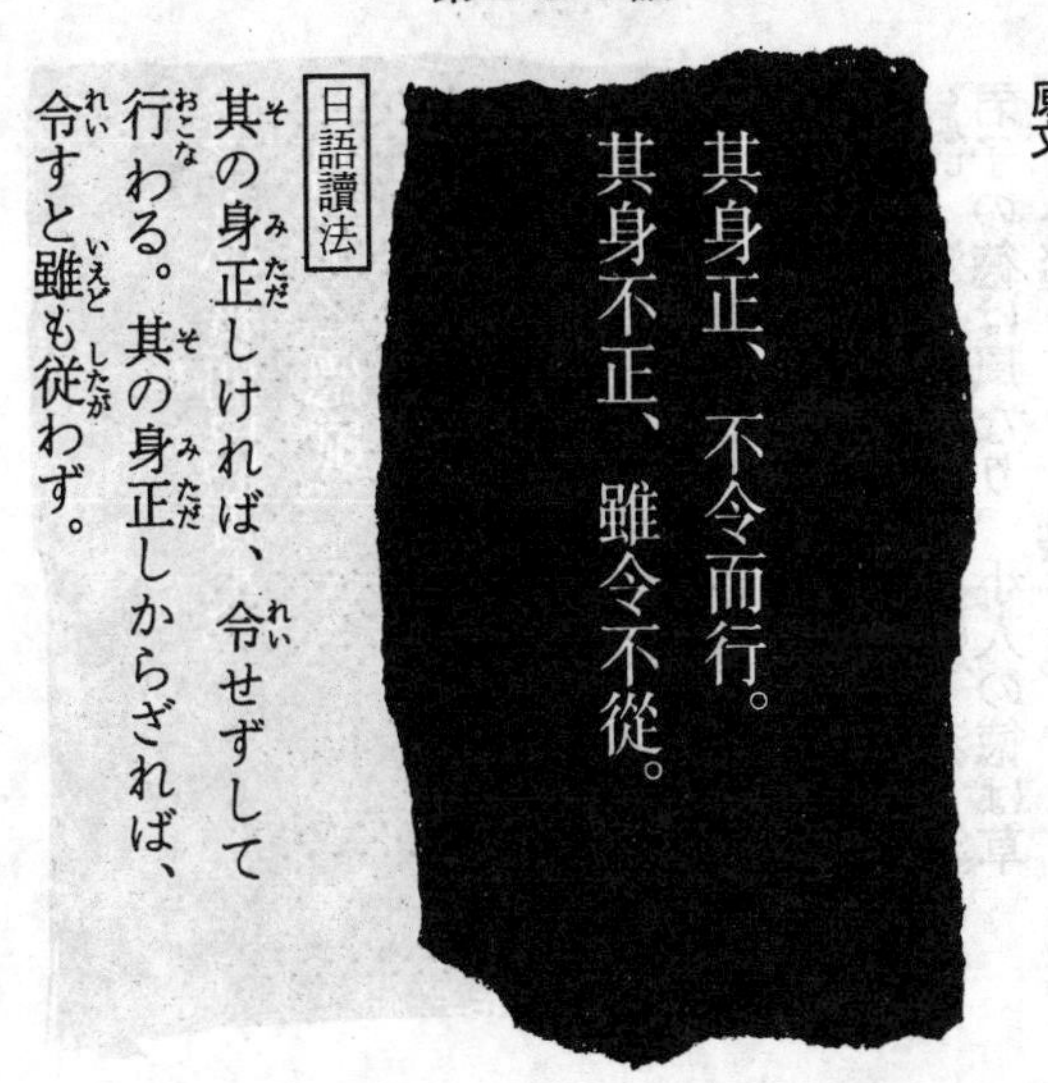

原文
其身正、不令而行。
其身不正、雖令不從。
日語讀法
其の身正しければ、令せずして
行わる。其の身正しからざれば、
令すと雖も従わず。

中文語譯 統治者本身做事正當，不發號施令，事情也行得通。如果自己行爲不正，雖然三令五申，百姓也不信從。

日文語譯 「為政者自身の行いが正しければ、命令を発しなくとも実行される。もし行いが正しくないと、命令を何度発したところで誰も従わない」

政治家だけでなく、教育や指導に携わる人全員にいえることである。

英文譯 If you yourself are correct, even without the issuing of orders, things will get done; if you yourself are incorrect, although orders are issued, they will not be obeyed.

第131話

原文

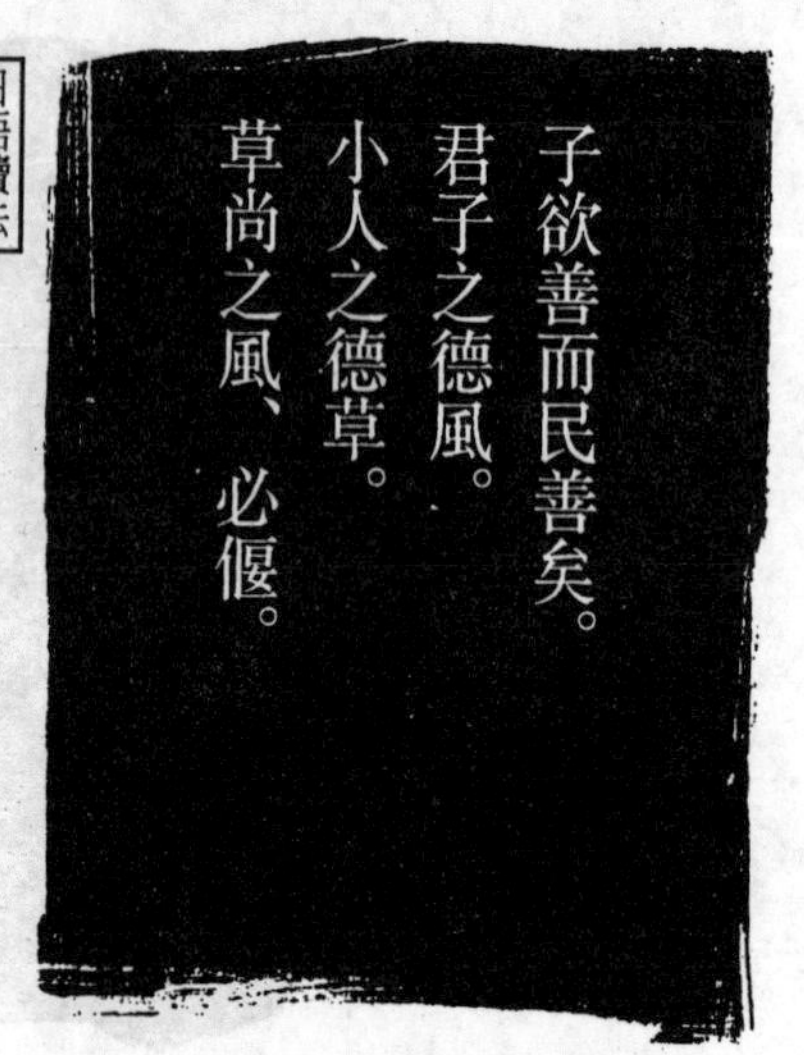

子欲善而民善矣。
君子之德風。
小人之德草。
草尚之風、必偃。

日語讀法

子、善を欲すれば、民善ならん。君子の徳は風なり、小人の徳は草なり。草、これに風を上うれば、必ず偃す。

中文語譯　您想做好事，老百姓就會跟著做好事了。君子的德行好比是風，小人的德行好比是草，風吹到草上，草必順風倒。

日文語譯　「あなたが善を追求すれば、人民も善を行います。君主の徳は風のようなもので、人民の徳は草のようなものです。草の上を風が吹けば、草は必ず風の方向になびくものです」

魯の大夫である季康子が、国をよく治めるために無法者を殺してはどうか、と提案したのに対し、孔子はそれを否定した後こう続けた。

政治家と国民の徳の関係は、ちょうど草原の風と草の関係に呼応する。

上に立つ政治家が何を重視するかが、国民に与える影響は大きいのである。上に立つ人が自ら善を実践すれば、自然、下の者もそこへ向かわずにはいられないのである。

英文譯 If you desire goodness, the people will be good accordingly. The gentleman's moral character is wind and the small man's moral character, grass. When the grass is visited by the wind, it must surely bend.

第132話

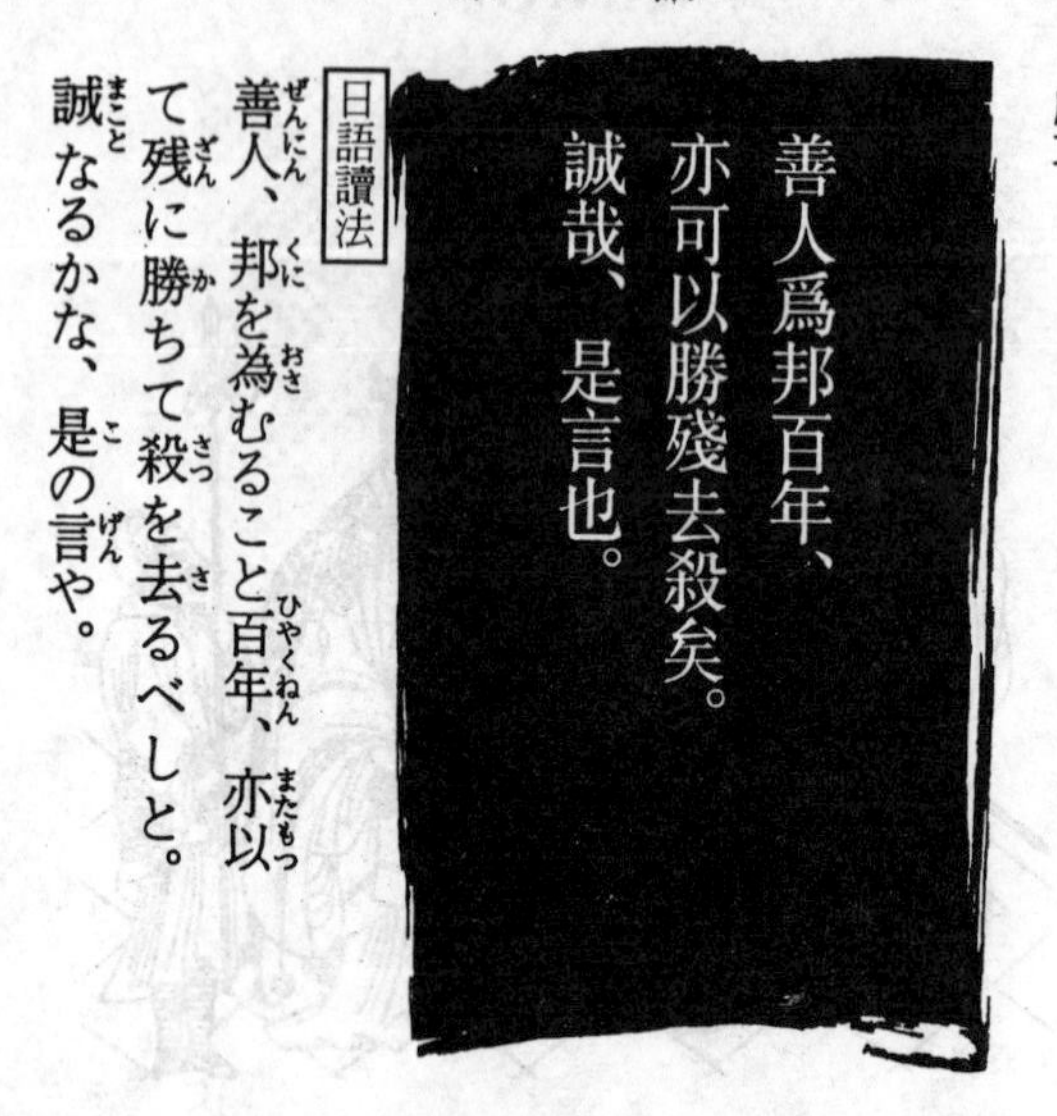

原文

善人爲邦百年、亦可以勝殘去殺矣。誠哉、是言也。

日語讀法

善人、邦を為むること百年、亦以て残に勝ちて殺を去るべしと。誠なるかな、是の言や。

中文語譯 ‘善人治理國家一百年，就能克服惡行，從而廢除死刑’，這話眞對啊！

日文語譯 「ことわざに《善人が百年も国を治め続ければ、悪行がはびこらなくなり死刑もなくなるだろう》とあるが、実にそのとおりではないか！」

為政者に立派な人が続くと、自然に治安もよくなるのである。

英文譯 ‘If benevolent men were to rule a state a hundred years, they would be able to tame brutes and abolish capital punishment.’ How true this saying rings!

第133話

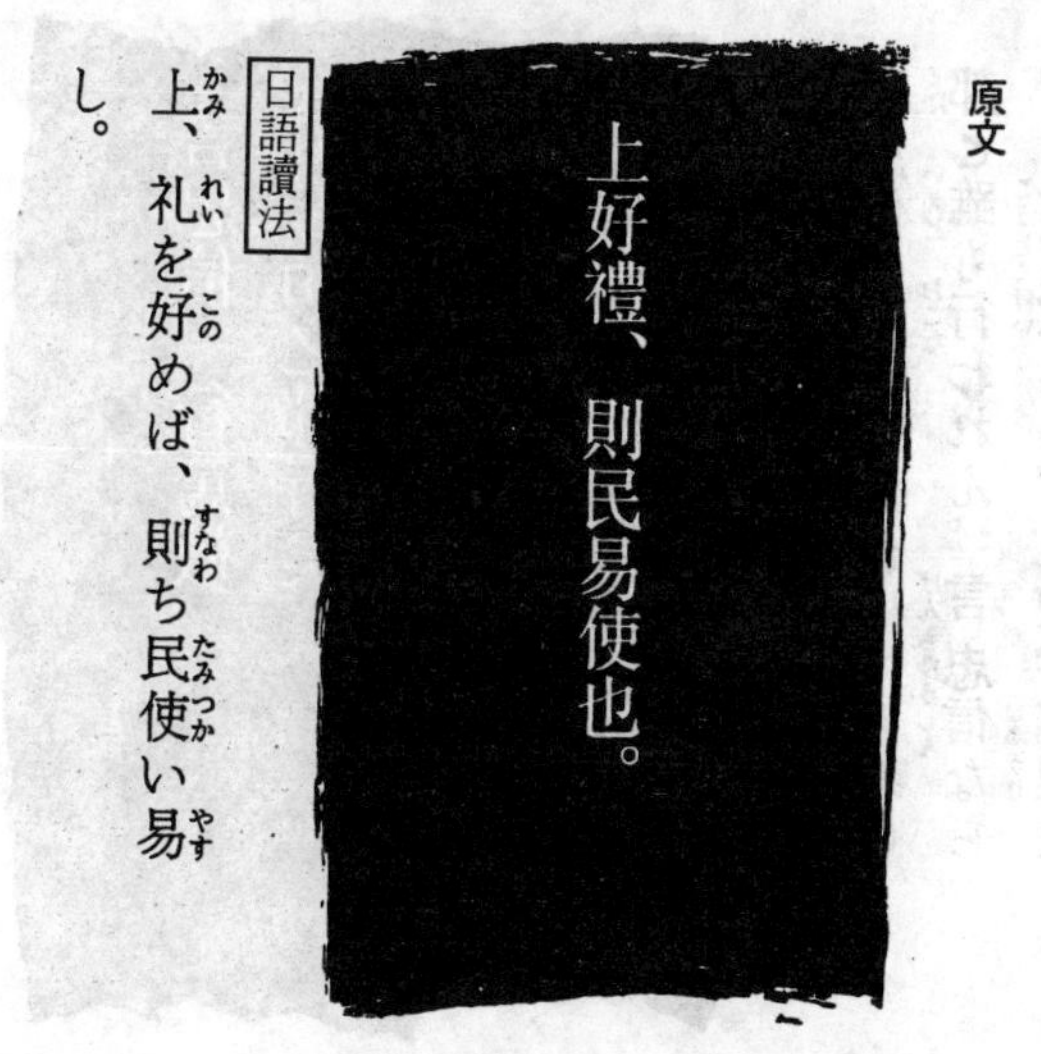

原文
上好禮、則民易使也。
日語讀法
上、礼を好めば、則ち民使い易し。

中文語譯 在上位的人講求禮儀，老百姓就容易聽從使喚了。

日文語譯 「上に立つ者が礼を重んずれば、民は従順になり使いやすくなるものだ」

為政者が礼を重んじ社会の秩序や規範を大切にするなら、国民もそれに感化され秩序を大切にするようになるため、自然、統治しやすくなるのである。

孔子の時代も現代も、政治の秘訣は“礼”にあるといえる。

英文譯 If the sovereign loves the rituals, the people will be easy to employ.

第134話

原文

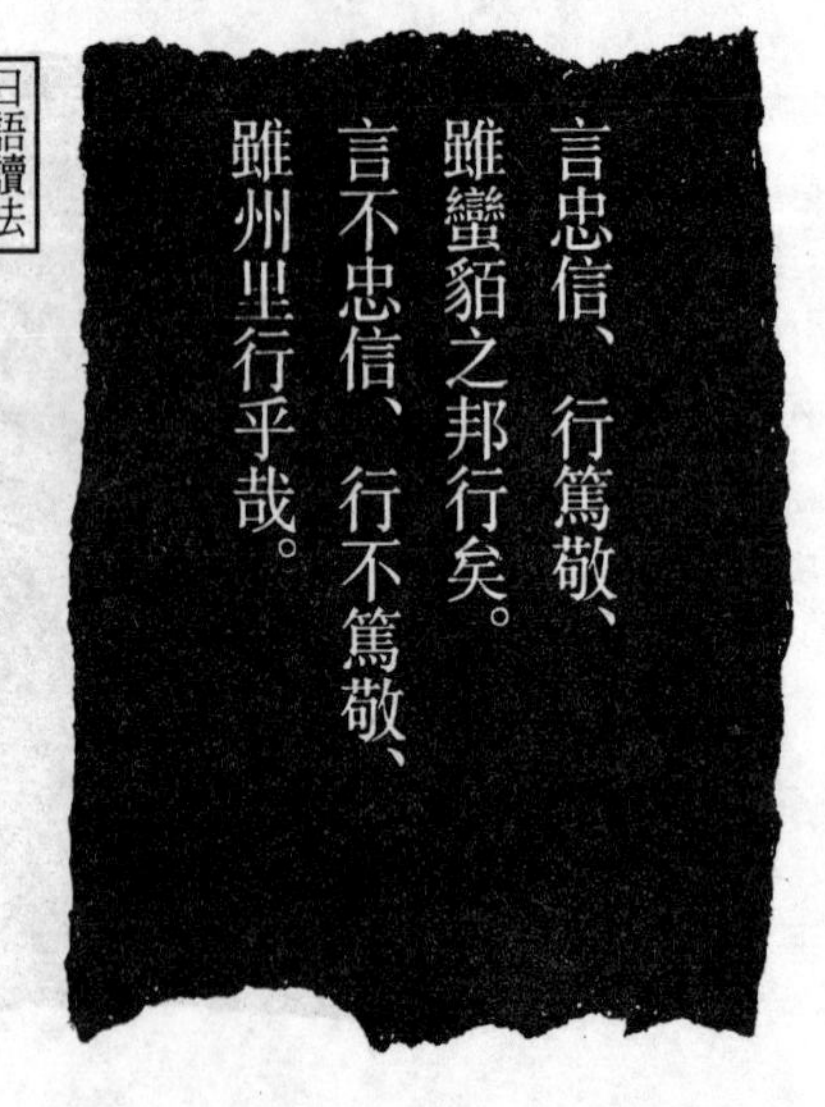

言忠信、行篤敬、
雖蠻貊之邦行矣。
言不忠信、行不篤敬、
雖州里行乎哉。

日語讀法

言忠信、行篤敬なれば、蛮貊の邦と雖も行われん。言忠信ならず、行篤敬ならざれば、州里と雖も行われんや。

中文語譯 言而有信，行爲忠厚，即使在邊遠的地方也能行得通；說話言而無信，行爲輕佻不實，即使在本鄉本土也行不通吧？

日文語譯 「言葉が誠実で行いに真心があれば、たとえ辺鄙な地方に行っても思うとおりに実行される。一方、言葉が不誠実で行いが軽薄で真心がないと、たとえ自分の生まれ故郷であっても実行されないだろう」

弟子の子張が、どうしたら思うとおりに実行されるかを尋ねた時の言葉。

この後、更に孔子は‘言忠信、行篤敬’の文字が常に目の前にちらつくようになれば、それがやがては身につき、思うとおりに実行されるようになると言っている。

子張はそれを聞いて、この言葉を大帯に書きつけて座右の銘にしたという。

上に立つ者は言葉も行動も誠実でなければならないのだが、それを常に肝に銘じておくべきである。重要な言葉は目につくところに貼っておくのも効果的だろう。

英文譯 If your speech is wholeheartedly sincere and truthful and your deeds honest and reverent, even in barbarain states, you will get on. If your speech is neither wholeheartedly sincere nor truthful, and your deeds neither honest nor reverent, even in your native place, can you get on?

第135話

原文

恭則不侮、寬則得衆、信則人任焉、敏則有功、惠則足以使人。

日語讀法

恭なれば則ち侮られず、寛なれば則ち衆を得、信なれば則ち人任じ、敏なれば則ち功あり、恵なれば則ち以て人を使うに足る。

中文語譯 恭謹就能免受侮辱，寬厚就能贏得大眾的擁護，誠實能得到別人信任，聰敏就能使事情容易成功，互惠就能很容易地使喚別人。

日文語譯 「慎み深く丁重であれば侮られず、寛大であれば民衆の支持が得られ、誠実であれば人から信頼され、動作が敏活であれば仕事はうまくいき、恵み深ければ人々は喜んで働いてくれる」

弟子の子張が仁について尋ねると、孔子は「天下で五つの美徳を実行することが仁である」と答え、子張が更に尋ねると「それは恭・寛・信・敏・恵である」と答えてから一つ一つに説明を加えたもの。

これは、特に政治家として心得るべき仁と解釈できる。恭や敏は自分一人でもできることだが、寛・信・恵は自

分が治める人々に対して行うことである。

現代の政治を見ても、やはり、人に対する徳のほうが実践は難しいようである。

英文譯 Be respectful and you shall not be humiliated; be lenient and you shall win the multitude; be truthful and the people shall trust you; be industrious and you shall score successes; be beneficent and you shall be fit to employ the people.

第136話

原文

有國有家者、不患寡而患不均、不患貧而患不安。

日語讀法

国を有ち家を有つ者は寡なきを患えずして均しからざるを患え、貧しきを患えずして安からざるを患う。

中文語譯 一個國，一個家，不怕稀少就怕不平均，不怕貧窮就怕不安定。

日文語譯 「国や家を治める諸侯や卿大夫は、人口が少ないのを心配せず平等でないことを心配し、貧しいのを心配せず人々の心が不安定であることを心配するのである」

季氏が戦争に踏み切ろうとした時に孔子が引用した言葉。

英文譯 He who possesses a state or a county does not worry about scarcity but worries about unequal distribution. He does not worry about poverty but worries about instability.

＊諸侯：周朝在君王的統治下，支配全國大分割單位「國」領地的統治者。
＊卿大夫：支配各國領地再分割成的單位「家」領地的統治者。
＊季氏：魯國的大夫，當時在魯國掌握政治實權的三大家族之一的季孫氏，據說是三大家族中最有勢力的。

第11章

芸術は心の潤い

Art is the oasis for the heart.

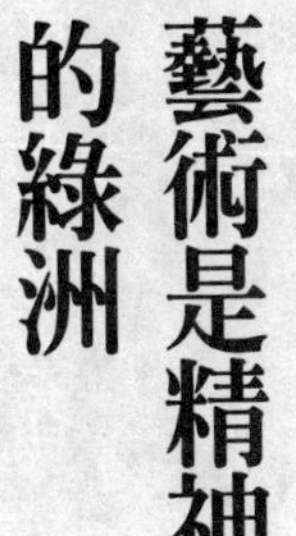

藝術是精神的綠洲

第137話

原文

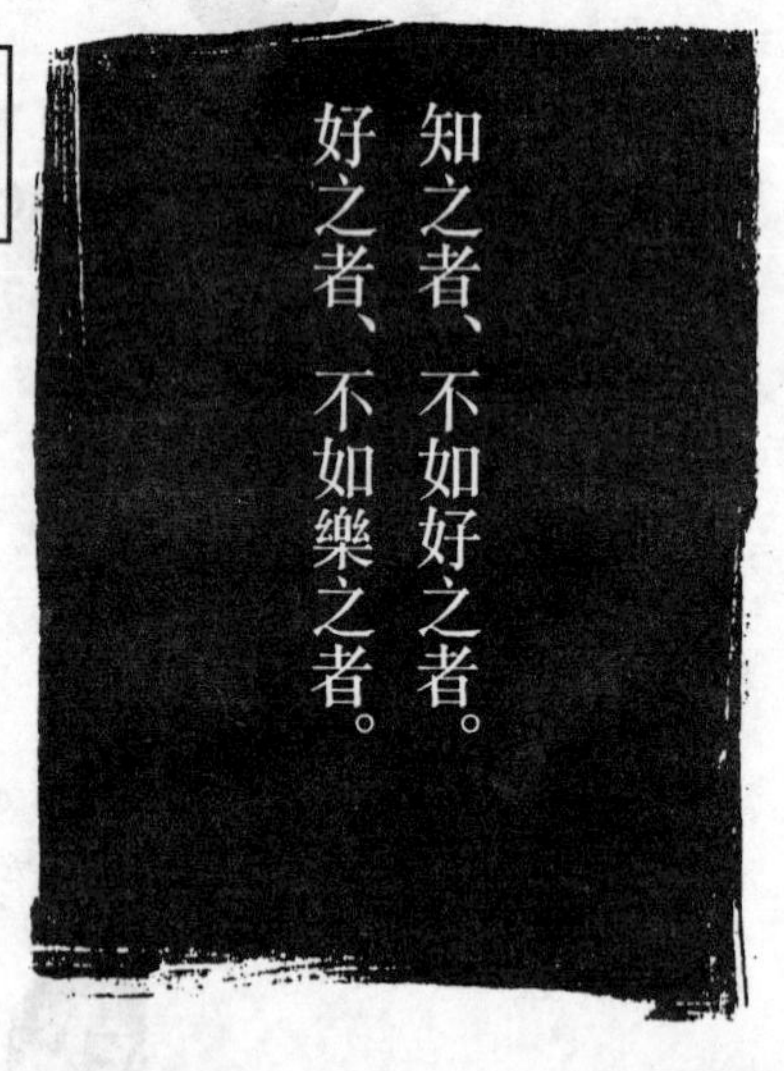

知之者、不如好之者。
好之者、不如樂之者。

日語讀法

これを知る者はこれを好む者に如かず。これを好む者はこれを楽しむ者に如かず。

中文語譯 懂得的人不如愛好的人，愛好的人不如樂此不疲的人。

日文語譯 「それをただ知っているだけの人は、それを好む人には及ばない。それをただ好むだけの人は、それを楽しんでいる人には及ばない」

大変含蓄の深い言葉である。

芸術を例に考えると、ある芸術を志す者は、まず基礎的な知識の習得に努めるものだ。最初は好きでも、その道の厳しさを知るにつけ嫌気がさしてやめてしまう人もある。本当に好きになることがまず重要である。

しかし、好きなだけではまだ単なるアマチュアであり、自信のなさから他人の目を気にしたり、自己嫌悪に陥ったりもする。

それが心から楽しめるようになった時初めて、無我になり、すばらしい境地を体験する。そうなれば、たとえその

道の第一人者とならなくとも、最高の境地に達したといえよう。

英文譯 Those who know it are not comparable to those who love it; those who love it are not comparable to those who delight in it.

第138話

原文

志於道、據於德、
依於仁、遊於藝。

日語讀法

道に志し、徳に拠り、仁に依り、
芸に遊ぶ。

中文語譯 立志於道，據守於德，歸本於仁，遊學於六藝。

日文語譯 「道に志をたて、徳を固く守り、仁にのっとり、六芸を楽しむものだ」

六芸というのは、礼、楽（音楽）、射（弓射）、御（馬術）、書（書道）、数（算術）、の六つであり、当時の知識人の一般教養とされていた。

算術やスポーツまで芸に入っているのが面白い。

道、徳、仁が最優先課題だが、芸を楽しむ余裕もあるのが君子である、というのである。

英文譯 Aspire after the Way; adhere to virtue; rely on humanity; ramble among the arts.

第139話

原文

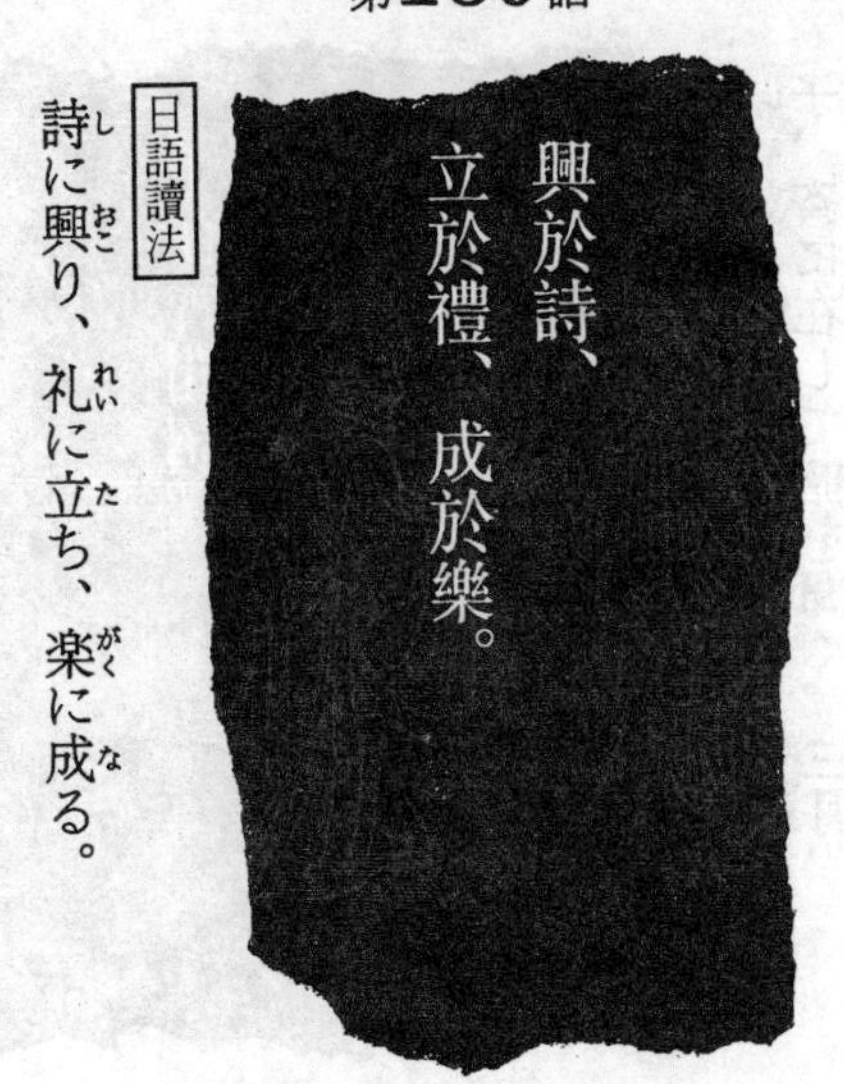

日語讀法

詩に興り、礼に立ち、楽に成る。

中文語譯　以《詩》起步，以禮儀來立身，以音樂來完善。

日文語譯　「詩によって興味が起こり、礼によって身を立て、音楽によって完成する」

詩を学ぶことで、人間の心の機微や万物の奥深さがわかり、精神が高揚する。

礼を学ぶことで、社会規範や秩序を心得、立派に世渡りができるようになる。

音楽を学ぶことで、詩の精神を体現し、一定の秩序をわきまえた上で、調和をかもしだすことのすばらしさがわかるようになる。

英文譯　Inspire yourself with *Poetry*; establish yourself on *The Rituals*; perfect yourself with *Music*.

第140話

原文

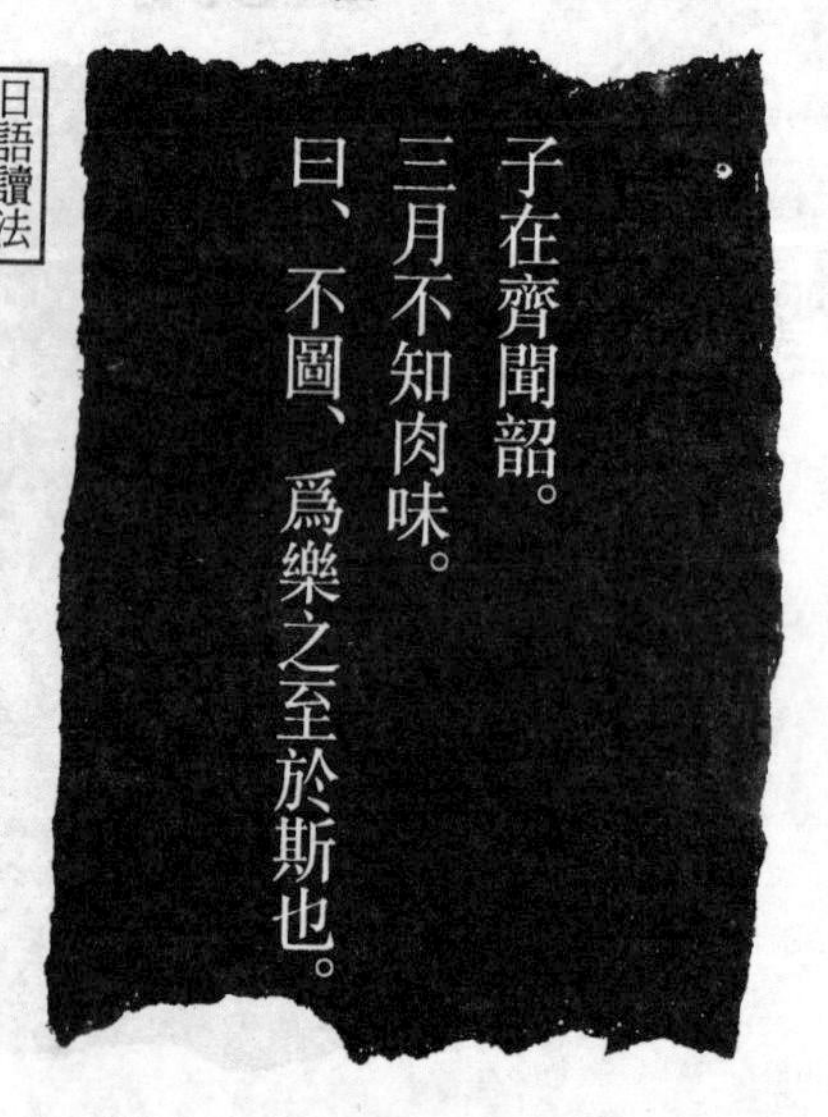

子在齊聞韶。
三月不知肉味。
曰、不圖、爲樂之至於斯也。

日語讀法

子、斉に在して韶を聞く。三月、肉の味を知らず。曰く、図らざりき、楽を為すことの斯に至らんとは。

中文語譯　孔子在齊國聽到了《韶》樂，有三個月嚐不出肉味，說“想不到這樂曲竟達到了如此的境地。”

日文語譯　「孔子は斉の国で‘韶’の音楽を聞き大変感動されて、三か月もの間、肉の味もわからぬほどであった。孔子は感嘆して言われた。『音楽がこのような境地にまで到達するものとは思わなかったよ！』」

孔子の音楽に対する深い理解がうかがわれるエピソードである。

人間としてのあるべき道の追求、毎日の仕事、勉学による修養、と大切なことはたくさんあるが、美しいものに感動する心を忘れてはならない。感動すると心の中に温かいものが沸き上がり、それがものすごいエネルギーとなって、絶望の淵にあっても生きる勇気が沸いてくるし、人に

対してもやさしい気持ちになれるものだ。
　折りに触れ、芸術に親しむことが大切である。

英文譯　When the Master was in Qi, he heard the music of Shao. For three months, he could not tell the taste of meat, saying, "I never imagined that learning music could come to this!"

＊齊（國）：首都位於現在的山東省臨淄縣的國家。
＊韶：讚美古代聖君舜之德的管弦樂，似乎是象徵和平的柔和優美的音樂。
＊舜：虞時代的理想君主，孔子也極爲讚賞。

第141話

原文

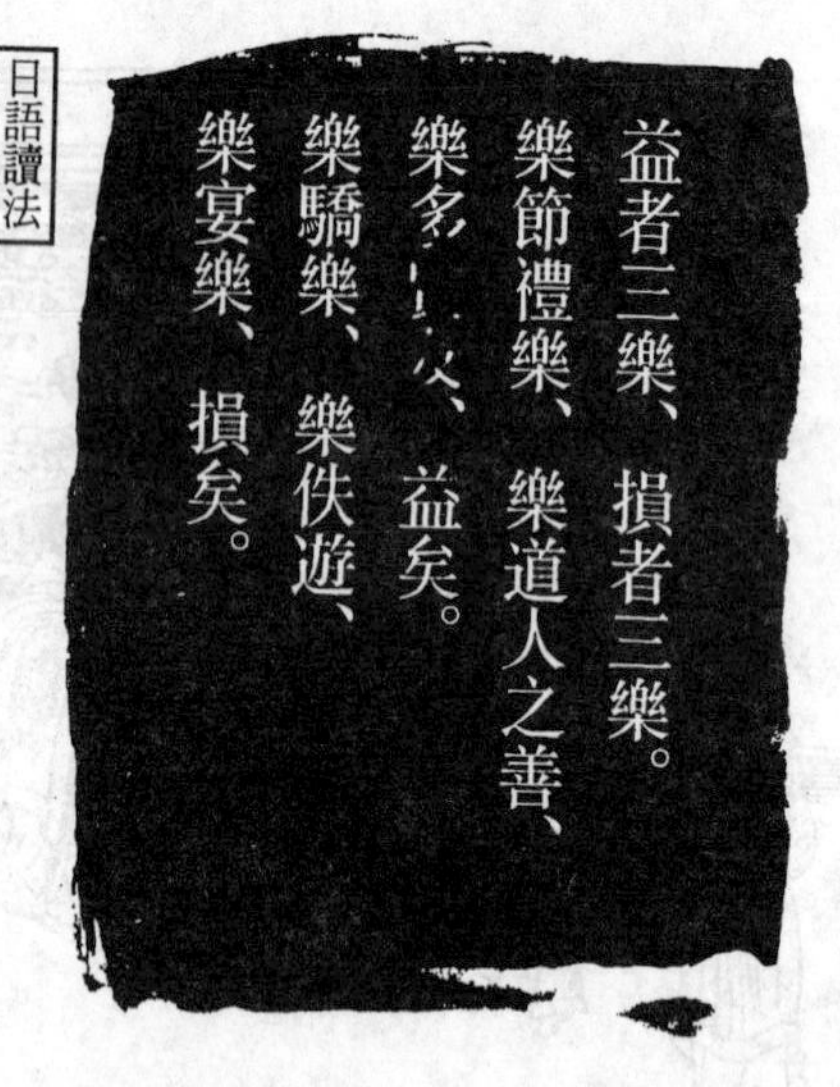
益者三樂、損者三樂。樂節禮樂、樂道人之善、樂多[illegible]、益矣。樂驕樂、樂佚遊、樂宴樂、損矣。

日語讀法

益者三楽、損者三楽。礼楽を節せんことを楽しみ、人の善を道うことを楽しみ、賢友多きを楽しむは、益なり。驕楽を楽しみ、佚遊を楽しみ、宴楽を楽しむは、損なり。

中文語譯 有益的快樂分爲三種，有害的快樂也分爲三種。喜歡用禮樂調節自己，喜歡講別人好處，喜歡多交好朋友，這就有益了。喜歡驕縱放肆，喜歡遊蕩閒逛，喜歡飲食宴請，這就有害了。

日文語譯 「有益な楽しみに三種類、有害な楽しみに三種類ある。

礼と音楽を節度を持って行う楽しみ、他人の美点を語る楽しみ、すぐれた友人をたくさん持つ楽しみ、これらは有益である。

おごり高ぶる楽しみ、怠けて遊び呆ける楽しみ、宴会で飲み食いする楽しみ、これらは有害である」

礼と音楽とは、ともに形式と精神の一体を表すもので本質は同じであり、人間性の修養に不可欠のものとして古来、重視されてきた。「礼楽」と並び称すのはその所以で

ある。

音楽は政治とも密接なつながりを持っていた。様々な芸術の中でも音楽が特別に重視されていた理由としては、音楽が何より和を尊ぶ芸術であることに他ならない。

英文譯 Three types of delight are beneficial; three types of delight are harmful. To delight in conducting oneself in tune with the rituals and music, delight in talking about people's virtues, and delight in having many worthy friends is beneficial; to delight in extravagant pleasures, delight in idle loafing, and delight in the pleasure of feasting is harmful.

孔子與《論語》與我

孔子直系第75代子孫
孔祥林

從孔子到我這一輩已經走過了七十五代。幼時開始，我便接受了孔家嚴格的傳統教育。四歲時，在祖父孔慶功的授課指教下，就開始習讀《論語》。

「現在不懂不要緊，但要熟讀背誦，這樣反覆學習，會潛移默化。《論語》將來對你的人生會起巨大作用」祖父的諄諄告誡至今仍銘刻在心。

我祖父以知、仁、勇爲準，躬行實踐了一生，並從嚴要求我須「一日三省吾身」，使得我在反省之上，又常夢見我的祖先孔子。

我堅信人的一生，只要遵循孔子的《論語》精神，即要富有仁愛，至善和高尙品格，竭盡全力施德行善，那麼，你的人生會福星高照，幸運滿載。

因此，當年《論語》所闡述的生存方法和人生警言，現在仍活在二千五百年後的中國人的心中，並被人們發揚光大。就是這一《論語》精神推動了二千多年中國歷史的發展，不僅給中國人的生活帶來巨大深遠的影響，同時還波及影響了韓國和日本。

每讀《論語》，必有新發現，這正是《論語》的魅力所在，其後味無窮。溫故而知新，在此，日本人應熟讀《論語》，堅定信念，去追求人生大目標的內在世界，看來已迫在眉睫，我認爲以孔子的《論語》來奠定精神基礎是人心所向、至關重要的任務。

孔子と『論語』と私

孔子直系第 75 代子孫
孔祥林

孔子から数えて七十五代目に当たる私は、幼い時から孔家の伝統によって厳しく育てられた。私は、四歳の時から『論語』を読ませられた。祖父、孔慶功から講義を受けたのである。

「今、暗誦してわからなくてもかまわん。これから勉強を重ねて『論語』を繰り返して読んだら、将来必ず役に立つ」という祖父の話はよく覚えている。

祖父は、「知・仁・勇」を身をもって実践している人で、子供の私にも「日に三つ我が身を省みる」ことを求めた。夢の中にまで孔子が出てきたものだ。

私は、一生を通して孔子の『論語』精神、すなわち仁愛、至善、人間性という中心の教えに従って、一生懸命善行を他人に施せば、将来必ず幸運に満ち溢れた人生になると信じている。

したがって、『論語』の持つ生活の知恵としての価値は、二千五百年後の今日でも、中国人一人一人の心の中に生き続け、尊重されている。こうした『論語』の精神が、過去二千五百年に渡る中国の歴史の進展を支配してきたわけであり、それらの教えは中国人の生活に重大な影響を及ぼしただけでなく、韓国、日本にも大きな影響を与えてきた。

そして、読むたびに新しい読み方が発見できることも『論語』の魅力である。「温故知新」——、この際『論語』をよく読んで、日本人の心を支え、その人生指針となるべき「内的世界」を求めることがぜひとも必要であると思う。人間として、孔子の『論語』で精神的基盤をしっかりと固めることが大切ではないかと思うのである。

Chinese people's life but also on Korea and Japan.

Every time you read Lun Yu, you will find something new in it, which is also the reason why Lun Yu attracts us so much.

'Reviewing the old and acquiring the new,' applying this saying, we have to read Lun Yu over and over again to find the inner world which forms the mind of Japanese people as a guiding principle in life. And I think it is very important for every person to learn Lun Yu to build a firm basis of his mind.

Confucius, Lun Yu, and I

The 75th next of kin who is in Confucius's descendants

Shōrin Kong (Shyōrin Kō)

I, as the 75th descendant of Confucius, was brought up strictly according to the Confucius's family tradition. When I was four, my grandfather Kong Qing-gong began to teach me to read Lun Yu.

"If you can't understand it now, just don't worry about it. But you have to keep reading it and recite it, then Lun Yu will surely have a great effect on your life in the future." My grandfather used to say that, which I remember very well.

My grandfather practiced three principles of 'wisdom, humanity, courage' by himself, and at the same time, demanded me 'to examine myself on three points a day.' So I often dreamt of my ancestor Confucius in my dreams.

I firmly believe that if one make every efforts to follow the spirit of Lun Yu, that is to say, love, virtue, humanity, and keep on doing good deeds, then his life must be filled with good fortune.

Therefore, the spirit of Lun Yu as a golden maxim is still alive in the heart of Chinese people and inspire them even after twenty-five centuries. And Chinese history has been driven by this spirit. At the same time, it had great influence not only on

日文索引

第4章 自己実現の第一歩を踏み出す

第5章 人付き合いの秘訣

第6章 逆境に左右されない生き方

第8章 仕事で心掛けたいポイント

第9章 毎日の生活態度を見直そう

第10章 政治の要諦は道徳と礼にあり

第11章 芸術は心の潤い

國家圖書館出版品預行編目資料

「論語」中日英對照／孔祥林著.--初版.--
臺北市：鴻儒堂，2003（民92）
面；公分
中日英對照
含索引
ISBN 957-8357-48-6（平裝）
1. 論語─研究與考訂
121.227　　91019873

「論語」中日英對照

定價：180元

2003年（民92年）1月初版一刷
本出版社經行政院新聞局核准登記
登記證字號：局版臺業字1292號

著　　者：孔祥林
發 行 人：黃成業
發 行 所：鴻儒堂出版社
地　　址：台北市中正區100開封街一段19號二樓
電　　話：23113810・23113823
電話傳眞機：23612334
郵政劃撥：01553001
E --- mail：hjt903@ms25.hinet.net

法律顧問：蕭雄淋律師

NICHI/CHU/EI-GO DE RONGO by KO Syorin

First published in Japan in 2000 by Shogakukan Inc.
Chinese translation rights arranged with Shogakukan Inc.
through Japan Foreign-Rights Centre/Hongzu Enterprise Co.,Ltd.